Belas Letras

FAMÍLIA **VIAGEM** GASTRONOMIA **MÚSICA** CRIATIVIDADE
& OUTRAS LOUCURAS

Craig M. Renwick

TRAVELING MUSIC

NEIL PEART
MÚSICA PARA VIAGEM

VOLUME 1

A TRILHA SONORA DA MINHA
VIDA E DO MEU TEMPO

Tradução
Candice Soldatelli

Belas Letras

2ª reimpressão/2021

Copyright © Neil Peart, 2004

Nenhuma parte desta publicação pode ser reproduzida, armazenada ou transmitida para fins comerciais sem a permissão do editor. Você não precisa pedir nenhuma autorização, no entanto, para compartilhar pequenos trechos ou reproduções das páginas nas suas redes sociais, para divulgar a capa, nem para contar para seus amigos como este livro é incrível (e como somos modestos).

Este livro é o resultado de um trabalho feito com muito amor, diversão e gente finice pelas seguintes pessoas:
Gustavo Guertler (edição), Fernanda Fedrizzi (coordenação editorial), Germano Weirich e Samuri Prezzi (revisão), Celso Orlandin Jr. (capa e projeto gráfico), Candice Soldatelli (tradução) e John Arrowsmith (foto da contracapa)
Obrigado, amigos.

2020
Todos os direitos desta edição reservados à
Editora Belas Letras Ltda.
Rua Coronel Camisão, 167
CEP 95020-420 – Caxias do Sul – RS
www.belasletras.com.br

Dados Internacionais de Catalogação na Fonte (CIP)
Biblioteca Pública Municipal Dr. Demetrio Niederauer
Caxias do Sul, RS

P362t	Peart, Neil
	Traveling Music: música para viagem / Neil Peart; tradução Candice Soldatelli. - Caxias do Sul, RS: Belas Letras, 2020.
	2 v..
	224 p.
	Título original: Traveling Music
	ISBN: 978-85-8174-519-0
	1. Viagens. 2. Música. I. Soldatelli, Candice. II. Título.
20/6	CDU 910.4

Catalogação elaborada por Vanessa Pinent, CRB-10/1297

Para Carrie

"SEM MÚSICA, A VIDA SERIA
UM EQUÍVOCO"
FRIEDRICH NIETZSCHE

"A MÚSICA QUE EU COMPUS NÃO
É NADA COMPARADA À MÚSICA
QUE JÁ OUVI"
LUDWIG VAN BEETHOVEN

"EI, OLHE PARA MIM, SOU DAVE,
ESTOU ESCREVENDO UM LIVRO!
COM TODOS OS MEUS PENSAMENTOS
NELE! LÁ LÁ LÁ!"
DAVE EGGERS

Para este apaixonado por música, o conceito de "música para viagem" desperta vários sentimentos. Ouvir música enquanto se está viajando, seja qual for o meio de transporte, é uma combinação óbvia, e a minha vida me proporcionou muitas experiências de carro, de avião, de barco, de trem-bala, de metrô e de ônibus em turnê.

Portanto, existe um "rádio interno", cada canção que conheço parece tocar dentro da minha cabeça enquanto eu me equilibro no selim de uma bicicleta ou de uma moto por longas horas.

"Música para viagem" também pode ser a descrição de uma profissão. Há 30 anos ganho a vida como músico fazendo turnês, tocando bateria com o Rush na América do Norte, na América do Sul, na Europa e na Ásia, e isso exige muita viagem e muita música.

Outra atribuição no meu emprego com o Rush é escrever as letras das músicas, nas quais tenho usado muitas referências a diferentes maneiras de se viajar, de bicicleta a barcos, de carros esportivos a naves espaciais, de aviões a projeção astral. A letra para nossa canção "The spirit of radio" celebra o simples prazer de ouvir rádio enquanto se dirige. A inspiração também vem de jornadas a lugares exóticos mas também a lugares que fazem parte da minha rotina: África Oriental em "Scars", África Ocidental em "Hand Over Fist", China em "Tai Shan", Londres e Manhattan em "The Camera Eye", cidadezinhas do interior do Canadá e dos Estados Unidos em "Middletown Dreams".

Mas, acima de tudo, penso em "música para viagem" como a essência da própria música – para onde ela me leva, as lembranças, a imaginação, o reino da pura sensação abstrata que toma conta de mim como ondas de emoção.

Desde a infância, a música tem o poder de me levar para longe, e esta é uma canção sobre alguns dos lugares em que estive.

Sumário

15 INTRODUÇÃO
Tocar através das mudanças/acompanhar o tempo

19 VERSO UM
"Driving away to the east, and into the past"
"Dirigindo para o leste, entrando no passado"

65 REFRÃO UM
"Drumming at the heart of a factory town"
"Tocando bateria no coração de uma cidade industrial"

109 VERSO DOIS
"Diving into the wreck, searching for treasure"
"Mergulhando em meio aos restos do naufrágio, procurando um tesouro"

151 REFRÃO DOIS
"Drumming at the heart of a moving picture"
"Tocando bateria no coração de uma imagem em movimento"

177 VERSO TRÊS
"Workin' them angels overtime"
"Dando trabalho extra aos anjos"

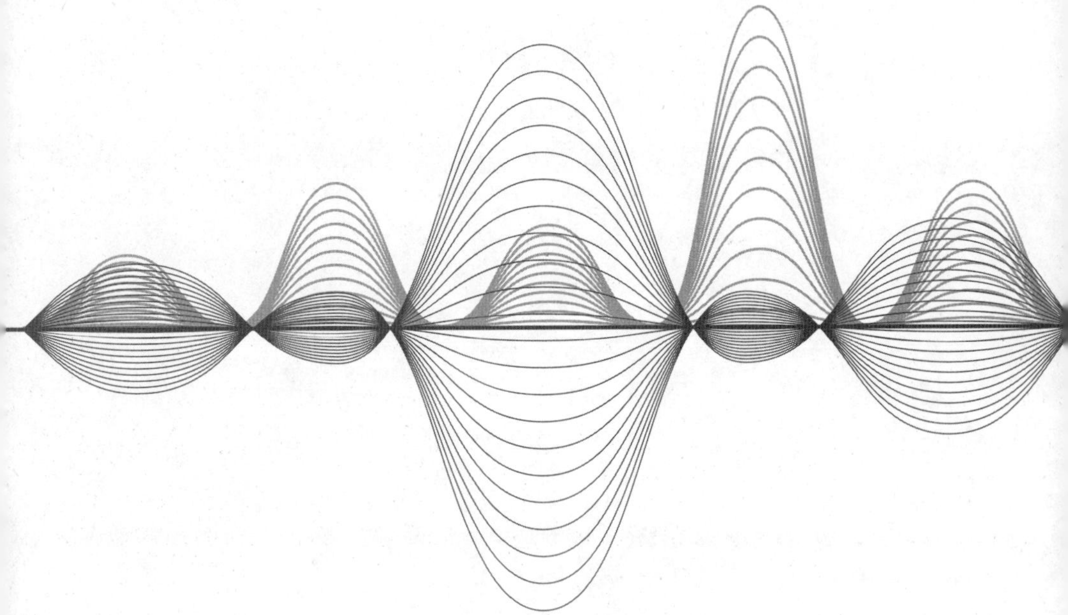

Traveling Music[1]

Driving away to the east, and into the past
History recedes in my rear-view mirror
Carried on a wave of music down a desert road
Memory drumming at the heart of a factory town

Diving down into the wreck, searching for treasure
Skeletons and ghosts among the scattered diamonds
Buried with the songs and stories of a restless life
Memory drumming at the heart of a moving picture

All my life
I've been workin' them angels overtime
Riding and driving and working
So close to the edge
Workin' them angels —
Workin' them angels —
Workin' them angels —
Overtime

Memory drumming at the heart of an English winter
Memory drumming at the heart of an English winter

Filling my spirit with the wildest wish to fly
Taking the high road, into de Range of Light

---

1 O poema *Traveling Music*, que abre a introdução, é a base da letra de *Workin' Them Angels*, canção do álbum do Rush *Snakes and Arrows*, lançado em 2007, quatro anos após a publicação do livro *Traveling Music – Música para Viagem*. (N. da T.)

Driving down the razor's edge between past and future
I turn up the music and smile, eyes on the road ahead
Carried on the songs and stories of vanished times
Memory drumming at the heart of an African village

All this time
I've been living like there's no tomorrow
Running and jumping and flying
With my imaginary net
Workin' them angels —
Workin' them angels —
Workin' them angels —
Overtime

Riding through the Range of Light to the wounded city
Taking the high road —
Into the Range of Light
Taking the high road —
Into the Range of Light

Repeat to fade...

Música para Viagem

Dirigindo para o leste, e para o passado
A história retrocede no espelho retrovisor
Levado por uma onda de música numa estrada deserta
A memória tocando no coração de uma cidade industrial

Mergulhando em meio aos restos do naufrágio, procurando um tesouro
Esqueletos e fantasmas em meio aos diamantes espalhados
Enterrados com as canções e as histórias de uma vida sem descanso
A memória tocando no coração de uma imagem em movimento

Toda minha vida
Dei trabalho extra aos anjos
Andando de moto e dirigindo o carro e trabalhando
Tão perto do abismo
Os anjos trabalham
Os anjos trabalham
Os anjos trabalham
Hora extra

A memória tocando no coração do inverno inglês
A memória tocando no coração do inverno inglês
Preenchendo meu espírito com o mais louco desejo de voar
Pegando o melhor caminho para dentro do Círculo de Luz

Dirigindo pelo fio da navalha entre o passado e o futuro
Aumento o volume da música e dou um sorriso, olhos fixos na estrada à frente
Levando as canções e as histórias de tempos que se foram
A memória tocando no coração de um vilarejo africano

Esse tempo todo
Tenho vivido como se não houvesse amanhã
Correndo e pulando e voando
Com minha rede de proteção imaginária
Os anjos trabalham
Os anjos trabalham
Os anjos trabalham
Hora extra

Rodando através do Círculo de Luz até a cidade ferida
Pegando o melhor caminho –
Para dentro do Círculo de Luz
Pegando o melhor caminho –
Para dentro do Círculo de Luz

Repete até o *fade*...

INTRODUÇÃO

Tocar através das mudanças
Acompanhar o tempo

"E agora?"
Em toda a minha vida essas duas palavrinhas despertaram em mim curiosidade, inquietação e desejo – uma motivação irresistível para fazer e aprender coisas, visitar lugares, buscar mais e mais de tudo o que há para fazer, ver e experimentar. Minha necessidade de ação, o esforço e o desafio de ter algo que me deixasse *animado* inspiraram sucessivamente a ambição de tentar capturar essas experiências em canções e histórias para depois compartilhá-las.

Quando era adolescente, eu ficava sentado à mesa de jantar com minha mãe, meu pai, meu irmão caçula Danny e minhas irmãs Judy e Nancy, entediado por dentro, desejando ter algo *empolgante* para dizer – algo que eu tivesse feito ou que planejasse fazer.

Acho que passei a vida inteira garantindo que sempre houvesse *alguma coisa* sobre a qual falar à mesa de jantar com a família... embora eu não estivesse exatamente à mesa de jantar com a família. Estava em turnê com a banda ou em outra cidade gravando um álbum, ou ainda andando de bicicleta pela China ou viajando de moto na Tunísia. Depois, escrevia um livro sobre tudo aquilo.

Minha filha Selena parecia ter herdado essa inquietação, porque até seu último verão, com 19 anos de idade, ela emergia do lago reluzente como uma foca, num impulso se sentava na doca ao meu lado, respingava um pouco de água gelada nas minhas costas quentes por causa do sol, olhava dentro dos meus olhos e perguntava:

"E agora?"

Era impossível não sorrir, reconhecendo nela essa necessidade de diversão, de ação, de alguma coisa que a deixasse empolgada – alguma coisa para contar à mesa de jantar. Contudo, naquele verão de 1997, essas palavrinhas passaram a carregar um peso sinistro, a ameaça de uma tragédia iminente. Selena não viveria para descobrir o "E agora?".

Por um período, entre 1997 e 1998, quando tudo foi tirado de mim – minha filha, minha esposa, meu cachorro, meu melhor amigo, tudo que eu amava e tudo em que eu acreditava – meu próprio "E agora?" era mais uma hemorragia do que uma coceira, algo parecido com o que Dorothy Parker questionava: "Que novidade de inferno é essa?".

Mas eu segui em frente, pela estrada da cura, pensando "alguma coisa vai acontecer", e de fato algo aconteceu. Na verdade, várias coisas aconteceram: uma jornada com um novo amor ao lado de Carrie, um novo lar na Califórnia e, graças a esses milagres inesperados, uma nova perspectiva na vida e no trabalho. De volta à estrada.

Em 2001 eu já estava compondo e tocando bateria para um novo álbum com o Rush, *Vapor Trails*, e escrevendo um livro sobre essa parte terrível da minha vida, *Ghost Rider – A Estrada da Cura*. Passei a maior parte de 2002 viajando e me apresentando com o Rush numa turnê de 66 shows pelos EUA, Canadá, México e Brasil que culminou com o show final no Rio de Janeiro diante de 40 mil pessoas, gravado num DVD chamado *Rush in Rio*.

No começo de 2003, tudo isso já havia ficado para trás, e eu me sentia aliviado por tirar uma folga em casa, aproveitar um tempo com Carrie, descontraído e contente com o ritmo da vida doméstica. Eu não tinha vontade alguma de encarar qualquer coisa mais criativa ou mais exigente do que preparar o jantar.

Essa tranquilidade durou dois meses serenos até o começo de março, quando Carrie começou a fazer planos para participar de um acampamento de surfe feminino no México (um presente de Natal de seu marido atencioso). Ela ficaria fora por seis dias, e as engrenagens começaram a se mover no meu cérebro pensando como eu poderia aproveitar esse tempo sozinho. Antes de saber o que fazer (*literalmente*, como acontece com frequência, meu inconsciente criativo tinha começado a sonhar acordado antes mesmo de eu me dar conta), cada aspecto da minha vida orbitava num vórtex mecânico em torno da eterna questão:

"E agora?"

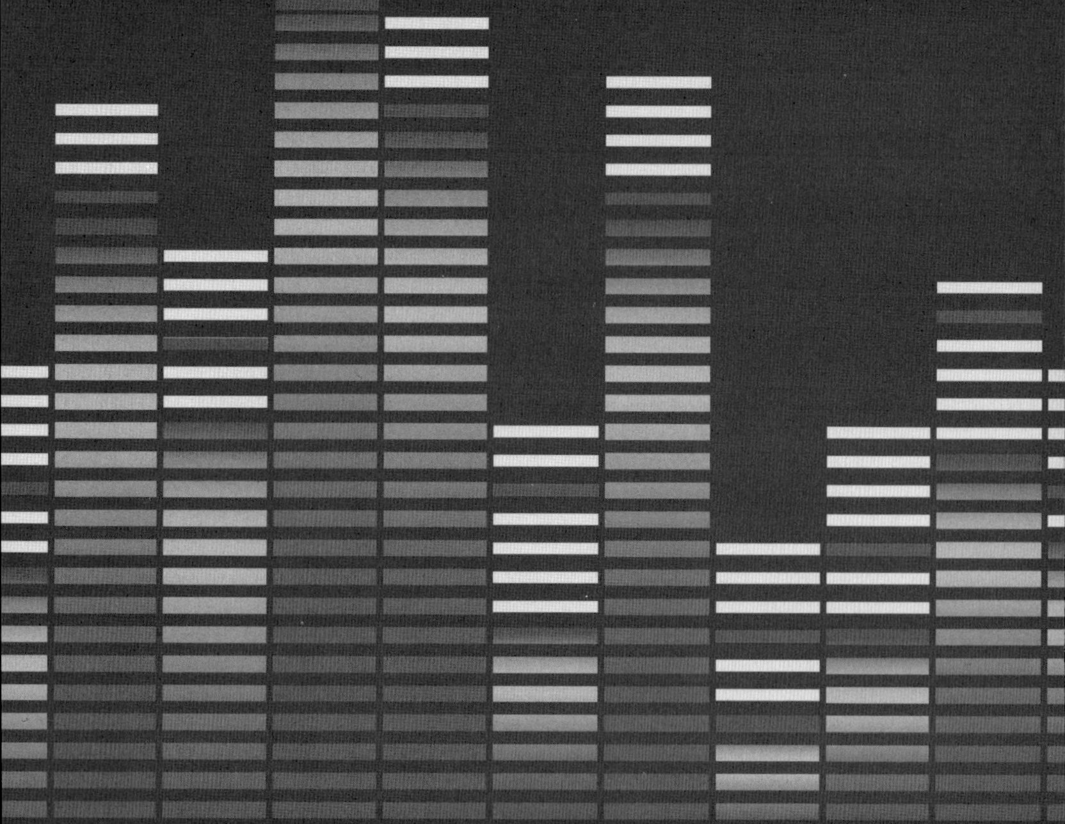

VERSO UM

"Driving away to the east, and into the past"
"Dirigindo para o leste, entrando no passado"

Os ventos de Santa Ana chegaram assoviando por Los Angeles Basin naquela semana, soprando quente e seco através do que outrora tinha sido o vilarejo de pescadores de Santa-Mônica-by-the-Sea. As ruas ao nosso redor estavam cheias de folhas de eucalipto e galhos de palmeiras secos, e a vista do terraço do andar de cima alcançava o distante Pacífico azul no centro das palmeiras da Califórnia alinhadas ao longo do Ocean Boulevard. As ondas quebravam lutando com o vento contrário, e a espuma branca retrocedia clara em direção à longa sombra escura projetada pela ilha de Santa Catalina, cortada horizontalmente por um nevoeiro em tons de marrom.

Há mais de 300 anos, os nativos Yang-Na chamaram Los Angeles Basin de "o vale das fumaças", referindo-se ao nevoeiro represado pela inversão térmica. Já naquele tempo, às vezes as queimadas mostravam sua fúria na relva durante a estação de seca, criando um nevoeiro de poluição pré-histórico. Como era no passado e é até os dias de hoje, o ar é mais límpido perto do oceano, controlado e resfriado pela brisa marítima. Contudo, os ventos de Santa Ana chegam da terra firme e invadem a região carregando o ar quente do deserto sobre as montanhas San Gabriel e cruzam o vale de San Fernando, ao mesmo tempo em que coletam as partículas de poluição de toda a metrópole, para depois cruzar Santa Mônica e despejar tudo em Catalina.

Os nativos Cahuilla acreditavam que os ventos de Santa Ana se originavam no deserto do Mojave dentro de uma caverna gigante, diretamente do covil do próprio Diabo. Os primeiros espanhóis que chegaram à região ouviram essa história e batizaram os ventos secos e quentes de *Vientos de Satanas*. Tempos depois, os colonizadores do sul da Califórnia ficaram mais preocupados com as propriedades cristãs e com a valorização dos terrenos desse paraíso na Terra. Assim, no início do século 20, a Câmara de Comércio lançou um comunicado à imprensa: "Pelo interesse da comunidade, por favor, refiram-se aos ventos como 'Ventos de Santa Ana' em quaisquer publicações subsequentes".

Ainda assim, os *angelenos* mais antigos culpam os ventos diabólicos por causarem efeitos tanto físicos quanto psicológicos: Raymond Chandler escreveu em *Red Wind* que, quando o Santa Ana sopra, "dóceis esposas sentem o fio da navalha e examinam o pescoço dos maridos". Mitos urbanos da atualidade associam os ventos de Santa Ana ao aumento na taxa de criminalidade, tiroteios, incêndios florestais, atores internados em clínicas de reabilitação, divórcio de casais hollywoodianos, fim de bandas, irritação nas vias aéreas e mau humor generalizado.

Sendo um recém-chegado imigrante canadense, eu achava que tudo isso era folclore local (ou apenas um dia comum em L.A.), porque fazia apenas três anos que eu morava em Santa Mônica, e passei grande parte desse período com o Rush em Toronto ou fazendo turnê. Contudo, agora, no final de março de 2003, eu sentia os efeitos dos ventos abrasivos nas minhas vias respiratórias e no meu humor. Juntamente com a bruma em tons de marrom acima do mar e a coceira no meu nariz, havia certa tensão no ar.

Para começo de conversa, uma guerra estava em andamento. Os Estados Unidos e a Grã-Bretanha haviam recentemente entrado na segunda semana de ataques ao Iraque, e ninguém sabia o que poderia acontecer. O jogo de espelhos e de fumaça da propaganda e a ameaça fantasma das "armas de destruição em massa" desfilavam diante de nós de tal maneira que uma espécie de ansiedade contagiosa se espalhou. Cenários horrendos pareciam estar na cabeça de todo mundo em todas as conversas. A chance de um ataque químico em Los Angeles parecia, pelo menos, digna de preocupação. Quando a guerra começou, disse para minha esposa Carrie: "Vamos para o Canadá". Lá eu ainda tinha a casa à beira do lago em Quebec, além de amigos e de familiares em Toronto. Contudo, naquele momento, uma doença misteriosa chamada SARS estava se espalhando da Ásia para o Canadá, e pessoas estavam morrendo de gripe, hospitais estavam fechando e havia a recomendação de não viajar a Toronto, então lá também parecia um lugar ruim.

Além disso, havia as batalhas internas e as "recomendações de viagem" – as regiões marcadas como "não vá até lá". Eu tinha sérias questões pessoais e profissionais pesando na cabeça – grandes perguntas e grandes escolhas para fazer.

Para começar, havia meu trabalho. Depois de uns poucos meses em casa – tendo passado a maior parte de 2002 viajando com a turnê *Vapor Trails* e todo o ano de 2001 compondo e gravando o álbum de mesmo nome –, parecia que eu estava começando a recuperar o fôlego. Mas era preciso fazer planos a longo prazo. Recentemente Ray, o empresário da banda, estava me entretendo (ou me torturando) com vários cenários de possibilidades para gravar um álbum e entrar em turnê nos anos seguintes, e eu tinha que dar a resposta logo. Em 2004, a banda celebrava seu trigésimo aniversário, então provavelmente gostaríamos de fazer alguma coisa para comemorar. Uma festa, um bolo, uma turnê com 50 cidades?

Que tal escrever um livro? Com um tempo livre a meu dispor em 2003, senti que queria começar algum tipo de projeto de escrita novamente, e os amigos estavam me encorajando a escrever mais. Mas o que eu queria escrever? (E agora?) Talvez tentar algo diferente do estilo narrativa de viagem dos meus dois primeiros livros publicados, *The Masked Rider – O Ciclista Mascarado* (1996) e *Ghost Rider – A Estrada da Cura* (2002)? Um pouco de ficção? História?

Ainda não sabia, mas estava pensando no assunto.

Havia livros começados nos meus arquivos, crônicas das viagens que fiz no começo dos anos 1990, mas que nunca tive tempo ou motivação para terminar: a terceira das minhas viagens de bicicleta pela África, por Mali, Senegal e Gâmbia; várias expedições de motocicleta ao redor de Newfoundland, México e norte da África; talvez eu devesse dar uma olhada nessas coisas de novo. Ou, de volta ao fatídico verão de 1997: deixei de lado um livro em que eu escrevia sobre a turnê do Rush *Test for Echo* – chamava-se *American Echoes: Landscape with Drums (Ecos Americanos: Paisagem com Bateria)* – quando fiquei sem chão devido às perdas e tragédias. Mas eu não tinha certeza se queria retomar aquele livro ou qualquer um dos meus textos antigos. Parecia bom começar algo totalmente novo.

Em outra parte do meu cérebro (imagino pequenos mecanismos e engrenagens independentes, girando lentamente e remoendo um tema em particular até produzir a resposta, a "coisa certa a fazer"), eu ficava pensando na casa do lago, lá em Quebec. Há três anos morando na Califórnia, eu já não ia mais a Quebec com frequência e, quando visitava aquele lugar, parecia sempre inefavelmente assombrado para mim depois de tudo. (Selena e eu ficávamos *aqui* nessa cozinha, com os braços nos ombros um do outro. Na noite terrível quando Jackie e eu recebemos a notícia no hall de entrada, Jackie caiu no chão bem *ali*. Não eram lembranças felizes para se reviver continuamente). A propriedade em Quebec era grande e o custo de manutenção era alto, e provavelmente eu já não precisava mais dela. Talvez fosse hora de dizer adeus àquele lugar e àquele tempo.

Outro pequeno mecanismo na minha cabeça estava trabalhando com o problema da nossa casa na Califórnia, que parecia cada vez menor, principalmente pela falta de um lugar para eu escrever. Era um sobrado de dois quartos, sendo que Carrie usava um dos cômodos como escritório do seu estúdio de fotografia e também para tratar de quase todo o resto das tarefas. Sobrava para mim apenas o mezanino acima da cozinha e totalmente aberto para os outros cômodos. Às vezes eu tentava escrever mesmo com o barulho e as conversas entre Rosa, nossa empregada guatemalteca, e uma das primas dela auxiliares da faxina, com o ruído do aspirador de pó e da máquina de lavar louça, com o telefone tocando e com a nossa animada secretária Jennifer, que se desculpava enquanto corria para o andar de cima pedindo para usar o fax ou a copiadora.

Parecia que os meus anos de treinamento lendo num camarim lotado tinham me tornado capaz de me concentrar sem importar o que estivesse acontecendo ao meu redor, e isso já tinha sido de serventia também na escrita: grande parte de *Ghost Rider – A Estrada da Cura* foi escrita e revisada na sala de um estúdio de gravação, com o álbum *Vapor Trails* sendo mixado do outro lado do vidro, gente que entrava e saía, conversava, ria e assistia TV, fazendo intervalos ocasionais para que eu aprovasse a mixagem final. É certo que o trabalho poderia ser concluído, eu apenas precisaria de mais tempo.

Também havia outras coisas na minha cabeça. Havia muita coisa no meu pobre cérebro, eu precisava de um tempo para *pensar*.

Parecia uma boa hora para sair da cidade.

No começo de março, sabendo que no final do mês Carrie estaria fora durante seis dias, comecei a vasculhar o atlas rodoviário ("O Livro dos Sonhos") pensando para onde eu poderia ir. Meus destinos favoritos sempre foram os parques nacionais no oeste dos Estados Unidos, onde é possível passear, fazer trilha, observar pássaros, entrar em comunhão total com a natureza, tudo num mesmo roteiro. Como moro na Califórnia (e quando não estou longe trabalhando), normalmente faço viagens curtas de moto no verão até Kings Canyon e Sequoia

National Parks, ou no inverno sigo até Big Sur ou Death Valley, explorando a miríade de estradas secundárias do sul da Califórnia com minha curiosidade insaciável e o amor pelo movimento (e também para dar a Carrie um tempo para si mesma). Dessa vez, com um pouco mais de tempo e diante da oportunidade de cobrir uma distância maior, minha primeira inspiração foi seguir de moto até Utah e passear pelos maravilhosos parques nacionais no sul do estado: Zion, Brice Canyon, Arches e Canyonlands.

Contudo, conferindo a previsão do tempo, mudei meus planos. As temperaturas à noite em Bryce Canyon e Moab ainda ficavam em torno dos 6 graus negativos, o que significava gelo na pista. Nada bom para se estar sobre duas rodas. Mesmo Yosemite ainda estava sob os resquícios do inverno, e eu só podia pensar num único parque nacional do sudoeste americano que não estaria coberto de neve: Big Bend. Então, decidi: "Vá até lá".

Certa vez eu passei de moto por aquela região do sudoeste do Texas durante a turnê do Rush *Test for Echo*, no final de 1996, acompanhado do meu melhor amigo e companheiro de viagem frequente, Brutus. Naquela turnê foi a primeira vez que tentei esse novo método de me deslocar de um show para outro, com meu próprio ônibus e um trailer para as motocicletas. Durante os dois anos anteriores, minha amizade com Brutus tinha se fortalecido porque ambos tinham interesse por longas viagens de motocicleta. Explorando os prazeres e as emoções de andar de moto, e sabendo que viajávamos bem juntos, Brutus e eu percorremos dezenas de milhares de quilômetros de leste a oeste do Canadá, México, sul da Europa – de Munique passamos pela Áustria, Itália, depois seguimos de balsa até a Sicília – cruzando o Mediterrâneo até chegarmos à Tunísia e ao Saara.

Desenvolvemos uma sintonia confortável entre nós, de formação compacta, posição na pista, velocidade média e ritmo em geral. Além de ser uma companhia divertida para jantar, Brutus sempre queria aproveitar o dia ao máximo – ele levava o lema *carpe diem* a sério como poucas pessoas que conheci na vida. Numa de nossas primeiras viagens de moto juntos, saímos de Quebec até Toronto, um trajeto que numa autoestrada de quatro pistas normalmente leva seis horas. Brutus me convenceu a tentar uma de suas rotas "de aventura" e cruzar a região central de Ontário, pegando estradas vicinais rurais que constantemente mudavam de número e de direção. Quando finalmente chegamos a Toronto, disse a Brutus que tínhamos levado nove horas em vez de seis, e ele retrucou: "Sim, mas você preferia se *divertir* por nove horas ou se *entediar* durante seis?".

Elementar, meu caro Brutus, e aprendi a lição que determinou minha própria tendência de procurar estradas secundárias. Daquele dia em diante, se houvesse uma chance de tornar o trajeto que eu *tinha* de fazer numa viagem que eu *quisesse* fazer, eu procuraria o melhor caminho, o caminho sinuoso, e aproveitaria ao máximo meu tempo na estrada.

Assim, enquanto fazia planos para levar minha moto na turnê *Test for Echo*, convenci Brutus a me acompanhar como meu "parceiro de viagem" oficial (nem precisei convencer muito). Nos créditos do *tour book*, Brutus aparece como "navegador", pois na verdade grande parte da função dele era realmente traçar diariamente as rotas enquanto nos deslocávamos pelo país. Brutus tomou para si a missão de procurar as estradas e as atrações mais interessantes. Enquanto eu ficava no palco iluminado, suando e destruindo na bateria, Brutus se sentava no lounge do ônibus cercado de mapas, lupa, guias e calculadora. Ele criava as rotas mais complicadas, sinuosas, bonitas e pouco movimentadas possíveis, de um modo que mesmo assim pudéssemos chegar a tempo para a passagem de som. (Desde o início, alertei Brutus que eu tinha a tendência de ficar "ansioso" nos dias de show, principalmente com relação ao tempo, e que, se nós não chegássemos ao local da apresentação uma hora antes da passagem de som, já estaríamos atrasados. Crédito dele: nunca nos atrasamos).

Enquanto o ônibus seguia pelas estradas interestaduais dos Estados Unidos, Brutus informava a Dave onde passar a noite, geralmente uma área de descanso ou parada de caminhoneiros próximas à estrada secundária escolhida como rota da manhã seguinte. Às vezes eu pegava no sono enquanto Dave acelerava noite adentro, depois despertava com o barulho contínuo do gerador já com o ônibus perfeitamente estacionado. Nunca dormíamos o suficiente, mas estávamos determinados a aproveitar cada dia ao máximo. Às vezes eu vestia o macacão, descarregava as motos e partia sem nem ao menos saber para onde estávamos indo. Se fosse minha vez de ir na frente (nós nos revezávamos a cada parada para abastecer), Brutus me indicava a direção certa e me entregava uma folha com anotações feitas à mão sobre o número das rodovias, a quilometragem e os nomes das cidades. Ao pegar a estrada pela manhã, eu seguia as direções detalhadas de Brutus no mapa que ficava diante de mim e pouco a pouco descobria meu lugar no mundo.

Depois de um show em El Paso, Brutus e eu dormimos no ônibus enquanto Dave nos levava até uma parada de caminhoneiros perto de Marfa, Texas. Na manhã seguinte, levantamos cedo, descarregamos as motos do trailer, rodamos em direção ao sul até Presidio, depois seguimos o rio Grande até Lajitas para tomar café da manhã. (Esse é um exemplo da nossa rotina naquela turnê, aproveitando cada minuto e cada quilômetro ao máximo de modo que permitisse acontecer muita coisa antes mesmo do café da manhã, principalmente num dia de folga, sem hora marcada, sem passagem de som e sem um baterista ansioso com quem se preocupar).

Logo depois de Lajitas e Study Butte, entramos em Big Bend e passamos rapidamente por uma parte minúscula do parque nacional. Seguimos para o norte até Marathon, depois para o leste até Law West (que ficou famosa por causa do juiz Roy Bean, "The Law West of the Pecos"), Comstock e Del Rio, e então de novo para o norte até Sonora. Lá novamente nos encontramos com Dave e o ônibus e colocamos as motos de volta no trailer enquanto escurecia. (Sempre tentávamos evitar andar de moto à noite – era mais perigoso e não havia sentido em viajar sem poder ver a paisagem). Lembro que quase imediatamente peguei no sono no sofá do lounge do ônibus, enquanto Dave nos conduzia até o hotel em Austin, onde haveria um show na noite seguinte. O CD que tocava baixinho era *Soul Train Hall of Fame* (como de costume, Selena havia apresentado para mim graças ao seu gosto adolescente por R&B "das antigas", lembrando meus próprios "primeiros amores" na música).

Naquela turnê, Brutus e eu levantávamos cedo todas as manhãs e rodávamos muitos quilômetros, geralmente 800 km num dia de folga e perto de 400 km em dia de show. Nos 65 mil quilômetros de moto somente naquela turnê, Brutus e eu cruzamos 47 estados americanos e várias províncias canadenses, vivemos muitas aventuras juntos em todo tipo de clima, do calor escaldante ao frio congelante, chuva torrencial e até mesmo neve e gelo. Um pouco de dor e de sofrimento deixaram as coisas mais interessantes e resultaram em boas histórias, mas sempre dormíamos pouco. Nos dias de show, eu costumava intercalar sonecas sempre que possível, às vezes chegava a ajustar o despertador para dormir 20 minutos entre o jantar e o aquecimento antes do show.

Dessa forma, no geral, essas viagens breves e rápidas entre os shows serviam como uma espécie de "pesquisa": checávamos os lugares para onde valeria a pena voltar mais tarde numa viagem de lazer. Mesmo aquele tira-gosto de Big Bend foi impressionante durante uma turnê continental em que já tínhamos visto grande parte da beleza natural dos Estados Unidos. Eu guardei uma vaga lembrança das majestosas formações rochosas e dos amplos espaços de desertos, cânions, penhascos e montanhas aninhadas no amplo arco formado pelo rio Grande.

No entanto, o parque nacional Big Bend ficava a quase dois mil quilômetros de Los Angeles, e todo o trajeto seguia por uma estrada interestadual já conhecida e entediante (não havia tempo para pegar outra estrada mais bonita e sinuosa). Havia também algumas áreas de clima instável naquele trecho. Mesmo seguindo pela autoestrada, eu teria que viajar durante dois dias e meio para chegar a Big Bend, passar um dia lá, depois dar meia-volta e refazer o mesmo trajeto insosso na volta para casa. Não parecia uma viagem de moto muito atraente, mas poderia ser divertida se eu fosse de carro.

E não seria qualquer carro. No começo de 2003, tornei-me o orgulhoso proprietário do meu já há muito tempo "carro dos sonhos": uma BMW Z-8 preta com o interior vermelho (sempre minha combinação favorita). Enquanto dirigia o cupê reluzente e possante pelas montanhas de Santa Mônica, subindo o cânion Old Topanga até Mulholland Drive, depois fazendo uma volta mais longa até Big Sur e então de volta para casa, revivi a emoção que eu sempre senti dirigindo carros esportivos conversíveis (geralmente ouvindo música). Se levado a sério, numa estrada desafiadora, o ato de dirigir pode realmente se assemelhar a um esporte, assim como pilotar uma motocicleta com a premência abastecida pela adrenalina.

Nos últimos sete anos, as motocicletas foram as estrelas da minha garagem e das minhas viagens – antes disso o domínio era das bicicletas –, mas sou apaixonado por carros desde a infância. Minha mãe contou que minha primeira palavra foi "carro", e há uma fotografia de quando eu era bebê sentadinho no banco do motorista do nosso Pontiac 1948, com as mãozinhas sobre o volante e um sorriso iluminado no meu rosto rechonchudo. Na adolescência, a bateria e a música capturaram toda a minha atenção (e todo o meu dinheiro), então foi somente com 20 e poucos anos que me dei o trabalho de fazer a carteira de motorista – e logo em seguida comprei meu primeiro carro. Era um MGB 1969, um conversível inglês tradicional (o que significava que vazava óleo e tinha um sistema elétrico nada confiável).

Pintei o carro de púrpura (como sempre, para reafirmar a minha individualidade). Eu adorava aquele carro, mesmo quando vazavam o óleo, a bateria e o radiador, drenando minha paciência e meu dinheiro. Depois foi a vez de um Lotus Europa (um "patins" minúsculo rebaixado sobre o qual um dia meu pai perguntou: "Você realmente prefere isso a um carro de verdade?"), mais um MGB e – quando me tornei um pouco mais bem-sucedido – dois Mercedes SLS, duas Ferraris diferentes – uma 308 GTS e uma 365 GTB/4 Daytona – , um MGA e um MG-TC 1947. Num dado momento no começo dos anos 1980, eu era proprietário de quatro carros, então resolvi que ter carros em excesso, principalmente carros antigos, trazia mais problemas do que satisfação. Fiquei com apenas dois carros, duas máquinas mais "práticas": tive uma série de Audis Quattro GTS (o primeiro carro esportivo de tração integral AWD, um verdadeiro bônus para os invernos canadenses) e três Porsches 911S sucessivos ao longo dos anos 1990.

Sempre adorei dirigir ouvindo música, principalmente numa viagem longa. No incomparável estado zen de dirigir hora após hora, a música não apenas faz o tempo passar, mas também preenche o tempo com prazer, estímulo, descobertas e lembranças. Então, levando tudo isso em conta, tomei uma decisão – eu iria de carro até Big Bend. E ouviria música durante todo o trajeto.

Depois de levar Carrie ao aeroporto com a perua Audi, voltei para casa, joguei uma bolsa pequena e meu estojo de CDs no porta-malas do Z-8, chequei o óleo e os pneus, depois cruzei Santa Mônica até chegar à autoestrada. Juntei-me às quatro pistas do tráfego rumo ao leste na Interestadual 10, movimentada como sempre, e segui em direção aos arranha-céus do centro de Los Angeles.

Para o leste e contra o vento, a vista parecia mais límpida que o normal na estação dos ventos Santa Ana. Atrás da cidade, as montanhas San Gabriel e o pico nevado do monte San Antonio (comumente chamado de Old Baldly Peak, ou o "Velho Pico Careca") dominavam o cenário no céu azul riscado de nuvens. A "floresta de aço" das antenas no alto no monte Wilson, perto do observatório, parecia linda e brilhante se erguendo para o alto.

Certa manhã bem cedinho, cerca de um ou dois anos antes, fui andar de moto pela Angeles Crest Highway de Pasadena e parei no alto do monte Wilson pouco antes do sol nascer para admirar a vista lá de cima. A manhã estava clara e a vista se estendia até o Pacífico, a paisagem de Los Angeles parecia dominada pelo verde, mesmo sabendo que, na verdade, estavam cobertos por um carpete de subúrbios e autoestradas, interrompido ocasionalmente por raros aglomerados de edifícios mais altos. Lá de cima, olhei para o sul e para o oeste e tentei identificar o cruzamento mais importante da cidade, de San Bernardino até o vale San Fernando, e do Centro até Century City. Daquele ponto elevado, diante da vista panorâmica, senti que a história humana era breve e pequena, e que a natureza ainda seria sempre soberana, não importava o que fincássemos no chão. Esse vale poderia durar outros milhares de anos, ou poderia sacudir até se despedaçar em poucas horas – uma ameaça onipresente que parecia incomodar mais os imigrantes que os nativos, já que pelo menos uma vez por semana eu ficava imaginando a chegada do Grande Terremoto: "E se acontecesse agora? Nesta casa? Neste prédio de escritórios? Neste elevador?".

A maioria dos habitantes do sul da Califórnia parecia protegida pela "negação geológica" descrita pelo geólogo Eldridge Moore no livro *Assembling California (Montando a Califórnia)*, de John McPhee:

Consideramos o mundo natural como se todos os movimentos do passado tivessem apenas preparado o palco para nós, e que agora eles estão congelados. Olhamos para um cenário como este e pensamos: "Tudo isso foi feito para nós" – até mesmo com a Falha de San Andreas debaixo de seus pés. Imaginar que essa agitação tenha ficado no passado e que de alguma forma nós agora estamos num momento mais estável parece ser uma necessidade psicológica.

Em seu livro *An island called California (Uma Ilha Chamada Califórnia)* sobre a história natural californiana, Elna Bakker provoca uma reviravolta sardônica para descrever a ação ao longo da Falha de San Andreas (uma das *dúzias* de falhas que cortam a Califórnia):

O território ao oeste da falha está se movimentando para o norte numa escala generalizada de mais de 2,5 centímetros por ano e, em algum momento no futuro, Los Angeles estará onde hoje se encontra São Francisco, uma ideia que não foi muito bem recebida pelos moradores desta última.

Naquela manhã, próximo ao observatório do monte Wilson, olhei em direção às constelações de vida lá embaixo e tentei imaginar a grande megalópole de Los Angeles, o que ela tinha sido e como tinha crescido até se tornar essa massa irregular de humanos e o lugar que agora eu tentava chamar de "lar". Em 1781, lá embaixo os espanhóis fundaram uma estação de suprimentos para a Alta Califórnia que tinha quase mais palavras em seu nome do que pessoas lá vivendo: El Pueblo de Nuestra Señora de Los Angeles del Rio de Porciuncula – A Cidade de Nossa Senhora a Rainha dos Anjos Junto ao Rio de Pequeno Volume. Seja lá o que "pequeno volume" significasse, não era nenhuma terra prometida, mas um chaparral árido cercado de montanhas, sem porto, com um rio nada confiável e um tempo que variava de clima mediterrâneo a monções. De acordo com o historiador Marc Reisner no livro *A Dangerous Place (Um Lugar Perigoso),* durante a breve estação das chuvas, as partes mais baixas do vale – agora Long Beach, Culver City, Torrance, Carson e as cidades da região de South Bay – eram vastas terras pantanosas povoadas por patos e por ursos em busca de presas. (O último urso marrom da Califórnia, o símbolo do estado, foi abatido a tiros em 1922).

Por volta de 1791, havia no povoado 139 habitantes que moravam em 29 casinhas construídas com adobe, cercadas por grandes fazendas, *ranchos*, como o Rancho Malibu e o Rancho San Vicente y Santa Mônica (que pertencia a Francisco Sepulveda), que mais tarde deram nome às comunidades e aos bulevares modernos (incluindo meu lar adotivo Santa Mônica). O Rancho Rodeo de las Aguas tornou-se Beverly Hills; a Missão San Fernando tornou-se o conjunto de comunidades do vale de San Fernando; o Rancho Paso de Bartolo Viejo tornou-se o assentamento quaker de Whittier, a cidade natal de Carrie (e também de Richard Nixon: um dos primeiros empregos de Carrie, quando ainda era estudante, foi justamente no escritório de advocacia de Nixon).

Por volta de 1840, El Pueblo de Nuestra Señora de Los Angeles del Rio de Porciuncula tinha crescido até se tornar uma dura, violenta e mortal terra de caubóis (com a média de um assassinato por dia), um lugar que Reisner descreveu como um "buraco purulento, imundo e nauseante, uma mistura de mexicanos, índios, americanos, europeus, havaianos e um número considerável de escravos fugitivos ou alforriados. Entre os nomes de rua vernaculares estavam palavras como..." – palavras que esta alma sensível ficaria envergonhada demais para escrever: o beco C****lho e a alameda da B****a, uma referência à anatomia feminina. De qualquer modo, quando a corrida do ouro chegou ao norte da Califórnia em 1849, a população de Los Angeles definhou de 6.000 para 1.600 habitantes em apenas um ano, já que todos que tinham condições para tanto rumaram para o norte em busca de enriquecimento instantâneo.

(É interessante observar que, no final da Guerra da Secessão, 785 milhões de dólares em ouro tinham sido extraídos da Califórnia: ao enviar seis milhões de dólares mensais aos banqueiros de Nova York, fazia toda a diferença para manter a União com dinheiro suficiente para bancar a guerra).

Por volta de 1884, a população de Los Angeles voltou a crescer, chegando a 12 mil habitantes, quando iniciou a grande corrida imobiliária, alimentada pelo ufanismo, pela especulação, pelo desenvolvimentismo e pela fraude escancarada. A população aumentou para 100 mil habitantes em menos de três anos, supervalorizando imóveis e propriedades para além do imaginável. Finalmente, os bancos cortaram a gastança e o *boom* imobiliário entrou em colapso; de repente, os trens chegavam vazios e partiam lotados.

O famoso naturalista John Muir visitou a cidade em 1887 e escreveu em seu diário: "Uma hora de viagem cruzando trechos de planície nua e marrom, plantações de milho e pomares de laranja me trouxe a esta cidadezinha charmosa e embevecida, onde encontramos os adobes espanhóis e as cabanas ianques se sobrepondo num curioso antagonismo". (*Plus ça change...*)

A população definhou (pela última vez) para 50 mil habitantes por volta de 1890, mas voltou a crescer para 100 mil em 1900, depois disparou e nunca mais recuou. Triplicou por volta de 1910, dobrou novamente em 1920, e no momento em que eu cruzava a grande Los Angeles em março de 2003, passava por uma população que chegava aos 10 milhões de habitantes.

Assim como a história, a geologia ganhava vida à medida que eu a *sentia* de verdade, e enquanto eu continuava rumo ao leste na I-10, começava a absorver a visão macro. No final de março, a estação das chuvas estava quase terminando, e os morros e as montanhas estavam verdes e exuberantes de um modo incomum. Para o norte e para o leste, as colinas de Hollywood Hills em meio às montanhas Santa Mônica, e também a base das cadeias montanhosas de San Gabriel junto a Pasadena e Glendale, estavam todas cobertas de verde, guarnecidas com as clareiras dos condomínios residenciais. O letreiro branco de Hollywood brilhava com o monte Lee ao fundo, e eu pensei no quanto um pequeno conhecimento tornava mais profunda a apreciação do que eu estava vendo.

Como geólogo amador, fiz algumas leituras sobre um assunto que já foi completamente obscuro para mim e comecei a construir conhecimentos básicos dentro de uma imagem mental de como a Terra do jeito que é hoje cresceu e mudou global e particularmente no oeste dos Estados Unidos. A curiosidade parecia ter sido inspirada de tanto eu viajar pelo sul dos EUA, onde a geologia se encontra exposta, e como de costume pude encontrar livros que me educaram, escritos por autores que me entretinham. John McPhee foi muito competente ao combinar informações geológicas que feriam meu cérebro com imagens e ideias que lhe davam prazer. Títulos como *Basin and Range* e *Assembling California* tinham sido originalmente escritos no formato de artigos periódicos para a revista The New Yorker e, dessa forma, tinham como alvo um leitor inteligente – ou um leitor que estivesse disposto a ler um livro duas ou três vezes até que pudesse começar a absorver o conteúdo, ou pelo menos a se aproximar do conceito de tempo geológico e a interpretar o mundo ao redor por meio de um paradigma completamente novo e verdadeiramente fundamental.

Como alguém pode ficar entediado neste mundo quando há tanta coisa com que se interessar, para se aprender e contemplar? A meu ver, o conhecimento era *divertido,* no sentido de me oferecer entretenimento, e eu adorei saber que as colinas e os picos pelos quais eu estava passando de carro, os mesmos que serviam de base para o famoso letreiro de Hollywood, eram todos parte das Cadeias Montanhosas da Costa do Pacífico, e eu havia começado a entender como elas foram criadas pelas placas tectônicas. A Placa do Pacífico comprimiu-se lentamente contra a Placa Norte-Americana empurrando para cima a Sierra Nevada, onde hoje elas se encontram, e, como se usasse uma pá, empilhou as Cadeias Montanhosas da Costa do Pacífico logo atrás dela. De alguma forma, compreender como a terra debaixo dos meus pés – ou rodas – foi criada ajudou a me sentir mais em casa na Califórnia.

No entanto, estas eram ainda palavras difíceis para se colocar na mesma frase: "lar" e "Los Angeles". Quando estranhos me perguntam de onde eu sou, é mais provável que eu responda "Canadá", o que passa uma mensagem totalmente diferente e – verdade ou não – um estereótipo mais "amistoso".

Não é novidade que muitos dizem detestar Los Angeles, e sem dúvida algumas dessas pessoas realmente já *estiveram* lá. A meu ver, imagino que a vida sempre depende de quão grande sua cidade é – ou de quão grande é o seu *mundo*. Na minha Los Angeles, há livrarias e restaurantes favoritos, há o County Museum of Art, as trilhas para caminhada em Temescal Canyon e no parque estadual Topanga, e também há as formações rochosas da praia de El Matador. A minha Los Angeles inclui o deserto do Mojave, a Sierra Nevada, o Oceano Pacífico, a Angeles Crest Highway, a Highway 33 ao norte de Ojai e a Mulholland Highway saindo por Topanga Canyon.

Numa viagem de moto de um dia, a minha Los Angeles se estende para o norte na estrada costeira até a majestosa Big Sur, os parques nacionais de Sierra Nevada, que incluem Yosemite, Kings Canyon e Sequoia, cruzando o encantador deserto do Mojave até Death Valley; ou se estende para o sul até o deserto de Anza-Borrego seguindo em frente até Baja. Claro que fiquei sabendo que se saísse cedo e andasse rápido podia chegar até o Grand Canyon na hora do almoço. Se Los Angeles não era exatamente uma festa como a Paris de Hemingway, certamente era a festa mais próxima. E nesse momento eu estava estendendo a minha Los Angeles um pouco mais longe – até o Texas.

Segui lentamente para o leste em meio ao usual tráfego intenso da Interestadual 10, atravessando os intermináveis subúrbios da zona leste de Los Angeles: tudo se fundia numa sequência de shopping centers, concessionárias de carros, lojas de atacado, home-centers e redes de fast-food (depois de ler *Fast Food Nation*, de agora em diante só vou comer no In 'n' Out Burger). Era difícil imaginar que esse lugar já tivesse sido usado como fazenda para a criação de gado e como terras irrigadas para pomares de frutas cítricas criados em torno de vilarejos como Pasadena, Whittier e uma missão mórmon em San Bernardino. Durante o boom imobiliário do final do século 19, já não havia novos nomes para os projetos criados pelos corretores de imóveis: um desses nomes, Azusa (que hoje é conhecida como a cidade mais poluída do país), parecia lembrar nomes indígenas como Cucamonga, Cahuenga ou Topanga, mas na verdade se originou da expressão "A to Z in the USA", ou "De A a Z nos EUA".

Todos os *reais* nomes de lugares terminavam com o sufixo "nga", que significava "água", e sempre parecia ser a derivação mais comum. (Cada nome antigo de um lugar no Canadá, por exemplo, parecia significar "água de movimento rápido" ou "reunião de cabanas perto da água"). Topanga Canyon, que cruzava o vale de San

Fernando até o Pacífico, significava "lugar que leva para a água", enquanto Cahuenga, perto de uma fonte natural, significava "lugar de água". O povo que batizou esses locais se chamava Yang-na, que podia muito bem significar "povo da água".

Alguns dos nomes nas placas de trânsito causavam impressões diferentes em diferentes fases da minha vida. Quando eu era criança em Ontário, Canadá, recordando minhas impressões sobre a Califórnia, creio que a primeira delas deve ter sido ver a Disneylândia na televisão, seguida de programas de TV como A Família Buscapé, *77 Sunset Strip* e *Highway Patrol*. Depois vieram os "filmes de praia", com Frankie e Annette, nas matinês dos sábados – *Beach Blanket Bingo*, *Bikini Beach* e tantos outros filmes que me apresentaram ao exótico mundo do surfe, do "surfe-de-calçada" (eu construí meu próprio skate com um pedaço de madeira compensada e rodinhas de patins usadas) e, inevitavelmente, a *surf music*: os Beach Boys, Jan and Dean e as músicas de estrada e de moto também. Anos mais tarde soube que algumas daquelas canções como "Go Little Honda" e "Little GTO" na verdade tinham sido criadas e pagas por agências de publicidade, a última delas para promover o lançamento de um Pontiac (batizado em homenagem à lendária Ferrari) comercializado por John DeLorean, que não era californiano, mas que deveria ter sido. (O sonho de fabricar seu próprio carro esportivo terminou em 1979, quando foi preso num hotel próximo ao aeroporto de Los Angeles tentando vender uma maleta cheia de cocaína para salvar sua empresa da falência).

Sendo um adolescente louco por carros, essas músicas tinham mais a ver comigo do que as canções românticas, pois eram um reflexo da minha paixão por montar carros em miniatura e cobrir as paredes do meu quarto com pôsteres das revistas Hot Rod e Car Craft. Nomes de lugares da Califórnia como Pomona, Riverside e até mesmo Bakersfield eram lendários para mim, berço das pistas de corrida do sul da Califórnia. Havia também corridas de *dragsters* num lugar chamado Ontário, Califórnia, sobre o qual eu sempre fiquei intrigado, já que eu morava na província canadense de Ontário. Lendo um pouco sobre a história da Califórnia, soube que a Ontário californiana realmente tinha recebido esse nome por causa da província do Canadá. Um engenheiro autodidata chamado George Chaffey saiu do Canadá para visitar a Califórnia em 1880 e acabou ficando para se tornar um empreendedor visionário. Ele instalou sistemas de irrigação inovadores, linhas de telefone e um gerador hidrelétrico, iluminando sua própria casa com as primeiras lâmpadas incandescentes ao oeste das Montanhas Rochosas, criando a Los Angeles Electric Company para tornar L.A. a primeira cidade da América com luz elétrica. O projeto de Chaffey para a comunidade de Ontário era tão impressionante que em 1903 os engenheiros do governo americano montaram uma maquete dela para exibir na Feira Mundial de St. Louis.

Logo depois de San Bernardino, passei pela saída que leva à estrada acima dos lagos Arrowhead e Big Bear, bem no alto das montanhas San Bernardino. Em setembro de 2000, pouco antes de Carrie e eu nos casarmos, meu irmão caçula Danny (meu padrinho) e eu fizemos uma trilha numa seção da Pacific Crest Trail que fica lá no alto e montamos um acampamento na minha "despedida de solteiro". Cada um de nós carregava cerca de 20 quilos de equipamento nas mochilas, e quando começamos a trilha, encontramos uma mulher vindo da direção oposta. Ao ver nossas pesadas mochilas, ela perguntou se iríamos fazer a trilha inteira do México até o Canadá e fomos obrigados a rir de nós mesmos. Estávamos começando uma caminhada de apenas dois dias, mas incluímos em nossas provisões ingredientes para um jantar, além de uma garrafa de The Macallan, uma garrafa de chardonnay, um bule de café e uma sobremesa meio improvisada.

A chamada Rim of The World Highway também era uma das minhas rotas favoritas para andar de moto no verão, com as subidas e as curvas ao redor dos lagos em direção ao oeste, conectando-se com a lendária Angeles Crest Highway por quilômetros de estradas em espiral e florestas altas de pinheiros, desembocando acima de Pasadena em La Canada, onde meu amigo Mark Riebling tinha crescido. Tenho muitas conexões no cinturão da grande Los Angeles.

A Angeles Crest Highway trazia outra lembrança, porque em novembro de 1996, durante a turnê *Test for Echo*, Brutus e eu pegamos aquela estrada de moto rumo ao oeste, acima das montanhas San Gabriel, a caminho do Los Angeles Forum para dois shows do Rush. Estava logo atrás de Brutus e comecei a fazer uma curva só para depois ver meu amigo deslizando de costas no asfalto a 80 quilômetros por hora. A moto dele estava caída no meio da estrada, girando lentamente e deixando um rastro de faíscas, o farol solto brilhava rodando em minha direção e depois passando direto por mim. Finalmente, a moto parou tombada num lado da estrada; e Brutus, no outro. Por sorte, ele estava vestindo um macacão de couro com proteção, como sempre fazemos, e seu único ferimento foi causado pelo maleiro da moto que caiu em cima do pé dele durante a queda.

Assistir àquilo provavelmente me salvou de um tombo semelhante, porque eu diminuí a velocidade e, com o coração acelerado, consegui equilibrar a moto ao atravessar aquele trecho com gelo na pista. Parei no acostamento ao lado de Brutus, aliviado ao vê-lo se apoiar nas mãos e nos joelhos e sacudir a cabeça ainda sem tirar o capacete. Ele parecia bem, embora bastante abalado, então erguemos a moto dele, que também parecia em bom estado – um pouco arranhada, mas sem grandes estragos – e seguimos em frente. Mais tarde, no backstage do Forum, Brutus mancava e contava para o pessoal como ele tinha se "sacrificado" para me salvar, tudo em benefício do show – e, dirigindo-se a um membro da equipe com o dedo em riste, disse: "Tudo para salvar seu emprego, meu amigo".

O pé de Brutus ficou inchado por alguns dias, mas ele foi descansar hospedado no hotel Newport Beach nas duas noites em que o Rush se apresentou no Los Angeles Forum. Depois do segundo show, percebi que ele ainda estava mancando e sentindo dor, então sugeri uma alternativa para chegarmos a Phoenix no dia seguinte: podíamos passar o dia descansando em Newport Beach, depois seguir de ônibus durante a noite até Phoenix, chegando lá bem cedo na manhã seguinte. Como parte da pesquisa que eu queria fazer para o livro que estava planejando, *American Echoes: Landscape with Drums,* pensei que seria bom observar o processo inteiro de montagem de um show, passar o dia inteiro com a equipe e fazer algumas anotações, e Brutus decidiu gravar em vídeo os melhores momentos.

Os membros da equipe e os motoristas de caminhão ficaram surpresos ao ver Brutus e eu chegando às 7h da manhã e passando o dia inteiro observando o trabalho deles. Sentei com meu diário na área reservada à plateia escrevendo sobre o processo de montar um show, enquanto Brutus mancava de um lado para o outro com a câmera na mão.

Voltando a 2003, seguia pela I-10, a paisagem a minha frente aos poucos ia sendo tomada ao norte pelo domo alto coberto de neve da montanha San Gorgonio (3.506 metros), e ao sul por seu irmão gêmeo, um sentinela coberto de neve, o pico San Jacinto (3.302 metros). No meio deles, em San Gorgonio Pass, centenas de hélices gigantes nos parques eólicos giravam graças aos fortes ventos Santa Ana, que ganhavam velocidade ao cruzarem a passagem estreita devido ao efeito Bernoulli.

Acelerei passando por uma compacta muralha de plantas da espécie *tamarix* que balançavam por causa do vento forte, então a vista se abriu ampla para o

Coachella Valley. Ao sul, Palm Springs se debruçava aninhada na base das montanhas San Jacinto; e ao norte, as encostas marrons e nuas das montanhas Little San Bernardino. Cortando de oeste para leste, a I-10 criava uma divisão artificial, embora muito precisa, entre o baixo deserto do Colorado ao sul e as primeiras e raras árvores-de-Josué, símbolo do alto deserto do Mojave ao norte: 29 Palms, parque nacional Joshua Tree e, mais além, acima do mar de creosotos e de clareiras marrons dispersas até Baker, Barstow, Death Valley e Las Vegas.

Quando me perguntam se eu gosto de morar em Los Angeles, geralmente respondo que, embora exista o lado negativo – trânsito, poluição, crime, tensões raciais, terremotos, incêndios, deslizamentos de terra, desrespeito generalizado por pedestres e ciclistas e também pelas setas (o mais recente adesivo de para-choque favorito: "A paz mundial começa com a seta"), a fixação superficial pela aparência entre os *angelenos*, o facelift de botox-colágeno-silicone, a cultura da SUV cromada e dos spas – certamente havia suas compensações. A principal delas era Carrie, é claro, que queria morar perto dos amigos e da família e manter sua promissora carreira como fotógrafa, até porque eu ficava fora da cidade durante muito tempo. Além disso, havia também a grande variedade de cenários naturais, abundantes no sul da Califórnia – oceano, montanhas, desertos.

Passei a apreciar e a glorificar a fabulosa diversidade de árvores e plantas, nativas ou introduzidas, e a variedade de pássaros e outros animais. Árvores-de-Josué e creosotos, sequoias-canadenses, eucaliptos e carvalhos sempre-verdes, manzanitas e pinheiros, papoulas laranja forte e sennas-amarelas-do-deserto, ursos-negros, cervos-de-cauda-branca, águias-reais, gralhas-da-montanha e o emblema do sudoeste americano: o coiote, um Trickster, o Impostor. Na santíssima trindade dos viajantes, como defini em *Ghost Rider – A estrada da cura*, o sul da Califórnia era generoso pelas paisagens, pelas estradas e pela vida selvagem.

O pai de Carrie, Don, professor de história recém-aposentado, havia me apresentado muitos livros sobre a história da Califórnia, do relato de 1840 escrito por William Henry Dana Jr., *Two Years Before the Mast*, à análise pioneira de Carey McWilliams um século depois, *California: The Great Exception*, de 1949. O mais abrangente de todos é a série de seis volumes (até o momento) escrita por Kevin Starr, que documenta o "sonho californiano" ao longo do século 20. (Uma citação marcante descreve o sul da Califórnia nos anos 1950 como um lugar "onde os homens que chegavam não tinham sentimentos, e aqueles que fracassavam sentiam muito").

O quinto volume de Starr, *The Dream Endures,* era o livro que eu estava levando comigo nessa viagem até Big Bend para servir de companhia nos restaurantes.

A história da Califórnia tinha se tornado viva para mim como uma variedade interminável de narrativas sobre nobreza, realizações, talento, corrupção, crueldade e dramas humanos. O que Balzac chamou de *La Comédie Humaine* havia acontecido no sul da Califórnia de um jeito hiperbólico, tanto no passado quanto mais recentemente, e comprovou a veracidade da afirmação de Wallace Stegner: "A Califórnia é igual ao resto dos Estados Unidos – só que mais".

À medida que a autoestrada descia para o vale e finalmente o trânsito começava a diminuir, relaxei um pouco e liguei o CD player. O primeiro disco era a trilha sonora do filme *Frida*, com o uso de instrumentos e melodias que evocam a música tradicional mexicana. As texturas exuberantes e o clima exótico me pareciam perfeitos, criando a atmosfera certa para atravessar o deserto e seguir minha jornada. Não que eu estivesse viajando para lá, que literalmente ficava a um passo de distância, mas Big Bend, junto ao rio Grande, também marcava a fronteira entre os Estados Unidos e o México.

Enquanto eu começava a travessia do deserto do Mojave numa longa subida até Chiriaco Summit (terra do General George Patton Museum, próximo ao deserto onde Patton treinou suas tropas a fim de prepará-las para a campanha no Norte da África contra Rommel na Segunda Guerra Mundial), o trânsito começou a ficar pesado de novo. Geralmente, odeio ultrapassar pela direita, mas os hábitos dos americanos ao volante tornam esta a única opção possível. Cuidadosamente observando os espelhos retrovisores e usando as setas – sem importar o quanto esse hábito havia se tornado estranho –, abri caminho entre as SUVs beberronas de gasolina e os compactos japoneses asmáticos, que andavam lentamente na pista da esquerda, e entre os caminhões que rugiam na pista da direita.

O próximo CD no carrossel era *Sinatra at the Sands,* com a big band de Count Basie. Como sempre, a música que eu ouvia não apenas me acompanhava na estrada, mas também me levava a viagens paralelas, através da memória e dos fractais de associações, os fios que me conduziam de volta à história da minha vida por caminhos que eu havia esquecido ou de que nunca tinha me dado conta.

O escritor americano Ralph Ellison começou a carreira como músico e escreveu sobre o tema com fervor durante toda sua vida. Numa coletânea de ensaios chamada *Living With Music*, ele disserta sobre o poder da música como parte da vida de um indivíduo, e até mesmo de sua cultura.

Talvez em meio às rápidas mudanças da sociedade norte-americana, na qual os significados das origens de um indivíduo se perdem muito rapidamente, um dos valores primordiais da música em nossas vidas resida no seu poder de nos conduzir através do tempo. Assim, ela atribui significado a todos os aspectos inexplicáveis da experiência que, no entanto, nos ajudam a nos tornar o que somos. No giro rápido do tempo, a música é uma constante, nos lembrando do que fomos e para onde desejamos seguir. Está com algum problema? A música não apenas acalma, ela também dignifica.

Sinatra at the Sands foi lançado em 1966, quando eu tinha 14 anos, e lembro que era um dos discos que meu pai tocava no seu aparelho de som. Parecia que sempre havia música tocando na nossa casa, e isso tinha que exercer algum tipo de influência sobre mim. Meu pai era o tipo de pessoa que gostava tanto de música que ligava o rádio quando acordava de manhã e ouvia o tempo inteiro: enquanto se barbeava, tomava café, quando saía de carro, estando no trabalho ou em casa, lá dentro ou ao ar livre. Sempre havia música.

Naquela época, já fazia um ano que eu tocava bateria e, como era fã de The Who, Jimi Hendrix e assemelhados, eu não gostava muito de "música de gente velha", mas ao mesmo tempo eu estava tão obcecado por bateria e por bateristas que até mesmo assistia ao The Lawrence Welk Show com a minha avó, esperando ver de vez em quando o instrumento cor champanhe que reluzia ao fundo.

Obviamente eu não tinha muita escolha quanto a ouvir as músicas do meu pai, e mesmo naquela época era impossível não gostar de *Sinatra at the Sands*, principalmente dos arranjos flamejantes (de um jovem Quincy Jones) e do vigoroso e empolgante baterista Sonny Payne. (Sonny era conhecido como um showman, girava as baquetas, jogava-as no ar e as pegava de volta entre as batidas. Há uma história que envolve Buddy Rich, certamente o maior baterista de jazz de todos os tempos, mas um homem intenso que preferia impressionar com sua música mais do que com seus malabarismos. Buddy gostava do estilo de Sonny, mas quando as baquetas estavam girando e voando lá no alto, Buddy fez um comentário sarcástico para um amigo: "É melhor ele ter cuidado – pode *bater* em alguma coisa".)

Alguns anos mais tarde, no começo dos anos 1970, quando eu estava morando em Londres numa pensão com meu amigo de infância Brad, redescobri as músicas do meu pai, coisas de big band como Duke Ellington, Count Basie e Frank, então comprei meus próprios LPs. Lembro-me de escutar *Sinatra at the Sands* nos fones de ouvido muitas vezes (porque as caixas de som produziam uma qualidade de som muito pobre – pois nós éramos muito pobres), e depois desse tipo de escuta mais intimista, até hoje, mais de 30 anos depois, ainda sei cada palavra e cada nota daquele álbum. Enquanto dirigia para o leste cruzando o alto deserto ao entardecer, eu cantarolava, balançava a cabeça e batia os dedos no volante enquanto Frank e a banda interpretavam todos aqueles grandes clássicos: "Come Fly with Me", "I've Got You Under My Skin", "Fly Me to the Moon", "Angel Eyes".

Em alguns momentos, Frank fazia uma pausa para um "monólogo", e num deles mencionou que recentemente tinha completado 50 anos de idade. Eu havia passado por essa marca em setembro (atrás de uma bateria, convenientemente, tocando num show em Calgary durante a turnê *Vapor Trails*), e minhas reações tinham variado da sensação de achar "impossível" (tanto a ideia de que eu tinha sobrevivido a meio século, como também de que eu pensava aos 20 anos, digamos, que ter 50 era ser idoso e decrépito), até chegar à percepção de que o número não fazia "sentido algum". Numa entrevista para a revista Modern Drummer antes da turnê, perguntaram sobre o meu aniversário que se aproximava, e eu disse: "Eu li que todos têm uma idade interior que acreditam ser a sua, sem importar a idade real. Eu realmente penso em mim mesmo com cerca de 30 anos. Na vida moderna, é questão de manter o seu melhor por tanto tempo quanto puder".

Recentemente, um amigo fotógrafo me apresentou ao seu jovem assistente, dizendo: "Diga a ele o ano em que nasceu, Ben!". Ben me contou que tinha nascido em 1976, e minha reação imediata ao pensar sobre a data, de o rapaz ter começado a vida naquele ano, não foi de inveja, mas de certa empatia. Balancei a cabeça e disse: "Você perdeu muita coisa".

Para mim, ter crescido durante a última metade do século 20, ter sido criança nos anos 1950 e 1960, ter sido um jovem músico nos anos 1960 e 1970, continuando pelos anos 1980 e 1990, e estando agora no século 21 parece ter mais valor do que apenas ser jovem. Talvez esse sentimento tenha apenas marcado um tipo de virada quanto à idade cronológica, em que o passado parece mais importante do que o futuro – porque em certa idade, de repente, temos *mais passado* que futuro – ou talvez este seja o ponto privilegiado de meio século de vida que me permitiu sentir o que Wallace Stegner chamou de "a riqueza inerente ao passado". E, ao ouvir *Sinatra at the Sands,* me dei conta de como a música de Frank tinha me acompanhado durante a vida inteira, da infância até hoje, de um modo que não havia acontecido com nenhum outro artista, e de como sua música continua a ter um significado profundo para mim.

Já se espalharam muitas teorias para explicar o apelo da voz de Frank por décadas e gerações (na minha própria família, do meu pai para mim; mais tarde, quando Selena ainda era adolescente, nós dois voltávamos para Toronto de carro bem tarde da noite depois de visitarmos amigos no oeste de Nova York, e eu estava ouvindo *Sinatra and Company*: de repente, ainda meio sonolenta, Selena *entendeu* – tempos depois chegou até mesmo a comprar uma cópia daquele CD para ela mesma).

Em *Why Sinatra Matters,* Pete Hamill escreveu: "Como artista, Sinatra tinha apenas um tema básico: solidão. Todas as suas baladas são estratégias para lidar com a solidão; suas músicas mais animadas são expressões de alívio dessa solidão".

Todo mundo consegue sentir uma conexão com a solidão. Num contexto canadense, quando os membros do Rush foram agraciados com as medalhas da Ordem do Canadá (um tipo de prêmio de "bom cidadão"), o governador-geral, Roméo LeBlanc, fez um eloquente discurso bilíngue sobre a experiência compartilhada de ser canadense: "Todos nós sabemos como é ficar sozinho na neve". (Quando eu o elogiei por causa dessa citação, ele deu de ombros e disse: "Tenho um bom redator de discursos!")

Certa vez li um comentário de que a maneira de Frank cantar era sentida tão profundamente porque parecia que ele estava cantando "apenas para você", enquanto outros acreditavam, como Billie Holiday, que ele era capaz de transmitir toda a paixão e todas as desilusões de sua própria vida quando cantava. Parecia que a chave da magia de Sinatra era que, quando cantava, ele atribuía significado a isso. Como o próprio Sinatra afirmou: "Tudo o que já disseram a meu respeito não tem importância. Quando eu canto, acredito que esteja apenas sendo honesto".

Talvez a chave para *qualquer* grande interpretação seja esta característica: sinceridade.

É claro que muitos cantores tiveram um sucesso fenomenal *sem* esse ingrediente mágico. Uma voz de ouro e uma boa aparência geralmente são atraentes, mesmo quando fica óbvio para um ouvinte mais cuidadoso que, quando um artista interpreta uma música, ele ou ela (leia-se "diva") não atribui significado a *uma* palavra sequer. Você pode até achar que tal diferença seja evidente ao ouvinte, mas creio que essa é a mais gritante distinção entre arte e entretenimento. Se as pessoas querem apenas se divertir e se distrair em vez de se sentirem emocionadas ou inspiradas, a falsidade será de serventia tanto quanto a verdade. Ao ouvinte sem percepção, ou sem cuidado, simplesmente não faz diferença. Às vezes, tenho de encarar o fato de que a música pode ser apenas parte da vida das pessoas, como um papel de parede, sem ser o centro de suas vidas, como sempre foi para mim.

Todas as minhas lembranças mais antigas são como pérolas desenvolvidas a partir de um grão de música ou de viagem. Quando eu tinha três anos de idade, morávamos num sobrado em Violet Street, em St. Catharines, e durante o inverno eu me lembro de ser puxado num trenó ao redor da quadra. Também me lembro do meu pai todo orgulhoso montando seu novo toca-discos *stereo* General Electric na sala, portanto devo ter absorvido a empolgação dele.

Era um velho casarão, com as janelas no porão emolduradas em concreto abaixo do nível do solo, e enquanto eu pedalava no meu triciclo pela calçada acabei caindo sobre uma daquelas janelas e atravessei a vidraça. Lembro-me de ficar pendurado de cabeça para baixo olhando para minha mãe, enquanto ela erguia os olhos chocada em frente à máquina de lavar. Minha primeira aventura de viagem.

Minha mãe trabalhava num restaurante chamado The Flamingo quando eu ainda era pequeno, e eu me recordo da jukebox brilhante e iluminada e de um diorama iluminado por um holofote com um flamingo rosa, uma palmeira de plástico e uma esfera cromada espelhada num pedestal (talvez minha primeira viagem de mentirinha). Também lembro o começo de outro vício que já dura minha vida inteira: minha primeira barra de chocolate. Quando os proprietários do restaurante saíram de férias e nós ficamos lá para cuidar do lugar, depois do jantar me ofereciam um sortimento de barras de chocolate para escolher no balcão de doces. Que alegria e que tormento era ter que pegar só uma. Eu queria todas (ainda quero).

Um amigo dos meus pais trabalhava para uma empresa de manutenção de jukeboxes, e ele lhes deu um rack de antigos discos de 45 RPM que ficaram na nossa casa durante anos. Entre eles estava "Wheels", de Billy Vaughn e sua orquestra (outra música para viagem) no lado B de "Sail Along Silvery Moon" (só Deus sabe por que razão eu me lembro *disso*).

Certo Natal, quando eu tinha quatro anos, viajamos de carro até a Virgínia, onde meus avós estavam morando, na primeira "road trip" de que me lembro. A maioria das nossas férias incluía viagens de carro, geralmente acampávamos numa barraca de lona com o cheiro reminiscente de limo quando chovia, e de coisa queimada quando fazia sol. Uma vez passamos a noite num hotel de beira de estrada, e ainda lembro a emoção de dormir numa cama de armar numa casa temporária e estranha. Foi minha primeira estadia num hotel de beira de estrada – e bem longe de ter sido a última. Felizmente, minha reação foi de empolgação em vez de pavor, já que eu passaria boa parte de minha vida em lares temporários, como hotéis, pousadas e apartamentos semimobiliados. Sempre que eu fazia o check-in num quarto de hotel, sentia um tipo de antecipação entusiástica. Bom ou ruim, caro ou barato, eu me trancava naquele espaço privado e anônimo e, de certa forma, eu me sentia em casa, e também me sentia livre.

Alcancei a independência musical quando tinha cerca de dez anos e ganhei um radinho de pilha da minha mãe. Ela me mostrou no dial onde ficava a estação "Hit Parade", e eu me lembro de sentar nos degraus na frente do nosso sobrado segurando aquele rádio nas mãos como se fosse uma relíquia sagrada, petrificado com a sensação de ter minha própria música particular. (O engraçado é que eu não sabia que havia discos tocando no estúdio da rádio, assim como na jukebox do restaurante Flamingo: eu achava que cada música estava sendo transmitida ao vivo de um estúdio e que os músicos iam de uma estação de rádio para outra.)

Para mim, esse foi realmente o início do meu amor pela música. Eu ouvia aquele radinho constantemente, vasculhando todas as estações: AM Top-40, WKBW em Buffalo, Nova York; CHUM em Toronto e CHOW em Welland, Ontário. Eu chegava até mesmo a dormir com o radinho tocando baixinho colado na orelha.

Além disso, agora que eu tinha minha própria música, havia uma opção além das músicas do meu pai, e assim começou a divisão. Levaria ainda mais uns dez anos até que eu aprendesse a apreciar o que o meu pai ouvia, mas é claro que, depois que isso aconteceu, as músicas dele permaneceram comigo pelo resto da minha vida.

Sinatra at the Sands também apresentava algumas músicas instrumentais mais lentas de Count Basie, como "All of Me" e "Makin' Whoopee!", que exibiam a rígida disciplina daquela excelente banda. Nenhum músico de estúdio ou uma seção de metais genérica poderiam replicar o balanço dinâmico, o vigor, a pulsação e a respiração sincronizada que se ouviam quando a banda de Basie ou de Ellington tocava, o som produzido por músicos que se apresentavam juntos noite após noite e que realmente viviam aquela música em vez de apenas ler partituras.

Depois de todos esses anos, de volta à infância, os efeitos repetidos nos pratos da música-tema de Basie, "One O'Clock Jump", tinham se enraizado na minha memória de tal forma que, enquanto eu selecionava o material para tocar num show de tributo a Buddy Rich, para mais tarde gravar as músicas, uma das minhas escolhas foi o arranjo da banda de Buddy para "One O'Clock Jump", de modo que eu pudesse ter a chance de tocar aquele incrível clímax, o mesmo que aparece repetidamente no disco de Sinatra.

Um pouco mais de música para viagem.

Antes da morte de Buddy em 1987, um de seus últimos pedidos para a filha, Cathy, tinha sido que ela tentasse fazer com que sua banda continuasse trabalhando de alguma maneira, para manter o som vivo e "de alguma forma retribuir" à música americana. Cathy criou uma bolsa de estudos em nome de Buddy e começou a organizar shows com renomados bateristas "substitutos" a fim de angariar fundos para a educação musical de promissores jovens estudantes de bateria. No final dos anos 1990, Cathy conversou comigo para que eu fizesse parte de um desses shows, e minha resposta a ela descrevia meus pensamentos e meus sentimentos quanto a esse desafio.

> *Eu me sinto honrado por ter sido convidado a fazer parte do Buddy Rich Memorial Scholarship Concert. No passado, sempre me senti receoso de participar de eventos desta natureza, em parte por causa da minha timidez, um pouco por causa do excesso de trabalho e também pela sensação de inadequação. Via de regra, eu faço meu trabalho com o Rush, mas em outras situações eu me escondo discretamente.*

No entanto, mesmo minhas próprias regras existem para serem quebradas, e esta parece uma ocasião válida para sair da minha autoimposta reclusão. Não apenas é uma oportunidade de "retribuir", mas também uma oportunidade de realizar um desejo de longa data – tocar com uma big band.

Juntamente com "One O'Clock Jump" de Basie, acabei escolhendo um arranjo da banda de Buddy para "Cottontail", de Ellington, como um tributo ao gigante da música americana, e escolhi outra música com alguns trechos de bateria interessantes chamada "Mexicali Nose". Durante os primeiros meses de 1991, eu ensaiei aquelas três músicas diversas vezes (tocava acompanhando as versões gravadas por Buddy) e em abril fui de carro de Toronto até Nova York e me apresentei com a Buddy Rich Big Band num teatro pequeno (o Ritz, anteriormente Studio 54) como integrante de um show que trazia outros cinco bateristas convidados.

Infelizmente, para mim foi uma experiência difícil e decepcionante. Com pouquíssimo tempo de ensaio, não tive a oportunidade de descobrir que o resto da banda tocaria um arranjo para "Mexicali Nose" diferente daquele que eu tinha aprendido, e durante a apresentação eu não conseguia escutar a seção de metais. Eu tentei me esforçar durante a música, dar um jeito de acompanhar, mas depois fiquei frustrado com a experiência pela qual eu tinha esperado tanto tempo e me senti desapontado comigo mesmo.

No dia seguinte, voltar de carro para minha casa em Toronto – um trajeto de cerca de 900 quilômetros – foi mais uma ocasião em que uma longa viagem me trouxe uma boa oportunidade para pensar. Saí de Nova York de madrugada, triste e desanimado, mas, enquanto eu dirigia, me peguei pensando em alguns versos de uma canção chamada "Bravado", que eu havia escrito pouco tempo antes para o álbum do Rush *Roll the Bones*, gravado no começo de 1991. A canção começa: *If we burn our wings, flying too close to the sun* (Se queimarmos nossas asas, voando perto demais do sol); e termina com o verso que se repete: *We will pay the price, but we will not count the cost* (Pagaremos o preço, mas não levaremos em conta o custo), que peguei emprestado do escritor John Barth, com sua permissão e aprovação. Pelo menos, enviei a Barth uma cópia da canção, e ele me escreveu de volta dizendo "Parece que ficou muito bom", o que escolhi entender como uma permissão. E como uma aprovação.

Dessa forma, se eu tinha "queimado minhas asas" um pouco, aceitando um desafio em que todas as circunstâncias pesavam contra mim, estava agora pagando o preço, mas nem mesmo tinha pensado sobre o custo. Eu apenas queria me sentir um pouco melhor, e o único modo de isso acontecer era repetir a experiência, mas do jeito certo. (Também me dei conta de que aquela foi a primeira vez em que eu tinha me inspirado nas minhas próprias palavras!)

Quando cheguei a Toronto, dez horas depois, eu já tinha pensado em tudo. Alguém ia ter que produzir um álbum tributo para Buddy Rich, então eu podia tocar nesse álbum, tendo a chance de tocar músicas de big bands sob condições mais controladas. Inevitavelmente, é claro, esse "alguém" tinha de ser eu, embora fossem necessários mais dois anos para tudo acontecer, entre os projetos de gravação e as turnês do Rush e a minha própria vida agitada com os projetos literários e as viagens de bicicleta para a África.

Em dezembro de 1993, finalmente escrevi para Cathy e propus a ideia formalmente:

> *Estive pensando sobre um pequeno projeto dos meus sonhos e queria ouvir sua opinião para saber o que você pensa a respeito. Parece que já é hora de produzir um álbum tributo a Buddy Rich com alguns dos melhores bateristas da atualidade tocando as partituras da banda – como nos vídeos da bolsa de estudos, só que com gravação de qualidade de estúdio. Eu gostaria de tocar uma ou duas faixas, é claro, mas mais do que isso – eu gostaria de ser o produtor desse projeto.*
>
> *Você estaria de acordo com algo assim? Sem sua bênção (e ajuda), certamente não vou seguir em frente com a ideia, mas se, como eu, você achar que seria algo positivo, eu adoraria dar sequência a alguns planos. Poderíamos trabalhar juntos e escolher quais bateristas estariam envolvidos no projeto, que músicas colocar no álbum, como seria a arte da capa e assim por diante. Com um pouco do bom e velho trabalho duro, acho que podemos criar uma bela obra.*

Cathy ficou igualmente animada com a ideia, e junto com o marido dela, Steve, e o gerente de turnês do Rush, Liam (dividindo o crédito de produtor-executivo com Cathy), começamos a trabalhar na organização do projeto, coordenando uma lista de bateristas e toda a logística de viagens, equipamento, hotéis e tempo dentro do estúdio.

Durante duas semanas em maio de 1994, aconteceram as gravações num estúdio em Nova York. Trabalhando com uma banda de 14 integrantes quase que inteiramente formada por alunos de Buddy, tínhamos uma média de dois bateristas "convidados" por dia e cada um deles gravava duas ou três músicas, a maioria do "songbook" de Buddy. Era um empreendimento monumental, mas que no fim de tudo resultou num CD duplo chamado *Burning for Buddy* – que teve uma venda modesta (embora eu ainda goste de ouvi-lo – suficientemente recompensador!) – e também num documentário de making-of.

Todos os dias eu caminhava dez quadras do hotel até o estúdio, cortava Midtown Manhattan e a Broadway, pegava caminhos diferentes e apreciava a vitalidade descombinada daquelas ruas. Meus pés se apressavam pela calçada, muito animado com o que o dia me proporcionaria, com os bateristas que estariam no estúdio e quais novas músicas estaríamos gravando. Além da empolgação diária com aquelas sessões de gravação e do prazer de fazer amizade com tantos bateristas ao longo do caminho, houve outro benefício inesperado.

Alguns anos antes daquele projeto, eu havia trabalhado com o baterista Steve Smith numa gravação com o baixista virtuose Jeff Berlin. Steve sempre foi um ótimo baterista, mas nas sessões de gravação de Buddy percebi que tinha havido um crescimento repentino no modo como ele tocava – na técnica e, principalmente, na musicalidade. Quando perguntei a Steve o que tinha acontecido com ele, ele sorriu e me respondeu com uma única palavra: "Freddie", se referindo ao professor dele, Freddie Gruber.

Freddie tinha quase 70 anos na época e havia sido um dos amigos mais próximos de Buddy Rich desde os anos 1940, quando os dois se conheceram na vibrante cena musical do jazz de Nova York. Continuaram amigos quando Freddie saiu das ruas de Nova York para Chicago, Las Vegas e depois Los Angeles, onde encontrou sua vocação como professor.

Eu conheci Freddie no estúdio durante as sessões de gravação de *Burning for Buddy*, ele era um contador de histórias em tempo integral de mente ágil e um eterno ar "cool" que raramente ficava sem um cigarro na mão, estando aceso ou não. Jantei com Freddie e outros bateristas algumas vezes. Nas semanas que se seguiram, fiquei curioso sobre o que um professor como ele poderia fazer por mim. Naquela época, já fazia 30 anos que eu tocava bateria e achava que estivesse tocando do "meu jeito" tão bem quanto possível – talvez fosse a hora de, como Freddie explicaria mais tarde, "levar essa coisa toda um pouco mais adiante".

Sem dúvida era o momento certo, já que o Rush faria uma pausa naquele ano enquanto Geddy e sua esposa Nancy aguardavam o nascimento de sua filha Kyla. Assim, em outubro de 1994, eu me organizei para passar uma semana trabalhando com Freddie em Nova York. No primeiro dia, ele me observou tocando bateria por cerca de um minuto, depois começou a falar – contou histórias sobre Buddy e outros bateristas, anedotas de sua "juventude perdida", falou de encontros com Allen Ginsberg, Marlon Brando, Miles Davis, Malcolm X, Stanley Kubrick, o pintor abstrato expressionista Larry Rivers e diversas prostitutas, viciados e gênios. No meio disso tudo – atenção, agora vem a lição! – ele caminhava ao redor da pequena sala de ensaios, encenando os movimentos de dançarinos, pianistas, violinistas e assim por diante, me mostrando todas essas atividades que, assim como tocar bateria, se passavam em grande parte no ar, portanto deveria ser como uma dança.

Ele também afirmou de forma autoritária, de dedo em riste: "Não há linhas retas na natureza", logo nossos movimentos deveriam ser circulares, orbitais, suaves e fluidos. E, na bateria, devíamos prestar mais atenção no que acontece no ar, entre as batidas. Outra de suas diretivas de dedo em riste, comunicadas enfaticamente com os olhos arregalados, era: "Saia do caminho. Deixe rolar! Ou melhor, não *impeça* que aconteça".

Freddie podia ser comparado a um treinador de tênis, sempre observando e corrigindo os movimentos e a técnica corporal. Ele não tentava ensinar como jogar o jogo – Freddie supunha que você já soubesse disso –, mas observava seu "saque", ou seu *backhand* cruzado, e tentava fazer com que o aluno se movimentasse melhor. Dessa forma, Freddie Grubber não era o tipo de professor com o qual se aprendia algo e seguia em frente: era o tipo de orientação que se poderia usar sempre, consequentemente Freddie tinha construído um círculo conciso de estudantes fiéis para a *vida inteira*, lendas de estúdio como Jim Keltner, que recentemente havia tocado bateria na turnê de Simon e Garfunkel, e o artesão britânico Ian Wallace, além de mestres do jazz e do rock, do chamado "fusion" (Freddie chamava de "con-fusion") como Steve Smith e Dave Weckl.

Foi uma semana vertiginosa, ao que pareceu com mais histórias do que lições. Mas no final Freddie deixou para mim uma lista de exercícios para as mãos e os pés, todos elaborados com a finalidade de, com o tempo, influenciar o movimento do meu corpo inteiro – embora isso fosse exigir muito tempo e muito esforço da minha parte. Já tinha ficado claro que, se eu fosse me entregar à "visão" de Freddie, eu iria basicamente ter que recomeçar do zero na bateria – mudar o modo como eu me sentava, como eu segurava as baquetas, como montava o instrumento e como eu movia as mãos e os pés. Talvez o mais desafiador de tudo fosse encontrar tempo para praticar todos aqueles exercícios diariamente, numa vida ocupada com trabalho, casa e família. Praticar todos os dias era fácil e natural aos 13 anos, mas 30 anos depois minha vida tinha se tornado consideravelmente mais complicada.

Contudo, eu me sentia inspirado e comprometido com a tarefa, e todos os dias eu arrumava um tempo para ir até o porão da nossa casa em Toronto e praticar na minha pequena bateria amarela da marca Gretsch (eu a vi na vitrine de uma loja de baterias em meados dos anos 1980 e pensei no quanto eu sonhava em ter uma bateria daquelas quando tinha 16 anos – então comprei, porque uma parte de mim ainda tinha 16 anos). Como um cão velho aprendendo truques novos, eu até mesmo me sentava na frente da televisão à noite com as baquetas e o pad de prática para trabalhar nos exercícios.

Com o passar das semanas, comecei a sentir os benefícios da fluidez no modo com que eu tocava, e depois de seis meses Freddie veio me visitar em Toronto para mais uma semana de "Leve essa coisa toda um pouco mais adiante" e "Comece a juntar as peças".

"Saia do caminho, deixe acontecer".

Freddie me deixou mais exercícios para fazer, e continuei a prática. Depois, novamente, seis meses mais tarde, em setembro de 1995, Freddie veio para Quebec para mais uma semana (como um nova-iorquino residente em Los Angeles, ele amava o norte, sentia o aroma do ar passeando comigo de barco ao redor do lago). Mais exercícios, mais prática, até que, finalmente, eu me senti pronto para colocar em prática de verdade todas aquelas técnicas adquiridas com muito esforço.

No começo de 1996, comecei a trabalhar com Geddy e Alex no nosso álbum *Test for Echo*, e eu pude sentir que tinha atingido outro nível no meu modo de tocar, tanto técnica quanto musicalmente. Mais tarde, naquele mesmo ano, eu expus essas novas orientações, assim como Freddie, num vídeo instrucional chamado *A Work in Progress*.

Ao longo de todo esse tempo, Freddie e eu nos tornamos bons amigos, e durante a turnê *Test for Echo* ele e Brutus também ficaram amigos. No período das minhas tragédias pessoais e do meu subsequente "exílio" na Inglaterra, Brutus mantinha Freddie atualizado sobre minha "condição". Quando eu estava vagando de moto durante o outono de 1998 e soube que Brutus havia sido preso com uma carga de maconha na fronteira com os Estados Unidos em Buffalo, e que provavelmente ficaria "ausente" por uns tempos, Freddie compreendeu melhor do que qualquer outra pessoa o peso de mais essa perda na minha vida. Ele me disse: "Achava que você já tinha chegado ao fundo do poço, mas agora você foi ainda mais para o fundo – você chegou ao porão dele".

Em novembro de 1999, logo depois de passar cinco dias na casa de Freddie em San Fernando Valley, comecei uma carta para Brutus dos meus aposentos em Show Low, Arizona, para os aposentos dele no presídio Federal Detention Facility em Batavia, Nova York. Coincidentemente, naquela época, eu também estava a caminho de Big Bend, embora nunca tenha chegado lá (por razões que serão reveladas), e essa carta também trazia um pouco de "música para viagem" e contava a jornada para o leste na I-10, perto de onde eu agora estava viajando de carro em março de 2003.

À medida que eu me aproximava de Blythe, Califórnia, do rio Colorado e da fronteira com o Arizona, quem mais poderia estar na sequência do carrossel de CD numa adorável coincidência se não o próprio Buddy Rich, com uma gravação sublime de sua banda com Mel Tormé: o álbum chamado *Together Again – For the First Time*.

Tantas conexões nesse circuito itinerante.

De uma carta para Brutus, datada de 15 de novembro de 1999, em que falo sobre minha estadia na casa de Freddie:

> *De qualquer maneira, todos os dias que passei lá foram ensolarados e quentes, e todas as noites foram frescas e claras. À noite, eu deitava na única espreguiçadeira em condições adequadas no pátio da casa de Freddie e ficava olhando para cima, para Órion, para as Plêiades, para a estrela que eu achava que fosse Arcturus e todo o resto.*
>
> *Aviões sobrevoando mais ao alto e mais abaixo, estrelas cadentes, a lua minguante. Oito ciprestes no jardim do vizinho, a silhueta de uma palmeira*

frondosa. A estação de rádio KGIL, *"America's Best Music"* sintonizada no rádio Silverstone no armário da área de serviço do pátio coberta por um telhadinho e também na sala de estar escura, que se ligava todas as tardes às 4h graças a um timer. A playlist era sublime – uma versão instrumental do clássico de Ellington-Strayhorn, *"Don't Get Around Much Anymore"*, depois *"He'll Have to Go"* (*Put your sweet lips, a little closer, to the phone*/ Coloque seus lábios doces um pouco mais perto do telefone), *"Cherish"*, *"I Love How You Love Me"* e *"Maria"*, do musical *West Side Story*.

Outro set podia incluir *"Take Five"*, *"Unchained Melody"*, *"Only You"*, de The Platters, *"Wishing and Hoping"* de Dusty Springfield, e Ed Ames partindo corações (o meu, no caso) com *"Sunrise, Sunset"* – *Is that the little girl I used to carry*/ É essa a garotinha que eu levava no colo... Ai. Outros grandes nomes que eu não conhecia: Errol Garner, Dick Haimes – ou que não havia apreciado inteiramente – Bobby Darin, Eydie Gorme (sério!). No geral, como já tinha sido antes, o "chalé" de Freddie foi um santuário, um oásis atemporal, um refúgio, mas com nós dois vivendo em "estados" diferentes, e eu já um pouco mais "surrado" depois de passar 10 dias em Los Angeles.

Um pouco demais, mas – foi assim que aconteceu, e se Freddie precisasse de mim por uns dias para "dar uma mão", então é claro que eu poderia fazer isso por ele. No final da manhã de ontem finalmente consegui sair de lá ("Escapada de Encino"), e me sentia esgotado, grogue, fraco e cansado. Então, para simplificar as coisas – apenas ajustei o percurso para cortar Pasadena e Glendale até a I-10 e cruzei o deserto rumo a Blythe, no rio Colorado, que naquele ponto corria lento, cheio de barro, com cerca de 15 metros de largura (como os pioneiros costumavam dizer: "espesso demais para beber, fluido demais para arar").

Senti que precisava recuperar o sono, e hoje só peguei a estrada por volta das 10h da manhã, ainda me sentindo grogue e confuso, embora eu tenha "me afiado" um pouco durante o dia. Eu precisava disso – embora a viagem tenha começado reta e plana, na Highway 60 passando por creosotos, nogueiras, paio verde, saguaros, ocotillos e algarobeiras, você vai se lembrar da nossa viagem pela 89 até Prescott, e de lá para Jerome e sempre em frente até Payson. Movimentada, não é? (E novamente, estou mal-acostumado). De tal forma que fui obrigado a "me ajustar e andar direito", e também a trazer de volta meu ritmo de pilotagem. Já que, ultimamente, minha moto tinha juntado mais pó lá parada do que poeira de estrada. Uma vergonha.

Depois de Payson, continuei na 260, cortando as florestas de pinheiros e traçando curvas na maioria suaves. De modo geral, foi um bom dia de viagem, e eu estou me sentindo mais "eu mesmo" novamente. (Ou deveria ser "nós mesmos"?)

[Um pouco mais tarde] Não consigo dormir e estou cansado de ler (na metade de outro livro épico de Saul Bellow, O legado de Humboldt). E falando em épicos, que prazer foi pegar suas duas cartas logo quando estava fazendo o check-out do hotel Marquis. Mal cheguei à casa de Freddie, comecei a lê-las avidamente, apesar das constantes interrupções dele exigindo minha atenção, com uma pilha de fotografias com seus companheiros de jazz de mil anos atrás! Você pode imaginar que levou um tempo para terminar a primeira carta no meio daquilo tudo – mas eu perseverei, e depois, no dia seguinte, quando Freddie saiu por uns instantes (por exemplo, quando foi lá fora), eu me dei o luxo de reler as duas cartas prazerosamente. (Um problema irritante com a caneta hoje – tentei até trocar o refil, mas ainda ficava arranhando o papel e falhando. Talvez o papel de Mendocino não goste do Arizona? Ei, cara, eu a levei para Jerome [outra cidade meio "hippie", do tipo que provavelmente tenha "boas vibrações"], deveria ser legal!)

De qualquer maneira, apenas me deixe dizer que você escreveu uma carta muito boa, garoto. O mundo ao seu redor e dentro de você. Você realmente parece estar aproveitando ao máximo essa oportunidade para refletir, e certamente foi um prazer (e um privilégio) ser o destinatário de tantas reflexões e de sentir a sinceridade, a clareza e a profunda honestidade das suas reflexões. É claro que você se cobra muito, mas a alternativa pode ser tanto colocar a culpa em outras pessoas quanto a costumeira racionalização das desculpas que se ouve diariamente.

Lembrei uma noite no ônibus, quando eu estava fazendo uma crítica do meu desempenho no show, e você me disse: "Você é duro demais com você mesmo", e eu respondi: "Ei, cara – esse é meu trabalho!".

De certa forma, ainda é, e eu estou constantemente me atormentando por causa de alguma coisa boba que eu disse ou que eu fiz há cinco, dez ou quinze anos. Para ser sincero, eu fico me apequenando por causa de determinada lembrança, e me amaldiçoando. Como se isso ajudasse. Mas talvez *ajude, pelo menos, a permitir que nos sintamos mais próximos do que realmente estamos. Maldade.*

Ou, como você escreveu, "Especial".

Em resposta a algumas de suas perguntas aleatórias:

• "Get it On (Bang a Gong)" era Marc Bolan e T. Rex, com esse subtítulo somente nos Estados Unidos porque havia um grupo chamado Chase que já tinha uma canção chamada "Get it On".

• Keith Moon tocou mesmo em Tommy, e divinamente, no seu auge de inspiração absoluta, sublime insensatez. E até hoje é excelente.

• Gaia era o nome da divindade mais antiga já conhecida, um tipo de deusa da terra na Mesopotâmia, acho que era isso.

Também, observe as limitações do seu corretor ortográfico, amigo – o que for "excluído" não é necessariamente "incluído", mesmo se os "censores" tivessem "sensores". (Pode me chamar de pedante, mas tais solecismos podem estragar um feito cuidadosamente planejado, não é?)

A carta continuava no dia seguinte, 16 de novembro de 1999, em Tucson; e em março de 2003 eu também estava passando por Tucson, três anos e meio e muitos acontecimentos depois.

Enquanto eu cruzava o rio Colorado para entrar no Arizona, o vento ainda era forte e jogava nuvens de areia sobre a estrada e alguns *tumbleweeds* (apesar de ser um emblema do velho oeste americano, na verdade são espinhos de origem russa acidentalmente importados junto com as sementes de trigo asiáticas). O sol descia atrás de mim, dominando os espelhos retrovisores, e os creosotos, ocotillos e paios verdes começaram a formar longas sombras em direção ao leste. Mais à frente estava Quartzsite, Arizona, as luzes neon das paradas de caminhões e estacionamento para *motorhomes* iluminavam a noite que caía, depois ficaram para trás do meu carro em alta velocidade, restando apenas as luzes vermelhas do painel e o borrão pálido dos faróis diante de mim.

E a música continuava tocando. O álbum de Buddy e Mel, *Together Again – For the First Time*, foi originalmente pensado para ser uma gravação ao vivo no final dos anos 1970, pegando um atalho na tecnologia analógica daquela época. Foi considerado um produto para "fãs de música de alta fidelidade", já que não havia fita magnética envolvida e, portanto, não existia ruído, com o objetivo de reproduzir o som mais límpido e mais dinâmico possível. O mix foi direto para o corte do vinil, então não era possível fazer nenhuma edição ou *overdub*, portanto a banda tinha que tocar um lado inteiro do LP numa única tomada tão próxima da perfeição quanto humanamente possível.

Certa vez conversei com um engenheiro de gravação que trabalhou nesse projeto com Buddy e Mel, e ele me contou que quando um erro estragava uma das músicas, o produtor parava a banda e os instruía para começar "desde o início". Alguns músicos voltavam para o início da canção, mas outros se lembravam que tinham que recomeçar no início do lado do disco, e isso ao que parece causava hilários "descarrilhamentos" (um termo usado pelos músicos quando eles saem de sincronia uns com os outros, particularmente aterrorizante quando acontece ao vivo no palco).

O próprio Mel tinha composto os arranjos intrincados e extremamente técnicos para o álbum, com a exceção do *tour-de-force* em "Blues in the Night", com arranjo de Marty Paich (pai de David Paich, da banda Toto), que apresentava um breve solo de Buddy, furioso e altamente técnico, mas ainda assim incrivelmente musical – em resumo, a síntese do próprio Buddy. Qualquer um que pense que Buddy Rich se resumia a solos pirotécnicos e swings animados deveria ouvir a sensibilidade de seu desempenho com as vassourinhas numa execução adorável de "Here's that Rainy Day", em que ele chegava até mesmo a imitar as gotas de chuva num tipo de onomatopeia musical, mostrando outra faceta de sua habilidade artística perfeita.

Mel também cantou maravilhosamente bem (eu adoro a interpretação dele para uma das minhas canções favoritas de Paul Williams, "I Won't Last a Day Without You"); e o solo do saxofonista convidado, Phil Woods, é poético e cinético, como um mergulho em voo livre. Quando escutamos o desempenho no geral, e considerando que cada um dos músicos teve de tocar perfeitamente um material complicado em um lado inteiro do LP, é impossível não ficar impressionado. O mais importante, contudo, é que se trata de ótima música e de um testamento da excelência de Buddy Rich como músico.

Enquanto Buddy e Mel concluíam seu tributo a Ella Fitzgerald com "Lady be Good", o CD seguinte começava com uma linda voz feminina, percussão exótica e harmonias ao fundo bem ajustadas: Where love goes, I will go too/Up twenty--nine flights of stairs (Para onde o amor vai, eu vou também/ Para cima, vinte e nove lances de escada). Ah, sim, fazia muito tempo que eu não ouvia isso: The Mint Juleps cantando a primeira música de um dos meus álbuns favoritos dos anos 1990, um projeto paralelo de um dos bateristas do Grateful Dead chamado Mickey Hart's Mystery Box. Ele reuniu algumas das maiores estrelas de "world music" – americanas, africanas e latinas – e criou uma mistura de estilos musicais internacionais baseadas em percussão, trabalhando com letras evocativas de um dos letristas do Grateful Dead, Robert Hunter.

Em 1990, Mickey foi coautor de um livro (com Jay Stevens) sobre a história dos tambores e do ritmo, engenhosamente interligada com sua própria autobiografia e com parte da história do Grateful Dead, chamado *Drumming at the Edge of Magic* (*Tocando Tambor no Limite da Magia*). Certa vez, quando Selena estava procurando um assunto para um projeto de ciências do colégio, sugeri uma coisa que tinha lido no livro *A Theory of Entrainment*. Essa teoria afirmava que quaisquer mecanismos, incluindo humanos, tinham a tendência de sincronizar seus ritmos, a "dar-lhes preferência", em vez de bater uns contra os outros. Dessa forma, se dois relógios analógicos fossem colocados próximos um ao outro, com o tempo começariam a bater em sincronia, assim como células cardíacas vizinhas tendem a pulsar no mesmo compasso e mulheres que moram juntas geralmente sincronizam seus ciclos menstruais. Diante disso, pensou Mickey, ele e o outro baterista do Grateful Dead, Bill Kreutzmann, deveriam – e assim o fizeram – unir seus braços amarrados um ao outro antes do show para tentar sincronizar seus biorritmos conforme essa teoria. Selena colocou dois despertadores antigos, com chavetas, engrenagens e sinetas, ao lado de dois relógios digitais, e fez um pôster para descrever o princípio. Acho que ela obteve uma boa nota.

Da minha parte, eu fiquei tão impressionado com a erudição e o talento do autor no livro *Drumming at the Edge of Magic* que escrevi a Mickey uma carta elogiosa, e nós começamos a nos corresponder. Mais tarde naquele ano, em 1991, nossas bandas tocaram na Omni Arena em Atlanta em noites sucessivas: uma noite o Grateful Dead, e na noite seguinte o Rush, então Mickey e eu convidamos um ao outro para nossos respectivos shows. Na nossa noite de folga, fui ver o Dead tocar, acompanhado do nosso gerente de turnê, Liam, e que experiência foi aquela!

Liam e eu chegamos na hora em que o show estava começando e demos nossos nomes na porta do backstage. Um dos membros da equipe de produção nos entregou as credenciais de convidados e nos levou até nossos lugares – atrás das plataformas das duas baterias bem no meio do palco!!! Liam e eu nos entreolhamos de sobrancelhas erguidas enquanto nos sentávamos, e percebi que logo atrás de nós ficava o escritório da produção, com telefones, aparelhos de fax e funcionários de cabelo e barba comprida lidando com a comunicação e com a logística (era o que parecia, embora o escritório de produção normalmente fique numa sala no backstage onde o trabalho pode seguir adiante mesmo com o show em andamento). Também nos disseram que havia uma linha telefônica que atravessava a plateia até a plataforma de mixagem no meio da arena. O pessoal do buffet caminhava de um lado para o outro sobre os tapetes orientais que cobriam o palco, servindo saladas e bebidas para músicos e técnicos, mesmo durante a execução das músicas, e a banda não parava de tocar. As luzes inundavam a arena, refletidas de "velas de barco" brancas, amorfas, suspensas acima do palco, e as nuvens de fumaça de maconha flutuavam entre os fachos de luz e penetravam em nossas narinas com o aroma picante e pungente.

Minha familiaridade com a música do Grateful Dead realmente começou e terminou no primeiro álbum deles, em 1967, na época em que a minha primeira banda, Mumblin' Sumpthin (não tenho certeza, mas acho que o nome veio de um gibi de Li'l Abner) tocava várias músicas deles: "Morning Dew", "New, New Minglewood Blues" e "Good Morning, Little Schoolgirl" (outras pérolas do nosso repertório incluíam músicas de Hendrix, "I Can't Explain" do The Who, algumas de Moby Grape, the Byrds, The Animals, Cream e Blue Cheer). Anos mais tarde, meu gosto musical e a música do Grateful Dead já não combinavam, mas ninguém pode ficar indiferente à sua imensa popularidade e à subcultura dos "Deadheads" que segue a banda por todo o país. Naquela hora eu estava assistindo à subcultura em ação, já que havia uma arena lotada de devotos de braços erguidos gesticulando num tipo de uníssono em transe, ou as vozes altas cantando todas as músicas com a banda.

E eles tocaram e cantaram muito bem também, impulsionados pelos teclados e pelo acordeom cheio de sentimento de Bruce Hornsby. Os dois bateristas, Mickey e Bill, estavam entrelaçados numa unidade rítmica que se complementava mútua e diretamente da "Teoria da Sincronização de Corpos". As bandas com dois bateristas surgiram em Ontário na metade dos anos 1960, bem na época em que eu estava começando a tocar, e mais tarde estouraram na "época de ouro", com bandas como Allman Brothers, The Doobie Brothers e Grateful Dead. Com frequência, eles combinavam estilos complementares: um baterista sólido e enraizado que permanecia no tempo, e o outro com uma abordagem mais "decorativa", até mesmo distraída, acrescentando contrapontos e texturas percussivas, depois fechando tudo num cativante uníssono ajustado que era poderoso e eficiente (anos mais tarde, quando Phil Collins assumiu o posto de *frontman* do Genesis, a banda apresentou um excelente trabalho com dois bateristas: Collins e Bill Bruford, mais tarde com Chester Thompson).

Liam e eu não conseguíamos ver muito bem os "caras da frente" – guitarristas, baixista e vocalista – por causa da muralha de amplificadores, mas às vezes, no lado esquerdo do palco, os holofotes captavam a inconfundível cabeleira grisalha que só podia pertencer ao lendário Jerry Garcia.

Durante o intervalo, Mickey convidou Liam e eu para irmos ao camarim dele percorrendo os já familiares corredores do Omni (cada membro da banda tinha uma sala separada, o que indicava certas "divisões" entre eles; depois da morte trágica de Jerry Garcia, li uma reportagem que afirmava que ele não gostava muito de sair em turnê, então quando os outros queriam cair na estrada de novo, ele questionava: "Por quê? Eles precisam de mais dinheiro?"). Mickey era um cara simpático e extrovertido, com um sorriso cativante e um entusiasmo intenso e jovial pela percussão. Com todas as minhas viagens pela África e meu interesse pela percussão africana, e as explorações musicais de Mickey tanto nos livros quanto nos seus discos, compartilhamos algumas coisas que conhecíamos e com as quais nos importávamos, e tivemos uma boa conversa até que ele foi chamado ao palco para a segunda parte do show.

Liam e eu voltamos aos nossos lugares reservados no centro do palco, e percebi que os membros da banda não apenas tinham camarins separados, mas também que havia nas laterais do palco várias barracas de pano preto, uma para cada um deles se retirar durante as músicas que não tocavam a fim de ter um pouco de privacidade. Durante um número acústico na segunda parte do show, Mickey desapareceu dentro de sua barraquinha, então fez um sinal para que eu me juntasse a ele. Conversamos por alguns minutos sobre bateria, e eu lhe disse o quanto estava gostando do show, depois ele retornou para a plataforma da bateria e começou a tocar de novo.

Na noite seguinte, as posições se inverteram. Naquela turnê (provavelmente *Counterparts,* em 1993), tínhamos uma passarela de metal (que duplicava a correria dos membros da equipe) com cerca 1,5 metro de altura que atravessava toda a extensão do palco atrás da bateria, onde Geddy e Alex podiam circular enquanto tocavam. Durante o show, eu olhei para trás e vi Mickey, debaixo dela, sorrindo entre as cortinas. Ele estava tão perto de mim quanto eu tinha ficado perto dele, e Mickey parecia estar se divertindo.

Agora, Mickey novamente estava tocando diante de mim, mas nos alto-falantes do meu carro que acelerava na escuridão da I-10 em direção ao leste. Suas backing vocals divinas, The Mint Juleps, cantavam harmonicamente com versos precisos, enquanto começava a anoitecer sobre o oeste do Arizona, os creosotos, os ocotillos e sua marca registrada: os cactos saguaro. A parte da minha mente que se ocupava com a condução do veículo tinha estabelecido a velocidade de 140 km/h, que parecia adequada às condições de tráfego, ao trânsito, ao carro e ao motorista. O limite de velocidade no Arizona já estava fixado em razoáveis 120 km/h, mas geralmente havia uma tolerância de 15 km/h, então eu esperava que o detector de radar não fosse necessário. Mesmo assim, estava com ele no carro, só por precaução.

Quando o disco de Mickey terminou convenientemente com "The Last Song", de repente os alto-falantes explodiram com uma série de sons de percussão altos, depois o barulho de vidro se estilhaçando dando seguimento a um ritmo mecânico de bateria dura e agressiva. Essa impactante mudança de dinâmica anunciava o novo álbum do Linkin Park, *Meteora,* que eu tinha comprado um dia antes de viajar.

O primeiro álbum do Linkin Park, *The Hybrid Theory,* de 2000, tinha sido um enorme sucesso comercial e, para este ouvinte, também musical, reunindo riffs de guitarra e ritmos de rock pesados, vocais que variavam de melodia pop a urros do heavy metal, além de uma influência do hip-hop ultramoderna de versos combinados com samplers e *scratching* e versos e backing vocals ao estilo do rap. Uma canção do primeiro álbum, "In the End", é particularmente um emblema da chamada "teoria híbrida" e reúne todas essas influências numa combinação poderosa, dinâmica e melódica. Uma obra-prima moderna.

Como sempre acontece, essa mistura de influências já tinha caído no gosto popular há muito tempo, lá no começo dos anos 1990, com bandas como Faith No More, Rage Against the Machine e Cypress Hill. Sem dúvida, essas e outras bandas parecidas haviam encontrado um público próprio, mas nunca chegaram ao "*mainstream*", como aconteceu com o reggae, que lentamente encontrou seu caminho até o pop no final dos anos 1970, mas não por meio de seus artistas *originais*. O rap já tinha aparecido no reggae jamaicano *muito* antes de se transformar na chamada música "urbana". Da mesma forma, o punk parece renascer a cada década e encontra seu público em magricelos espinhentos ingleses metidos com cabelo moicano cheio de cera e tachinhas de metal protuberantes decorando sua anatomia. No começo dos anos 2000, contudo, o híbrido rock/rap tinha se tornado *mainstream*, com o Linkin Park figurando entre os melhores. Minha única reserva é que o estilo parecia ter adotado regras rígidas de simplicidade rítmica e repetição, portanto não era "música de baterista" no sentido de ser mais ativa ou ousada. O grande baterista de jazz Tony Williams certa vez observou que os bateristas de rock não tocavam bateria, eles tocavam batidas, e isso muitas vezes é verdade.

No entanto, sem dúvida, esses ritmos simples e repetitivos eram eficazes, e enquanto eu ouvia o novo álbum do Linkin Park pela primeira vez, não demorou muito para eu balançar a cabeça acompanhando o ritmo, gostando do que estava ouvindo. Por volta da terceira faixa, "Somewhere I Belong", eu sabia que a banda tinha superado o que chamamos de *sophomore blues* – a síndrome do segundo trabalho – e havia criado mais um excelente álbum. Eles escolheram uma mistura de influências e de habilidade musical que pareceu alcançar o equilíbrio perfeito em "Easier to Run", e enquanto eu balançava a cabeça, sorria ao reconhecer sinceridade, energia juvenil e excelência em ação (enquanto ouvia o vocalista cortando a voz em pedaços de modo tão alarmante, pensei: "Esse rapaz não vai conseguir cantar essa parte desse jeito quando tiver 40 anos" – mas é claro que ele não vai, nem deveria se importar com isso agora). Era a coisa real a se fazer. Era o ato *corajoso*.

Apesar do cinismo formalista do entretenimento moderno, música verdadeira e corajosa ainda deveria existir e alcançar o sucesso; e parecia óbvio que, como se via já na capa e no encarte de *Meteora*, o Linkin Park estava buscando fazer arte, não apenas oferecer entretenimento. O álbum anterior deles, *Hybrid Theory*, tocava com regularidade no meu ônibus depois dos shows da turnê *Vapor Trails*, e era outro tipo essencial de música para viagem.

Ao final dos shows, nas últimas duas turnês, quando eu viajava com meu próprio ônibus e com as motocicletas, eu entrava no que chamava de "guinada". Depois do final exaustivo e da última explosão do bis, eu largava as baquetas sobre o bumbo à minha direita, acenava para o público, saía do palco correndo, cruzando os corredores e as escadarias do backstage e entrava direto no ônibus. Dave, o motorista do ônibus, seguia a escolta policial para fora do estacionamento congestionado e direto para a autoestrada, enquanto eu sacolejava batendo nas paredes da cabine na traseira do veículo, despindo as roupas ensopadas de suor e vestindo roupas secas, depois voltava para o lounge da frente para me juntar a Michael, que me acompanhava naquela turnê.

Meu companheiro de viagem da turnê *Test for Echo*, Brutus, não apenas havia passado dois anos em vários presídios dos Estados Unidos e do Canadá, como também tinha sido marcado como "criminoso condenado" e banido para sempre de entrar nos Estados Unidos (mesmo que, quando Brutus foi solto em 2001, uma dúzia de terroristas estivesse circulando livremente pelo país fazendo seus cursos de pilotagem de aviões). Quando começamos a planejar a turnê *Vapor Trails*, eu fiquei pensando no que fazer. Naquela época, já estava acostumado a andar pelos Estados Unidos sozinho, mas numa turnê com a banda havia um risco muito grande de ter uma pane ou um pneu furado que poderia me atrasar para o show (ou para a passagem de som que fosse). Eu precisava de um apoio, de um companheiro de viagem, inclusive para que eu pudesse, se necessário, "tomar posse" de sua moto para chegar a tempo ao show.

Quando eu me mudei para Los Angeles no começo de 2000, um amigo me recomendou Michael para me ajudar a estabelecer um lar "seguro" naquela cidade, para proteger minha privacidade de fãs invasivos e manter anônimos meu endereço, meu telefone, minhas contas e tudo mais. Com pouco mais de 30 anos de idade, Michael era detetive particular especializado em questões de segurança privada e também em crimes relacionados a computadores, assim nos tornamos amigos. Michael já tinha andado de motocicleta no passado e pensava em voltar a fazer isso. Diante da possibilidade, eu o encorajei a comprar uma BMW R1150GS igual à minha (que substituiu a moto de *Ghost Rider*, uma R1100GS que já tinha passado dos 150 mil quilômetros e serviria de backup na turnê), e combinei que ele fosse contratado para a turnê *Vapor Trails* como diretor de segurança da banda – e meu companheiro de viagem.

Essa última função era um posto difícil de preencher por muitos fatores. Não menos importante, na hora em que eu entrasse correndo no ônibus, ele já deveria ter me servido um copo de The Macallan com três pedras de gelo. Seco e já de roupas limpas, eu tomava o copo de uísque e acendia o primeiro e delicioso cigarro e, lentamente, enquanto seguíamos pela autoestrada, eu começava a me recuperar da adrenalina do esforço físico, da concentração mental e da completa fadiga depois de um show de três horas de duração. É exatamente nesse momento em que a música certa se torna fundamental. Às vezes eu precisava do clima reconfortante de um dos discos de Frank Sinatra, outras vezes eu ainda estava pilhado e queria ouvir Linkin Park, ou a música de Michael, meu tema oficial na turnê *Vapor Trails*: "Keep on Rollin'", do Limp Bizkit.

Às vezes Michael e eu também escutávamos uma série de CDs com playlists que eu tinha programado para tocar no sistema de som nas arenas antes dos nossos shows e também durante o intervalo. A chamada música "de entrar na arena" também era um tipo importante de música para viagem.

Comecei a fazer essas playlists no final dos anos 1970, basicamente porque tínhamos um engenheiro de som com um gosto musical duvidoso. Depois de ouvir o público dos nossos shows ser bombardeado por rock pesado noite após noite (antes mesmo de entrarmos no palco!), decidi tomar uma atitude a respeito. Como um meio de medir a passagem das décadas, as "ShowTapes" eram feitas primeiramente numa fita-cassete, depois em DAT (*Digital Audio Tape*), e para a maior parte da turnê mais recente, em CDs (agora eu brinco chamando as playlists de "ShowTunes"). Na próxima turnê, não há dúvidas, vão tocar minha playlist diretamente do computador para o sistema de som.

Sempre penso nessa plataforma como minha própria estação de rádio, uma chance de alcançar milhares de pessoas com as músicas e os artistas de que eu gostei numa determinada época, principalmente os mais obscuros que o público provavelmente não ouvia na rádio de rock *mainstream* local. Também tentava programar as músicas para seguirem a dinâmica da noite, desde o momento em que os portões abrissem até a antecipação que vai crescendo pouco antes da hora do show, além do intervalo entre a banda de abertura e o nosso show, ou como nas últimas duas turnês em que tivemos que parar de ter uma banda abrindo nossos shows para dar mais tempo à nossa cada vez maior lista de músicas divididas em dois longos sets.

Para as primeiras ShowTapes, no final dos anos 1970, eu escolhi várias músicas do chamado "new wave": Talking Heads, Ultravox, Japan, Joe Jackson e The Police. Naquela época, estávamos em turnê pela Grã-Bretanha e o nosso engenheiro de som me contou que quando uma música do The Police tocava o público inglês vaiava pra valer. Difícil de acreditar, mas era assim.

A fita da turnê de *Signals,* em 1982 – com o rótulo de "Rush Radio" caprichosamente escrito à mão e com um desenho do hidrante da capa do álbum feito por mim – apresentava uma seleção de músicas menos conhecidas naquele tempo, de bandas como New Musik, Simple Minds, King Crimson, U2, Ultravox, Max Webster, Joe Jackson, Japan, Thinkman, Go, XTC, Talking Heads, Jimmy Cliff, algumas da carreira solo de Pete Townshend, experiências de jazz-rock de Bill Brufords e a banda de nome entediante mas som etéreo: Orchestral Maneouvres in the Dark – OMD.

Dez anos depois, na turnê de *Counterparts* em 1993, eu já estava usando as fitas DAT com o logo daquela turnê – a porca e o parafuso – desenhado na lombada. Nessas fitas havia canções de Nirvana, Alice in Chains, Pearl Jam, Soundgarden, the Tragically Hip, Faith No More, Urge Overkill, Smashing Pumpkins, Roger Waters, Gene Loves Jezebel, Tom Cochrane, Curve, Big Country, Chapterhouse e Temple of the Dog.

Para a turnê *Vapor Trails*, em 2002, pela primeira vez eu mudei meu estilo de programação (ou o que os programadores de rádio chamam de "formato"). Por mais que eu sempre tivesse resistido a qualquer tipo de nostalgia, a prevalência e a popularidade do "classic rock" eram indiscutíveis (pelo menos uma em cada cidade), e tinha se tornado, de certa forma, mais do que mero saudosismo. No seu melhor (digamos 25% do que essas estações de rádio tocavam), era o *patrimônio do rock* e o que podia muito bem ser chamado de *história*. Havia também a divisão da música moderna em fatias cada vez mais estreitas, principalmente no rádio. Comparado com a variedade de música pop que eu ouvia no meu rádio de pilha nos anos 1960 – quando as estações AM tentavam tocar de tudo para todas as pessoas, de adolescentes a idosos, e era possível ouvir de Louis Armstrong a 1910 Fruitgum Company e ao MC5 na mesma estação – o rádio moderno era intensamente segmentado por faixas demográficas e "fatias de mercado". A distância entre rock e hip-hop pode ter ficado imperceptível para um fã de Limp Bizkit ou Linkin Park, mas permanecia gigante entre essas bandas e, digamos, Led Zeppelin, Radiohead, Madonna e Frank Sinatra – era improvável ouvi-los na mesma estação de rádio.

A menos que fosse minha programação. Eu queria justapor o que, na minha opinião, era o melhor da música moderna e o que eu considerava o verdadeiro classic rock – não apenas porque eu gostava lá em 1969, mas porque ainda parece ótimo agora. Como era som para tocar num show de rock, deixei de fora Sinatra e Madonna, mas alternava The Who com Linkin Park e Radiohead, Led Zeppelin com Toll and the Tragically Hip, Jimi Hendrix com Vertical Horizon e Pink Floyd com Coldplay. Mais uma vez, eu estava programando minha própria miniestação de rádio, segundo meu próprio "formato". Esperava que o público curtisse os "ShowTunes" durante os shows do Rush, pois sem dúvida Michael e eu gostávamos da playlist tocando no ônibus depois do espetáculo.

Enquanto eu dirigia para os subúrbios ao oeste de Phoenix, o Linkin Park encerrou sua participação no entretenimento da noite, o último disco no carrossel, e resolvi que era uma boa hora para interromper a viagem e dormir. Estava ficando tarde: já tinha rodado 560 quilômetros e se eu partisse cedo na manhã seguinte conseguiria evitar o congestionamento de Phoenix e fazer uma boa e longa quilometragem durante o dia.

Nas minhas viagens de *Ghost Rider,* eu tinha me hospedado num Best Western tolerável 48 quilômetros a oeste de Phoenix, mas quando parei lá fiquei sabendo que o restaurante estava fechado. O cara da recepção me disse que eu poderia comer no bar, mas não parecia muito convidativo – um lugar barulhento e movimentado com várias telas de televisão exibindo um jogo de basquete.

Segui até a próxima saída, vi a placa de um Ramada Inn, estacionei o carro e vi que havia um restaurante ao lado, e fiquei lá para passar a noite. Era o tipo de lugar em que se pode estacionar bem na frente do seu quarto, o que sempre é conveniente, e levei para dentro minha bolsa pequena e o porta-CDs. Enquanto descansava e brindava o dia com um copo de The Macallan da minha surrada garrafinha de viagem, removi os últimos seis CDs do carrossel e os coloquei de volta no estojo porta-CDs, selecionando mais seis discos para a viagem do dia seguinte.

Considerando onde eu estava, a letra de uma canção já tocava na minha cabeça:

By the time I get to Phoenix... (*Quando eu chegar a Phoenix...*)

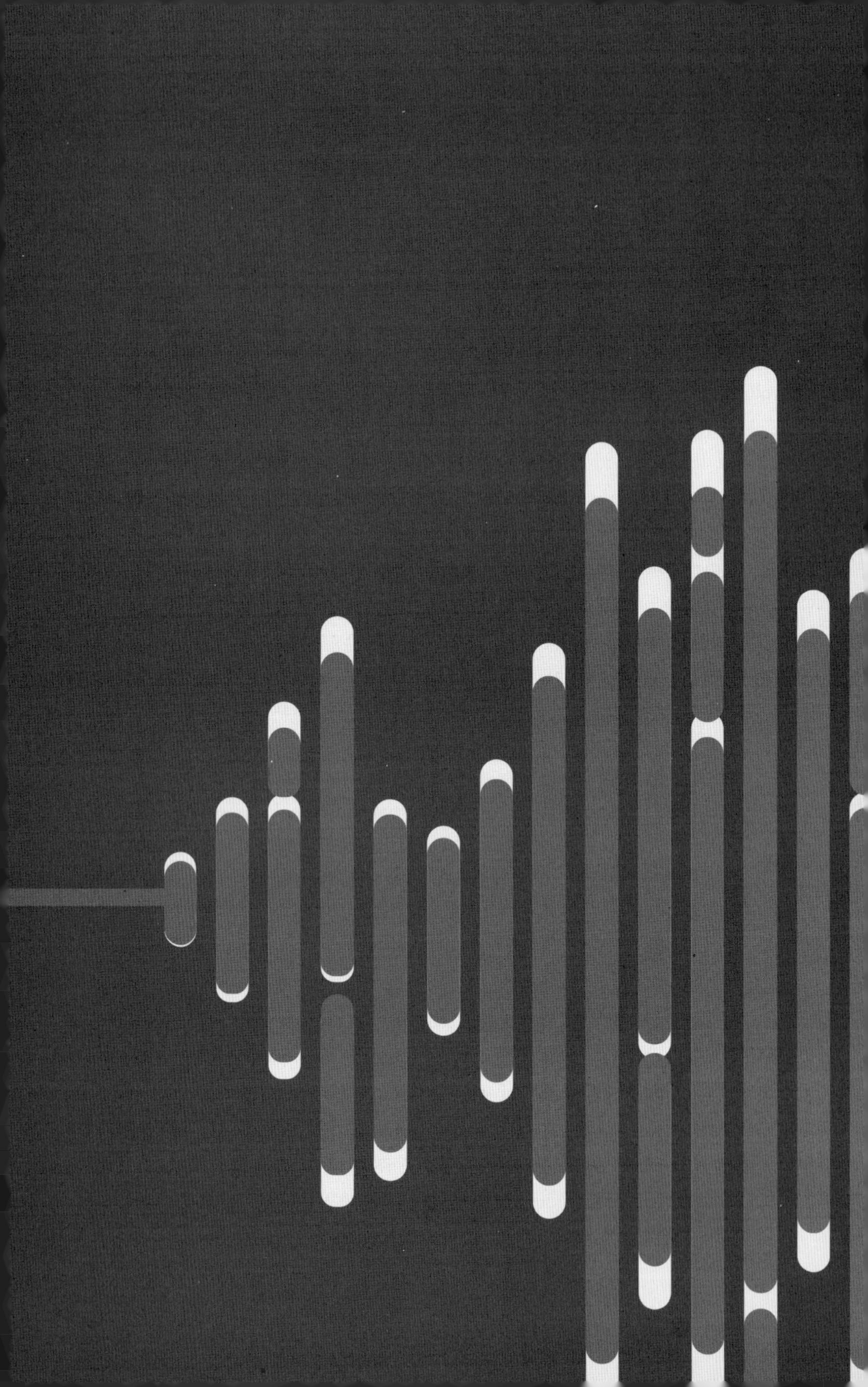

REFRÃO UM

"*Drumming at the heart of a factory town*"
"Tocando bateria no coração de uma cidade industrial"

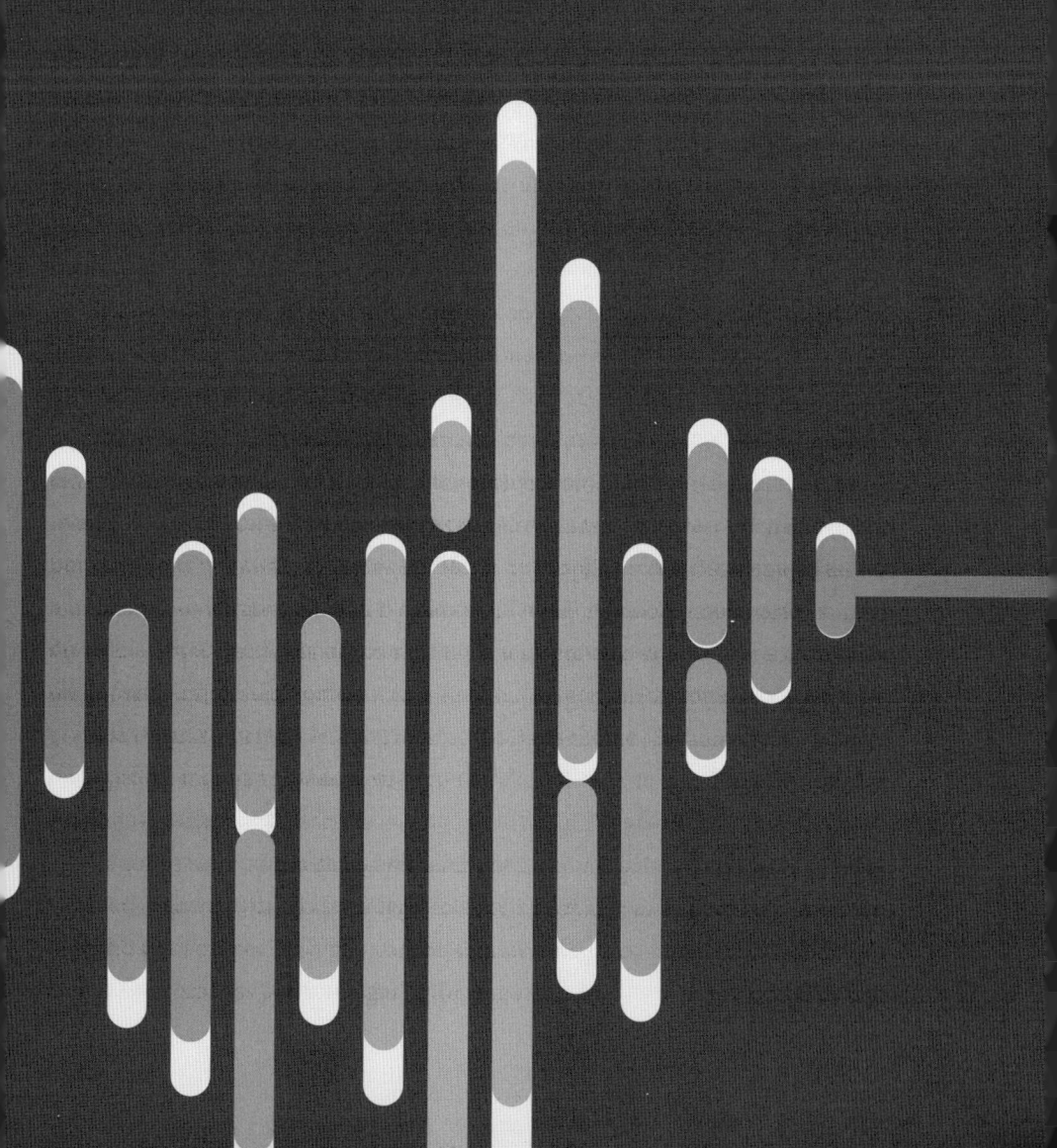

Minha música começa mesmo na fazenda de laticínios da família, perto de Hagersville, Ontário, em 1952. A minha mãe conta que costumavam me envolver em cueiros e me colocar numa manjedoura, mas esta não é a história de um messias: eles apenas queriam que eu não ficasse atrapalhando o caminho durante a ordenha. Ainda assim, o pequeno celeiro mal iluminado, com cheiro de capim e de estrume, é uma das minhas primeiras lembranças. Mais tarde, qualquer fazenda de gado leiteiro sempre teria para mim o cheiro de "casa". Onde quer que eu fosse, da Suíça ao Senegal, minhas memórias mais remotas eram despertadas por... cocô de vaca.

Alguns anos depois, nossa pequena família se mudou para a "cidade grande" de St. Catharines, que ficava a cerca de 75 quilômetros da fazenda, quando meu pai foi trabalhar de gerente de peças da loja de máquinas e implementos agrícolas International Harvester. Nós nos acomodamos por um breve período num apartamento ao leste da cidade, depois nos mudamos para um sobrado em Violet Street, no bairro de Martindale. Nosso Pontiac 1948 tinha um friso cromado circular que emoldurava o alto-falante do tamanho de um prato bem no meio do painel, e eu lembro que sentava no banco da frente entre meu pai e minha mãe e "dirigia" o carro com ele.

Em janeiro de 1955, a cegonha trouxe meu irmão Danny, e um ano depois veio minha irmã Judy, e assim nós nos mudamos para uma casa novinha no subúrbio de Port Dalhousie à beira do lago (minha irmã caçula Nancy é temporã, e ao que parece veio de "surpresa", nasceu em abril de 1964 quando eu tinha 11 anos).

St. Catharines fica ao norte da península do Niágara, às margens do lago Ontário, tendo ao sul o lago Erie e ao leste o rio Niágara. Por causa de toda aquela água, as temperaturas eram amenas, formando um microclima em torno do solo aluvial fértil, o "cinturão da banana" com pomares e vinhedos. A proximidade com as usinas de energia e o fácil acesso aos meios de transporte também criaram um cinturão industrial, e muitos homens de St. Catharines levavam suas marmitas para fábricas como General Motors, Hayes-Dana, Stelco ou Thompson Products. Depois, no final do dia, dirigiam seus Chevies e Fords de volta para casa nos subúrbios que continuaram a crescer sem parar após a Segunda Guerra Mundial.

Graças a esse denominador comum de renda familiar, nossas subdivisões garantiam a existência de uma sociedade mais ou menos sem distinção de classes, na qual a maioria das crianças que frequentavam a minha escola tinha lares parecidos, modestos, roupas simples, mas duráveis, e brinquedos que não eram muito caros. Havia duas outras classes: os relativamente ricos, que moravam em sua maioria em enclaves privilegiados na parte sul de St. Catharines, chamada de Glenridge; e os moradores de uma das áreas mais pobres da cidade na região de Port Dalhousie, chamada de "the Avenues", um conjunto de ruas repletas de casas minúsculas, caindo aos pedaços, que no passado serviam de cabanas de veraneio. Embora a maioria de nós pertencesse à mesma classe econômica de trabalhadores, parecia haver entre nós um tipo de distinção: certa vez eu trouxe para casa um garoto que morava em "the Avenues" chamado Brian Jayhen, com roupas sujas e maltrapilhas, e percebi que minha mãe parecia fria com ele, sendo que costumava ser acolhedora com outros amigos meus, como Tommy Corbett (filho de um representante comercial) e Doug Putman (filho de um carteiro).

(Uma lembrança minha que ilustra nosso status econômico na época foi quando meu pai ofereceu à minha mãe para escolher entre passar as férias nas Bermudas ou comprar uma máquina lava-louças automática; ela escolheu a lava-louças).

Assim como minha nova cidade Santa Mônica está para Los Angeles, minha velha cidade natal Port Dalhousie estava para St. Catharines (considerando uma escala de cerca de 1:100, já que St. Catharines tinha menos de 100 mil habitantes na época). Como Santa Mônica, Port Dalhousie se expandiu a partir de um vilarejo à beira do lago, mais voltada para atividades portuárias que para a pesca. O canal Welland foi construído em 1829 para permitir que os navios navegassem entre os lagos Erie e Ontário, desviando das cataratas do Niágara na extremidade leste da Península, e era justamente em Port Dalhousie que o canal se abria para o lago Ontário. Nos anos 1930, o canal foi aprofundado e alargado para permitir a passagem de navios maiores, sendo transferido mais para o leste, desviando de Port Dalhousie. Em 1961, Port Dalhousie foi anexada por St. Catharines, assim como Santa Mônica foi absorvida por Los Angeles.

Durante mais de um século, contudo, os pequenos comércios e serviços de Port Dalhousie tinham atendido às necessidades dos navios e dos marinheiros, e até mesmo quando eles se foram um pouco daquela rusticidade sobreviveu. Os bares nos hotéis – o Austin, o Port e o Lion House – não eram frequentados pelos cidadãos respeitáveis de Port que tinham constituído família nos novos condomínios que se espalhavam para o oeste.

Nosso quarteirão antigamente era um pomar, e nos limites do nosso jardim ainda havia quatro pereiras. Comíamos tantas peras que desde então não consigo mais comer essa fruta. Logo atrás da nossa casa ficava o milharal dos Middletons, que ocupava alguns acres no meio do quarteirão. No final do verão, tornava-se um labirinto verde muito legal, ótimo para brincar de esconde-esconde ao entardecer ou para roubar milho no escuro quando acampávamos numa barraca no pátio. Meu pai construiu um balanço e uma caixa de areia (pintada com a tinta vermelha da International Harvester) e, tendo árvores para subir e o milharal para correr, nosso pátio era praticamente perfeito. Faltava uma piscina com trampolim, e talvez uma montanha-russa. Mas a vida é sempre muito boa quando nossa idade tem apenas um dígito.

Naquela época, não havia creches ou escolinhas maternais, então a vovó Peart se mudou da fazenda da família em Hagersville para uma casa em Bayview, do outro lado do milharal. Ela sempre cuidava de nós, principalmente quando ainda éramos pequenos e a minha mãe começou a trabalhar no Lincoln Hosiery. A vovó tocava hinos religiosos no órgão de pedal, assava tortas e bolos maravilhosos, me ensinou tudo sobre pássaros, fazia colchas de retalhos com as amigas dela da igreja United Church Ladies' Auxiliary e usava o longo cabelo grisalho num coque preso enrolado debaixo de uma redinha. Era a clássica avó puritana: resistente e com mão de ferro, uma disciplinadora severa. Seu instrumento de punição favorito era uma colher de madeira – que batia com tanta força nas minhas costas chegando a partir algumas ao meio –, mas eu também me lembro de milhares de atos de bondade. Da mesma forma com que acreditava no poder da palmada educativa, a vovó também sabia "estragar uma criança" de muitas maneiras, assim também conhecemos sua generosidade inata, a pura gentileza de seu coração.

Lembro-me de dormir na casa da vovó na fazenda quando eu era bem pequeno, com três ou quatro anos de idade. Na hora de ir para a cama, ela surgia do banheiro totalmente transformada: deixava de lado o austero vestido de algodão, os sapatos pretos duros, a rede de cabelo apertada, e caminhava pelo quarto escuro na ponta dos pés descalços vestindo uma longa camisola branca, o cabelo solto numa corda trançada grisalha e o cheirinho de creme para a pele Noxzema no rosto. Parecia tão frágil e jovial como se fosse uma mocinha enquanto nos ajoelhávamos ao lado da enorme cama de madeira para rezar: "Com Deus me deito, com Deus me levanto..."

Comecei o jardim de infância na McArthur School, sob os cuidados da gentil senhorita Olive Ball. Na foto da turma, estou sentado na primeira fila de cara feia olhando para a câmera com ressentimento. Minha mãe me contou que eu estava chateado porque não tinham me deixado sentar ao lado da senhorita Ball. Quando Carrie viu aquela foto antiga, disse que a mesmíssima expressão ainda surge no meu rosto sempre que me sinto afrontado pelo mundo. (Sim, e daí?).

A primeira vez que a escola teve uma simulação de incêndio e todas as sinetas começaram a tocar, saí de lá correndo, passando por todos os alunos perfilados no pátio. Os garotos mais velhos acenavam e gritavam para eu parar, mas continuei a correr, passei direto pelo portão da escola e só parei quando cheguei em casa.

Com seis ou sete anos, me lembro de empurrar meu pequeno carrinho de mão vermelho pela rua, manobrando com a lingueta, um joelho sobre a caixa, enquanto eu dava impulso com o outro pé (do jeito que se tem de fazer). Fingia que estava indo visitar Brad quando, na verdade, eu era apaixonado pela irmã dele, Pam, desde o jardim da infância. Eu cantava "Tell Laura I Love Her", que era uma das canções que fazia parte de um gênero peculiar do final dos anos 1950 – as "canções de morte", como "The Last Kiss" – sobre um cara que não tem dinheiro suficiente para casar com a namorada e então entra numa corrida de stock-car com um prêmio de "mil dólares", mas infelizmente morre e suas últimas palavras são: *"tell Laura not to cry, my love for her, will never die"*, "diga a Laura para não chorar, meu amor por ela nunca morrerá".

Naquele mesmo verão, meu pai trabalhou com a equipe de pitstop de um vizinho, Jordie, que era piloto das provas de stock-car na pista de corridas local, Merrittville Speedway (com o outdoor enorme prometendo "Emoções! Arrepios!

Pancadas!"). Nossa família não perdia uma corrida em Merrittville nos finais de semana, e eu adorava o barulho, a poeira e o espetáculo dos carros antigos de cores reluzentes correndo na pista iluminada. As crianças da vizinhança costumavam se reunir na entrada da casa de Jordie e ficavam observando os homens trabalhando no carro de corrida. Debochavam do cós baixo das calças de Jordie baixando suas próprias calças até o meio do quadril para deixar o rego à mostra, riam e falavam: "Olhem para mim, sou o Jordie!".

Da 1ª à 5ª série estudei na Gracefield School, que ficava a apenas dois quarteirões da minha casa. O pátio de Gracefield ainda era cercado de fazendas e pomares naqueles dias longínquos, e havia também um bosque que chamávamos poeticamente de "Littlewoods", ou "Matinho". Certa vez, caí de uma árvore, aterrissando num galho quebrado que abriu um rombo no meu braço, profundo o suficiente para ver o osso. Um garoto mais velho que morava naquela rua, Bryan Burke, teve a presença de espírito de rasgar um pedaço da camiseta dele, amarrar em torno do meu braço e me levar para casa até minha mãe, que ficou chocada. Depois que me levaram para o hospital e que me fizeram pontos, o único dano permanente no meu futuro braço de baterista foi uma longa cicatriz irregular.

Minha primeira tentativa para compor versos aconteceu na 2ª série, com um poema épico de quatro páginas sobre uma caçada à raposa: *The Little Red Fox* (*A Raposinha Vermelha*). Ficou exposto no mural de Gracefield School durante anos, principalmente porque era muito longo, eu acho, já que não parecia ter qualquer outro mérito especial. Lembro como começava: "*Once there was a little fox/ And he had the chickenpox/ He was covered with red spots/ And all he ate was pans and pots*" ("*Era uma vez uma raposinha/ E ela tinha varicela/ Estava coberta de pontinhos vermelhos/ E tudo que comia era fritura e cozido*"). Aceitavelmente piegas para uma criança de sete anos, suponho, embora houvesse um verso que até hoje admiro: "*The fox woke up in the early morn/ You would too if you heard that horn!*" ("*A raposa acordou de manhã cedo / Você também acordaria se tivesse ouvido o gritedo!*")

A leitura se tornou uma parte importante da minha infância e eu devorava qualquer coisa que aparecesse na minha frente – caixas de cereal, revistas em quadrinhos, as aventuras dos Hardy Boys e Enid Blyton (um bom exemplo da literatura infantil canadense com uma mistura de influências britânicas e americanas), a revista Mad (que me estimulou a aprender a rir das pessoas e da cultura pop), os livros de Nancy Drew que eu pegava emprestado das primas, as Seleções do Reader's Digest dos meus pais (sempre lia as seções de piadas primeiro: *Rir é o Melhor Remédio* e *Ossos do Ofício*, embora certos aspectos na minha vida também tenham sido marcados por "Citações" e "Enriqueça Seu Vocabulário".) As poucas prateleiras da biblioteca da nossa casa abrigavam uma coleção de que eu gostava de "Clássicos para Crianças" de Collier que vinha junto com a enciclopédia, incluindo contos de fadas, histórias do Rei Artur e mitologia grega.

Num verão, dividimos com alguns amigos dos meus pais um chalé no lago Erie durante duas semanas, e uma das mulheres deixou à vista um livro que acho que se chamava *Doctor's Wives* (*As Esposas do Doutor*). É claro que peguei o livro e comecei a ler – um garoto de oito anos tentando entender por que uma mulher chamada Grace estaria olhando para seus seios no espelho enquanto dizia para o marido: "Os meus são melhores que os dela". Minha mãe me flagrou lendo aquilo e tirou satisfação com a outra mulher que acidentalmente tinha esquecido de guardar o livro que encontrei.

Durante as mesmas férias, encontrei no armário do banheiro o que pensei ser quadradinhos de uma barra de chocolate. Eu nunca tinha ouvido falar de um chocolate chamado *Ex-Lax*, mas comi o laxante com os resultados previsíveis. Aprendi outra lição sobre como no mundo dos adultos nem tudo era o que parecia.

Minha avó começou a comprar os livros de Thornton W. Burgess sobre Paddy the Beaver, Danny Meadow Mouse, Reddy the Fox e todos os outros personagens, e eu também lembro de adorar as histórias sobre animais que se passavam nas ravinas próximas a Toronto: *Wild Animals I Have Known* (*Animais Selvagens que Conheci*), de Ernest Thompson Seton. Mais um exemplo de paixões de uma vida inteira que começaram muito cedo. É impossível saber que influências vão se tornar importantes – na 8ª série eu ganhei uma medalha de oratória graças a um discurso sobre o general Douglas MacArthur (abrindo com "Velhos soldados nunca morrem"), que tinha sido adaptado de uma revista em quadrinhos sobre a Segunda Guerra Mundial.

Todas as terças-feiras eu visitava a pequena biblioteca de Port Dalhousie, onde descobri e li uma série de livros sobre Freddy the Pig, um detetive espalhafatoso e um poeta ruim de doer criado por Walter Brooks (que também criou seu personagem mais conhecido: Mr. Ed, o cavalo falante). As divertidas aventuras de Freddie eram contadas com sagacidade, ironia e empatia, e acho que também aprendi essas coisas lendo as histórias. (Depois de passar 40 anos sem ouvir falar nada sobre Freddy the Pig e sem jamais ouvir alguém mencioná-lo, quase comecei a achar que Freddy e os outros personagens da fazenda Bean, como seu amigo humano cujo nome também ficou marcado por todos esses anos, Mr. Camphor, eram frutos da minha imaginação. Então, perto do Natal de 2002, encontrei a reedição de uma coletânea de histórias de Freddy e comprei o livro para minha sobrinha de 11 anos, Hannah, filha de Nancy. E também um exemplar para mim. Ainda são boas histórias).

De modo geral, Port Dalhousie no final dos anos 1950 parecia um tempo e um lugar mágicos, perfeitos para se passar a infância. Jogar hóquei nas ruas tranquilas, nadar no lago no verão, andar de patins em Martindale Pond no inverno, havia a biblioteca, grupos de outras crianças da vizinhança com quem compartilhar tudo isso. Nós mensurávamos nossas vidas não pelas estações do ano, mas pelas festividades antigas – crianças são naturalmente pagãs. O inverno estava centrado no Natal, a primavera na Páscoa e o outono tinha a magia do Halloween: vestido de Zorro, ou de pirata, ou de pedinte maltrapilho (duvido que hoje fosse uma fantasia de Halloween aceitável), perambulava pelas ruas frias e escuras, as entradas das casas iluminadas apenas com as lanternas feitas de abóboras e os adultos enchendo nossas sacolas com guloseimas. Sussurravam-se palavras passadas por fantasmas e duendes sobre quais casas ofereciam chocolate ou maçãs do amor (naqueles dias inocentes, não havia medo de agulhas ou de veneno – é trágico, e *misterioso*, que isso tenha mudado).

O verão, é claro, era um longo festival pagão por si próprio, iniciado a cada ano pela substituição dos lençóis e pijamas de flanela pelos de algodão, e pela visita a Gus, o barbeiro, para o nosso corte de cabelo de férias. Quando terminavam as aulas, eu me reunia com um amigo ou com meu irmão Danny e fazíamos trilhas ou andávamos de bicicleta até Paradise Valley, saindo pela Ninth Street Louth, ou indo ainda mais longe até Rockway e Ball's Falls. De certa forma, nada era mais atraente do que "as matas" – um pedaço de floresta, um córrego, talvez uma caverna não muito profunda nas antigas rochas do leito do rio Niágara. Isso sim era Romance e Aventura.

Às vezes íamos de bicicleta até os trilhos de trem na Third Street Louth só para ficarmos sentados sobre os canos do aqueduto junto à ferrovia o dia inteiro sentindo o cheiro de concreto e de terra úmida, ouvindo os trens e correndo para vê-los passar. Talvez isso pareça tão emocionante quanto observar a grama crescendo, exceto por aqueles segundos apocalípticos em que nós permanecíamos sentados perto dos trilhos, sentindo aquela força se aproximando, tão alta e tão poderosa que fazia a terra tremer e o vento rugir.

Podíamos explorar as partes mais selvagens do lago, as margens íngremes e erodidas, e talvez invadir o pomar do velho Colesy para roubar maçãs e cerejas (correndo o risco de levar um tiro de sua famosa espingarda de pressão), ou apenas passávamos os dias brincando no velho canal e nas arquibancadas da Henley Regatta, ou adiante nos montes de areia e no farol. Com frequência víamos a velha louca Helen atravessando a ponte apressada, o nariz pontiagudo, os dentes protuberantes e a cabeleira grisalha esvoaçante sobre o casacão surrado e os sapatos de plataforma. Helen sempre ficava murmurando alguma coisa enquanto caminhava, e os garotos adolescentes, escondidos debaixo da ponte para escutar, podiam imaginar tanta profanidade em sua tagarelice quanto imaginávamos que havia na letra de "Louie, Louie".

Depois havia os passeios de carro no banco traseiro do Buick 1955 vermelho, espremido entre Danny e Judy, todos animados a caminho de um drive-in para assistir a um filme. Certa vez lembro que nos deixaram assistir o primeiro filme de uma exibição dupla, mas tivemos que nos deitar no banco do carro e dormir na hora do segundo filme, "apenas para adultos": era *Clamor do Sexo*, estrelado por Natalie Wood e Warren Beatty – que estreou em 1961, portanto eu devia ter oito anos.

Ficávamos soltos no banco de trás porque cintos de segurança e cadeirinhas eram itens desconhecidos, e se estivéssemos voltando de uma visita a parentes ou do drive-in, Danny, Judy e eu costumávamos nos esparramar na parte de trás: um deitado no assoalho do carro, outro deitado no banco e mais um na tampa do porta-malas. Mesmo se acordássemos quando o carro chegava na entrada coberta de cascalhos que dava para a garagem, fingíamos estar dormindo para que meu pai nos carregasse no colo até a cama.

Mas a ocasião especial mais rara e mais emocionante de todas era jantar na Niagara Frontier House, uma lanchonete na Ontário Street um tanto modesta, mas que para mim parecia o Ritz. Os assentos de couro vermelhos, as luzes refletindo nos balcões de madeira, fórmica e aço inoxidável, a máquina de milkshake Hamilton Beach, as diversas prateleiras com tortas e bolos junto ao balcão, a jukebox cromada ao lado de cada mesa, com as páginas metalizadas onde se podiam escolher as músicas. O maior luxo de todos era ter a permissão de escolher alguma coisa do cardápio, mas acho que eu sempre pedia a mesma coisa: um hambúrguer e um milkshake de chocolate, e nada jamais me pareceu tão saboroso.

Pequenas alegrias e pequenas tristezas, mesmo assim sentidas tão profundamente na época como para sempre serão. Como diz uma antiga canção do Animals: *When I was young it was more important/ Pain more painful, laughter much louder, yeah* (Quando eu era jovem, era mais importante/ A dor mais dolorida, as risadas mais altas, yeah).

Talvez a maior "dor" da minha infância tenha sido a instituição nacional canadense do hóquei: como meus tornozelos pequenos e finos se dobravam sobre os patins, eu era incapaz de patinar para trás e nunca consegui entrar num time de hóquei. Um garoto canadense que não sabia jogar hóquei, ou praticar qualquer outro esporte, era uma aberração. Mesmo assim, sempre tive alguns bons amigos: Tommy Corbett, Rick Caton, Brian Unger, Doug Putman. Na verdade, a pária em Gracefield era uma garotinha da 2ª série chamada Betty-Jane Prytula. Por nenhuma outra razão a não ser pura crueldade infantil, houve um consenso de que ela "fedia". Todos os dias, a menina tinha que enfrentar o fato de ser uma "Intocável" e testemunhar uma brincadeira no pátio da escola que se resumia a evitar os "germes da B. J.". Lembro até hoje o rostinho triste e confuso da menina.

Consegui até mesmo me envolver em algumas brigas no pátio da escola nos meus primeiros anos em Gracefield – do tipo "Ah, é assim, é?", "Sim!" – e fui derrotado em todas elas. A última briga de todas – até o dia de hoje – aconteceu na 3ª série, debaixo dos abetos altos e sombrios (tomados por ninhos de zanates) perto de Gracefield School. Com um bando de garotos ao nosso redor gritando "Briga! Briga!", parti pra cima de David Carson com os braços descontrolados até que, em questão de segundos, fiquei exausto e ele me imobilizou no chão. Quando David permitiu que eu me erguesse, voltei para casa caminhando com dificuldade e chorando de vergonha.

Naquela mesma época, certo dia faltei aula por causa de dor de estômago, que foi se agravando até que minha mãe me levou para o hospital. Eles me colocaram na cadeira de rodas e me levaram direto para a sala de cirurgia por causa de uma apendicite aguda. Minha mãe chorava debruçada sobre mim enquanto me contava que eu precisava de uma cirurgia (quando eu a lembrei disso há alguns anos, ela balançou a cabeça e disse: "Achava que eu tinha te *matado*!"). De certa forma, saber que se demorasse mais duas horas o meu apêndice poderia ter explodido e eu morreria fez com que eu me sentisse importante. Os poucos dias que tive para me recuperar no hospital foram solitários e assustadores, e me lembro da campainha que tocava na faculdade do outro lado do vale e de telefonar para o meu pai no trabalho dele (MUTUAL-55091).

O cara que ficava na cama ao meu lado estava fazendo campanha para um partido político canadense chamado Social Credit (Crédito Social – uma teoria da época da depressão sobre o controle governamental da economia), e ele me mostrou uma charge divertida de um homem sorridente que tinha votado no Social Credit, depois a virou de cabeça para baixo para revelar um homem de rosto tristonho que não tinha votado neles. Por alguma razão, fiquei entusiasmado com a causa, e embora não tenha conseguido que meus pais votassem no Social Credit (eu não conseguia entender por que eles não votariam nesse partido – o cara era *meu amigo*), algumas semanas mais tarde ouvi atentamente o resultado das eleições no fone de ouvido do meu radinho de galena (foi uma surpresa quando montei o rádio e ele funcionou de verdade), e fiquei desapontado quando o partido do meu amigo perdeu.

Então chegou a televisão, num tempo em que havia apenas cinco canais, três americanos e dois canadenses, todos gloriosamente em preto e branco. Lembro-me do bordão de Jackie Gleason, que aos berros se dirigia a Sammy Spear, o líder da banda que ficava do outro lado do palco: *A little traveling music, Sammy!* (*Um pouco de música para viagem, Sammy!*). Depois ele abria os braços e cantarolava alto: *And awaaaay, we go-o-o!* (*E lááááá vamos nóóóósss*). Na manhã seguinte ao programa, ou ao programa de Red Skelton, todas as crianças do colégio imitavam os trejeitos dos apresentadores e artistas.

Quando assistia a *Ozzie and Harriet*, eu sempre esperava que o episódio acabasse, como acontecia às vezes, com Ricky Nelson cantando para a plateia lotada de garotas gritando, e ele as encarava com aquele ar misterioso em preto e branco expressivo (como um protótipo de videoclipe de rock), as luzes do palco transformando tudo numa fantasia mágica. Eu adorava principalmente a música "Travelin' Man" e, embora nunca mais tenha escutado, depois de mais de 40 anos, ainda me lembro de partes da letra: *My pretty Polynesian baby, over the sea (Minha linda gatinha polinésia, do outro lado do mar)*. Quando assistia àqueles programas, eu ficava eletrizado, e de certa forma sentia que queria fazer parte daquilo – estar no palco com aquelas luzes cantando sobre viagens enquanto as garotas gritavam. Isso foi em 1961, eu tinha 9 anos, e, na completude do tempo, tudo se tornou verdade (exceto a parte de cantar e a parte das garotas gritando).

Minha mãe era uma grande fã de Elvis Presley e às vezes me levava para assistir aos filmes dele (porque meu pai não queria ir), mas eu nunca quis ser Elvis – principalmente o Elvis *dos filmes*. Naquele tempo, eu fazia aulas de piano, primeiro com nossa vizinha adolescente, Donna Pirie, depois com a assustadora e velha senhora Latcham, que morava numa mansão velha e assustadora do outro lado da cidade (anos depois, moramos numa casa que antes tinha sido a estrebaria da mansão Latcham). Eu não gostava muito das aulas de piano, até que comecei a faltar dizendo que estava doente e a gastar o dinheiro das aulas com chocolate, mas mesmo assim eu absorvi a teoria musical básica que foi bastante útil anos mais tarde, principalmente a partir da segunda metade dos anos 1970, quando comecei a me interessar por percussão no teclado com o Rush.

Quando aquele mágico radinho de galena passou a fazer parte da minha vida, comecei a ouvir música "moderna", a maioria música pop da era pré-Beatles dos anos 1962 e 1963. Danny Gould, meu vizinho, era um ano mais velho que eu e me convenceu a comprar meu primeiro disco em sociedade com ele: um LP com a coletânea dos maiores sucessos do Four Seasons, incluindo "Sherry", "Big Girls Don't Cry", entre outras.

Outra ligação precoce com música, que pressentiu meu interesse pelos versos, foi que eu anotava as letras das minhas canções favoritas ouvindo rádio, mantendo sempre caneta e papel por perto enquanto aguardava determinada música tocar de modo que eu pudesse pegar mais um verso ou refrão e anotá-lo. Ritmicamente, entre as minhas primeiras impressões, estava a compulsão pura e física que eu sentia quando ouvia no meu rádio transistor a batida embaralhada de uma canção chamada "Chains", do grupo vocal feminino *The Cookies*.

Saindo da música e de volta ao tema viagem, do rádio de pilha para a bicicleta: foi Danny Gould quem me ensinou a andar sobre duas rodas, correndo atrás de mim e me empurrando pelo gramado do pátio da casa dele para então me largar sozinho sem que eu me desse conta. Nunca vou esquecer aquela sensação (embora fosse impossível saber na época o quanto da minha vida eu ainda passaria me equilibrando sobre duas rodas).

Também foi Danny Gould quem me introduziu aos mistérios da vida a partir de um livro que seu pai havia lhe dado (talvez chamado "*Os mistérios da vida*"). Ele tinha 12 anos, e eu 11, e naqueles dias inocentes de *Ozzie and Harriet, Leave it to Beaver,* eu não tinha noção alguma sobre sexo. Consequentemente, fiquei chocado e escandalizado com as coisas que ele me contava, usando palavras anatômicas, secas. (Nosso reverendo faz isso? Nossos professores? Nossos pais? Impossível.)

Certo verão, quando eu tinha uns 12 anos, meus pais estavam conversando sobre arrumar um emprego para mim nas férias de verão. Meu pai e eu seguimos de carro pela Lakeshore Road até a ladeira que levava à fazenda de Mr. Houtby, e meu pai desceu para falar com ele. Pensando agora, sou obrigado a questionar se Mr. Houtby tinha algum ressentimento contra a loja de equipamentos agrícolas do meu pai, porque na manhã seguinte, quando meu pai me largou na fazenda e seguiu para o trabalho, eles me mandaram semear uma plantação de batatas inteira – manualmente. Depois de três dias agachado debaixo de sol escaldante com terra nas mãos e nos joelhos, recebi a quantia magnífica de... três dólares. Mesmo em 1964 isso não era grande coisa, e eu nunca mais voltei lá.

Em seguida tentei ser entregador de jornais – Toronto Globe e Toronto Mail –, serviço que peguei de um garoto do bairro e mantive por dois anos, até que passei o posto para Danny. Ainda no escuro, antes do sol nascer no inverno gélido, ou bem cedinho num promissor dia de verão, eu carregava uma sacola pesada cheia de jornais pela rua estreita até o largo ao lado de Lakeside Park, exposto ao vento norte do inverno ou ao sol a pino no verão. Passava pelos enormes exaustores dos bares que expeliam uma mistura de cerveja azeda e fumaça de cigarro, resquícios da noite anterior, e deixava os jornais dobrados nos hotéis onde os quartos dos andares superiores tinham se tornado as moradias bolorentas de velhos silenciosos. Quando eu contei a minha mãe que um deles, o velho Archie, tinha atendido a porta nu, ela ficou preocupada, mas, fosse por inocência ou por intuição, eu sabia que não havia nada de errado com Archie. Depois seguia a rota até as pequenas lanchonetes de aparência rudimentar até o armazém de Latcham, e então subia o morro íngreme que ficava atrás do banco e me dirigia até a casa do prefeito Johnston.

Os Johnstons eram uma família aristocrática de Port Dalhousie sem muita importância, e havia vários descendentes na cidade. Mais longe, descendo a Main Street, ficava a casa do garoto que provavelmente eu mais invejava quando tinha sete ou oito anos: Colin Johnston. Ele morava numa casa grande (não era uma mansão, apenas um pouco maior que as nossas próprias casas), passeava no Cadillac conversível com a mãe dele (o clássico 1959 com o enorme rabo de peixe e os faróis em formato de foguete), e navegava no iate do pai saindo do Dalhousie Yacht Club, acima na "margem Michigan" (chamada assim por causa dos vários chalés que havia no lado leste do velho canal que antes pertenciam a americanos do estado de Michigan). Certa vez, Colin me mostrou o iate e me levou a bordo, já que o barco ficava ancorado ao longo do antigo canal.

A lancha de madeira envernizada e com frisos polidos parecia o máximo do luxo – uma casa dentro de um barco – e prometia tanta diversão e aventura que fui tomado pelo desejo de fazer parte dessa experiência. Eu sabia que Colin era o melhor amigo de Bobby Lyons, mas não pude resistir e perguntei se podia ser seu melhor amigo. Colin deve ter percebido minhas segundas intenções e continuou amigo de Bobby Lyons. O irmão mais velho dele, Roger, acabou assumindo os negócios do pai, uma corretora de seguros e de imóveis e, 40 anos mais tarde, ainda toma conta das minhas apólices de seguro no Canadá no mesmo pequeno escritório na Main Street.

Em Bayview Avenue, uma casa de campo moderna num terreno amplo e aberto com vista para o lago era propriedade de outro Johnston, uma figura lendária chamada Capitão Johnston, que diziam estar aposentado depois de trabalhar nos enormes navios cargueiros dos Grandes Lagos. Esse era um trabalho de grandiosidade inimaginável para nós, garotos de Port, que às vezes ficávamos olhando os enormes navios passarem pelas comportas do canal, sentindo aquela sensação estranha de que os navios estavam parados enquanto o chão sob eles estava se movendo. No meio do lago, em frente à casa do Capitão Johnston, a algumas centenas de metros da margem, havia uma jangada de madeira atracada.

Nós todos tínhamos aprendido a nadar na praia com as aulas da senhora Stewart. Mesmo no verão, a água do lago Ontário era muito fria, ainda mais numa manhã nublada e com vento. No meio de um grupo de garotinhos magrelas, lá estava eu, tremendo de frio com os juncos de alga verde e os peixes prateados em putrefação que roçavam meus joelhos. Naquela época, o lago tinha uma poluição tóxica, mas ninguém parecia "saber" disso. Ensinavam os garotos maiores a mergulhar e a nadar a partir do píer, pouco a pouco se afastando do Primeiro Poste para o Segundo Poste e depois para o Terceiro Poste. Ainda havia um farol alto e branco na "margem Michigan", e no canto onde a praia encontrava o píer a água jogava uma massa sólida de algas ("erva marinha", como chamávamos), peixes mortos e tubos de borracha desbotados que os garotos mais velhos chamavam em tom de brincadeira de "beluga de Port Dalhousie".

No começo dos anos 1960, a palavra "poluição" ainda não havia entrado no vocabulário corrente, e foi apenas no final da década que, de repente, começaram a aparecer placas na praia com mensagens assustadoras e austeras alertando os banhistas de que a água estava poluída e de que era proibido nadar. Naquele tempo, todos pareciam acreditar que a causa da poluição eram as indústrias e as usinas de aço em Hamilton no lado oeste do lago, ou as fábricas de celulose em Thorold, mas é claro que o problema era o esgoto, assim como ainda acontece nas praias dos Grandes Lagos que precisam ser fechadas para os banhistas quando faz calor.

Nas tardes de verão, os garotos mais velhos nadavam até a grande jangada de madeira no meio do lago em frente à casa de Capitão Johnston. Certo dia, quando eu tinha 10 anos, resolvi enfrentar as águas geladas e tentar fazer a travessia. Eu já tinha feito isso antes, durante o verão, mas não era um bom nadador, e enquanto eu nadava estilo cachorrinho me afastando da margem, o tremor se somou ao esforço. Ondas agitadas batiam no meu rosto, e eu me afoguei algumas vezes ficando com a boca cheia de água. Finalmente consegui chegar e dei mais umas braçadas até a jangada, já sem fôlego e com os braços doloridos.

Um bando de valentões da vizinhança estava brincando lá na jangada, eram garotos do colégio McArthur, dois anos mais velhos que eu, que estavam lutando entre si e jogando uns aos outros na água. Eles pensaram que seria uma ótima brincadeira não me deixar subir na jangada, e, exausto, eu dava braçadas ao redor dela indo de um lado para o outro. Eles apenas zombavam de mim, riam e me empurravam para longe. Eu desisti e comecei a nadar de volta para a margem do lago, enquanto eles me deram as costas retomando suas brincadeiras brutas e perdendo o interesse em mim.

Mas a margem ficava longe demais. Perto da metade do caminho, fiquei sem forças e, em pânico, me dei conta de que iria afundar. Eu não conseguia mais mexer os braços e as pernas e sentia que afundava. Enquanto eu submergia pela última vez, vivi de verdade um velho mito: minha vida passou diante dos meus olhos. Era tão jovem que não havia muito o que ver, mas episódios e vinhetas estáticas foram exibidos em sequência na minha mente como se fosse uma apresentação de slides.

Suponho que eu tenha me debatido e gritado, já que em seguida me dei conta de que já estava deitado na areia na beira do lago. Dois outros garotos que frequentavam a escola comigo, Kit Jarvis e Margaret Clare, estavam em pé me olhando e acho que foram eles que me tiraram da água, na verdade eu nunca soube.

Quanto àqueles valentões que quase me mataram, há um tipo diferente de dívida, já que a aquele episódio deixou em mim uma cicatriz profunda e duradoura. Por muito tempo, achei que já tinha esquecido aquilo, mas então, com 20 e poucos anos, quando a pressão e as exigências das turnês com o Rush começaram a exigir demais de mim, percebi como o elemento patogênico do estresse atacava áreas psicológica e fisicamente mais fracas (arritmia cardíaca, infecções no ouvido, cáries, imunidade baixa). Nos aviões, e até mesmo no palco, eu era tomado por uma onda repentina de ansiedade, uma sensação mórbida de estar aprisionado, isolado e incapaz de fugir, e isso me remetia diretamente à lembrança daquele episódio traumático. Simplesmente eu me sentia "longe demais da margem".

Uma reação óbvia era ficar desconfortável em nadar em mar aberto sem um barco por perto, mas a associação também se materializava sempre que minha liberdade de movimento parecia restrita. Era irracional, mas incontrolável, e a única coisa boa resultante disso foi que me forçou a aprender a minimizar o estresse e a controlá-lo pelo resto da minha vida como o único meio de prevenir que essas ondas de ansiedade tomassem conta de mim.

Na mesma época, outono de 1962, aos 10 anos de idade, mais ansiedade foi semeada no meu espírito quando comecei a ouvir falar da crise de mísseis em Cuba. De repente, nosso televisor preto e branco só transmitia pronunciamentos, ameaças e alertas muito sérios. O mundo inteiro parecia ter enlouquecido. Os adultos ao meu redor, pais e vizinhos, falavam sobre a possibilidade de um ataque russo na nossa região porque ficávamos próximos das cataratas do Niágara, que forneciam energia elétrica para grande parte da costa leste americana. Lembro o nosso vizinho dizendo: "Vão atacar aquilo com certeza", e a imagem de bombas caindo nas cataratas do Niágara permaneceram na minha memória para sempre.

Filmes sobre a Segunda Guerra Mundial eram exibidos constantemente na televisão à noite e nas matinês do sábado, já que se tratava de um legado da era pós-guerra, mas costumavam ser heroicos e não mostravam sangue, serviam mais como propaganda do que como documentário. Até o dramático outono de 1962, a coisa mais assustadora que eu já tinha visto na vida eram os macacos voadores de *O Mágico de Oz*. Mas eu sentia que havia algo diferente no ar enquanto observava meu pai cuidar dos preparativos que agora parecem tão candentemente tolos: forrar um canto do porão da nossa casa com sacos de dormir, comida enlatada, água, lanternas, pilhas e um rádio tentando se preparar para que sua família sobrevivesse à explosão de uma bomba nuclear a cerca de 45 quilômetros de distância.

O documentário *The Atomic Café* aborda com um viés humorístico o começo da era nuclear e como era ser criança nos anos 1950 e 1960 com os treinamentos na escola para se preparar para ataques nucleares ("Abaixem a cabeça e se protejam"). Mas só agora eu consigo imaginar como deve ter sido bem difícil para um marido e um pai naquele tempo ter que ser o responsável por defender e proteger sua família.

Todos que, assim como eu, cresceram naquela época certamente ficaram marcados por aquelas memórias, por terem sido apresentados ao medo generalizado e a uma ameaça incompreensível. Não conseguíamos entender, mas sem dúvida alguma sentíamos as vibrações não verbalizadas de um modo que só as crianças conseguem sentir.

Da mesma forma, lembro de estar nos degraus do colégio McArthur quando ouvi falar sobre o assassinato do presidente Kennedy em novembro de 1963. Embora fôssemos todos orgulhosamente canadenses e cantássemos *"Oh, Canada"* em vez de *"God Save the Queen"*, a juventude e o carisma de JFK também haviam nos impressionado. Eu fiz um trabalho para a escola, um folheto com texto e fotos chamado "Meu Presidente Favorito", e quando minha mãe perguntou por que ele era o meu *favorito*, só consegui encolher os ombros – óbvio que ele era o único presidente de que eu me lembrava.

Assim, o fato de que alguém podia matar o presidente dos Estados Unidos era algo confuso, assustador e terrível. Depois da escola, assistimos a tudo na televisão, várias vezes, e um manto negro pareceu cobrir o mundo durante os dias que antecederam o funeral, o caixão preto e a saudação de John-John ao seu pai morto.

Havia medo e escuridão na cidadezinha de Port Dalhousie, até mesmo no pátio da escola. Sempre que ouço alguma bobagem sentimentaloide sobre a inocência da infância, penso não apenas no meu quase afogamento, mas também naquela mesma turma de adolescentes que aterrorizava o pátio do colégio McArthur à caça de alguma pobre vítima azarada que era carregada à força com os braços e as pernas estendidos (à medida que os gritos aumentavam: "Cesta! Cesta!"), então atiravam o garoto preso pela virilha para dentro da cesta de basquete (eu ainda estremeço só de pensar naquilo).

Inevitavelmente, aquele clima de medo no pátio da escola influenciou minha visão de mundo por toda a vida, e aqueles brutos deturparam meu juízo sobre a humanidade para sempre.

Naquele tempo, contudo, outros eventos transformariam o mundo: o meu e o de todos os outros. Vi a foto de uma banda chamada Beatles atrás do balcão da loja de discos Music Fair em Fairview Mall (o primeiro shopping de St. Catharines, novidade recebida com grande animação, que até mesmo se tornou um novo destino para caminhadas). A foto dos Beatles mostrava os *Fab Four* bonitinhos e sorridentes com seus ternos sem lapela e as botinas Beatle e o "cabelo comprido", mas não parecia *para mim* uma revolução – não até eu assistir na televisão à histeria na chegada deles ao aeroporto de Nova York (desiludido mais tarde ao saber que o evento foi orquestrado nos bastidores) e, em seguida, à apresentação no The Ed Sullivan Show em fevereiro de 1964. Depois veio uma onda subsequente de bandas britânicas e americanas, apresentadas por Ed toda semana como "algo para vocês jovens aí em casa". Eu era jovem demais para ficar realmente fascinado pela música, mas sem dúvida fiquei impressionado com toda aquela agitação.

Na nossa cidadezinha de Port Dalhousie, as igrejas católica, anglicana e unida se revezavam organizando reuniões dançantes para os adolescentes, tocavam os discos pop da época e ofereciam uma forma saudável para os jovens extravasarem a energia. Lembro como fiquei nervoso ao perguntar a Doris Beedling se ela queria dançar comigo, e acho que o meu lado ornitófilo de quando eu era criança me fez ser bem "inventivo" nos meus movimentos de dança – no colégio, no dia seguinte, os caras populares riram da minha cara, me chamando de "Homem Pássaro". De maneira geral, eu havia aprendido a ficar quieto e a tentar passar despercebido pelo radar no pátio da escola, mas aqueles caras riam muito de mim, mesmo tão no início da minha sina de deslocado. Para começar, eu tinha pulado duas séries no primário, portanto era dois anos mais novo que os meus colegas de sala. Nessa fase importante da adolescência, eu era muito frágil e inseguro. Sem dúvida, era jovem demais para começar o Ensino Médio, uma semana antes do meu aniversário de 13 anos, e imaturo até mesmo para *minha* idade. Sem falar que eu tinha plena consciência da minha falta de coordenação motora para os esportes, e não tinha roupas adequadas.

Um novo estilo de moda adolescente, chamado "hellcats", estava se espalhando entre os jovens. O uniforme necessário incluía camisas de madras, jeans claro, mocassins (ou versões descoladas dos chamados British Walkers), parcas com capuz e as cores "certas" para suéter e meias: verde-garrafa, uísque e amora. Roupas da moda, e muito caras, não faziam parte do orçamento familiar, mas certa noite minha mãe percorreu todo o centro de St. Catharines comigo, procurando o Santo Graal – um par de meias cor de amora – para que eu pudesse parecer descolado. Finalmente, compramos um par que fosse o mais próximo daquela cor que pudemos encontrar, mas como sempre não era exatamente do tom certo.

Nas tardes de sábado, os pré-adolescentes podiam participar do Castle (um "Knight Club for Teenagers"[2], onde dançávamos ao som do toca-discos – se um garoto fosse corajoso o suficiente para tirar uma garota para dançar, e se uma garota fosse convidada para a festa – e às vezes havia uma banda ao vivo. (Meu hábito de leitura provou seu valor numa tarde quando eu ganhei um prêmio na entrada, um ingresso para o cinema, porque sabia o nome do amigo americano de James Bond: Felix Leiter). Minha mãe fez coletes de pele artificial – iguais aos que Sonny e Cher usavam – para mim e para o meu amigo Mike Lowe, e nós os vestimos orgulhosos para ir ao Castle. De alguma forma, contudo, eu sabia que Mike ficava descolado usando o colete, mas eu apenas parecia alguém que *se esforçava* para parecer descolado.

---

2 Trocadilho com as palavras "knight" – "cavaleiro" – e "night club" – "clube noturno". (N. da T.)

As diretrizes educacionais mudaram desde aqueles dias, pelo menos hoje as coordenadorias de educação já não obrigam crianças a pular de série porque estão *entediadas* (sem dúvida, fazendo aquela cara de "E agora?"). Mas naquela época tiveram uma ótima ideia: uma tarde por semana, um grupo de alunos da sétima e da oitava séries, um de cada escola, ao que parecia, pegava o ônibus até outro colégio para uma aula de Estudos Extraordinários, onde aprendíamos sobre Shakespeare, estudávamos francês e tínhamos aulas avançadas de literatura e poesia. A maior vantagem para mim foi entrar em contato com esses outros deslocados brilhantes, para minha autoafirmação, e também para me inspirar em sua relativa sofisticação. Conversando com eles, aprendi sobre filmes-B, *apartheid*, referências colegiais ao candidato americano à presidência, Barry "Água Dourada" Goldwater, como "AU-H2O", e também minhas primeiras piadas sujas.

Com os outros garotos da vizinhança, eu passava o sábado tentando vender assinaturas do Toronto Globe e do Toronto Mail, e vendi o suficiente para ganhar dois discos compactos 45", um dos Beatles – "And I Love Her", com o lado B "If I Fell" – e "World Without Love", de Chad and Jeremy, e eu os ouvia sempre que meu pai me deixava chegar perto do som estéreo. Mesmo naquela época eu me sentia atraído pela sensibilidade das canções, pelas harmonias vocais e pela sinceridade melancólica e ansiosa, mas parecia que eu sentia mais as melodias do que o ritmo. Como ainda não estava impressionado com bateria, não me lembro de querer ser Ringo; acho que eu ainda queria ser como Ricky Nelson.

A primeira vez que me entusiasmei com a ideia de tocar bateria foi assistindo *The Gene Krupa Story* na televisão tarde da noite, com 11 ou 12 anos. A dramatização da vida de Krupa (embora distante dos fatos reais) e a interpretação convincente de Sal Mineo (que teve o próprio Gene como técnico) conseguiu fazer com que a ideia de ser baterista parecesse emocionante, glamorosa, elegante e perigosa. Muito melhor do que ser Ricky Nelson.

Meu tio Richard era apenas um ano mais velho do que eu – por algum artifício de *timing* familiar, por isso eu ficava com todas as roupas usadas dele que cheiravam aos charutos do meu avô – e foi ele a minha inspiração para tocar bateria. Richard era o baterista de uma banda chamada The Outcasts, jovens brancos que tocavam Sam and Dave, Wilson Pickett, Otis Redding e James Brown no estilo "blue-eyed soul", que era popular no sul de Ontário em meados dos anos 1960.

A maioria das bandas "importantes" de Toronto que tocavam nos colégios e nos clubes – The Ugly Ducklings, The Mandala Dee and The Yeomen, Jon, Lee, and The Checkmates, e anos depois Nucleus e Leigh Ashford – combinavam órgãos Hammond, guitarra, baixo e bateria *funky* com influência de James Brown.

Provavelmente uma certa influência da gravadora Motown tinha subido de Detroit para o norte pela Highway 401, do mesmo modo como influenciou roqueiros brancos como Mitch Ryder, Rare Earth e Bob Seger. De qualquer modo, é necessário dizer que para nós, que crescemos ouvindo a música pop penosamente branca do final dos anos 50 e começo dos anos 60, o R&B era a música *underground*, o som alternativo daquela época. Não encarava aquilo como ouvir "black music"; apenas sabia que gostava do ritmo, dos vocais intensos e apaixonados e do modo como minha pulsação ficava mais forte quando eu ouvia a seção de metais em "Hold On, I'm Coming", mesmo se fosse tocada por um adolescente branco numa Fender Telecaster da banda do meu tio.

O R&B definitivamente foi minha música de "raiz", o primeiro estilo musical que me fez reagir daquela maneira, e o tipo de som que toquei em várias das minhas primeiras bandas. É interessante observar que minha primeira banda favorita, The Who, desde o início se apresentava como "Maximum R&B" e incluiu algumas canções de James Brown em seu primeiro álbum.

Mas, para mim, não há dúvidas de que a chama foi acesa por *The Gene Krupa Story*. Geralmente há uma clara diferença no modo de tocar e nos valores musicais dos bateristas que se inspiraram em Gene Krupa ou Buddy Rich comparados àqueles que, na infância, queriam apenas imitar um simples baterista de rock, como Ringo Starr, e ficaram nisso mesmo. Uma questão de gosto, talvez, mas também uma questão de ambição – um exímio baterista pode tocar de forma simples se assim preferir, mas isso é algo bem diferente de tocar de forma simples porque é só isso que ele sabe. Como um jovem atraído pela ideia de se tornar músico, você gostaria de interpretar um papel ou você vai querer tocar *o instrumento* de verdade?

Obviamente, qualidade não é um concurso de popularidade, e sempre penso em como Buddy Rich deve ter se sentido durante os anos 1960 e 1970 observando as várias listas de melhores bateristas e vendo a si próprio classificado bem abaixo, atrás de tantos mantenedores de ritmo inexperientes, enquanto ele mesmo lutava para manter sua big band na ativa. John Bonham, em turnê com o Led Zeppelin durante os anos 70, lamentou sua própria colocação na lista da Playboy ficando atrás de Karen Carpenter (que Deus a tenha, mas sequer tocava nos discos do Carpenters: o posto sempre foi de Hal Blaine, um lendário baterista de estúdio que – depois de tocar em tantos discos de sucesso que venderam milhões e milhões para Phil Spector, The Beach Boys, The Byrds, The Mamas and the Papas, Frank Sinatra, Simon and Garfunkel, John Denver e tantos outros – agora vive com os recursos do seguro social numa cidadezinha do deserto na Califórnia).

No verão em que eu tinha 11 anos, perto de completar 12, nossa família acampou durante cerca de um mês em Morgans Point no lago Erie, e meu pai fazia diariamente o trajeto de 45 quilômetros até St. Catharines para trabalhar. Foi nesse período que eu vi uma banda de rock tocar ao vivo graças às persianas erguidas de um clube. Chamavam-se The Morticians, usavam ternos longos, iguais aos dos agentes funerários, e se deslocavam num velho carro fúnebre. Eu era jovem demais para entrar numa "reunião dançante adolescente", mas me lembro de ficar pensando por que a bateria tinha um som tão *metálico* – eu nem sabia o que era um prato naquela época, mas o baterista devia pegar pesado neles.

De qualquer maneira, a semente tinha sido plantada pelo filme *The Gene Krupa Story*, e eu comecei a batucar nos móveis da casa e no cercadinho da minha irmãzinha Nancy, que ainda era um bebê, com um par de hashis (batidas exuberantes naqueles frisos revestidos de plástico). Depois disso tudo, e de falar sem parar que eu queria uma bateria, no meu aniversário de 13 anos meus pais me deram de presente aulas de bateria, um pad de estudo e um par de baquetas. Disseram que comprariam uma bateria de verdade para mim quando eu provasse que estava levando a sério o instrumento por pelo menos um ano.

Todo sábado de manhã, eu pegava o ônibus até o Peninsula Conservatory of Music (um nome meio grandioso demais para designar algumas salas forradas de lambris na St. Paul Street). Com os ensinamentos de Don George, pratiquei os fundamentos e a leitura de partitura, e em casa eu espalhava sobre a minha cama algumas revistas para simular a estrutura de uma bateria, e depois batia nas capas com toda força.

Um dos alunos de Don George era Kit Jarvis, o garoto que tinha me salvado do afogamento, e também íamos juntos para o colégio e para o grupo de escoteiros

Cub Scouts (o pai dele era "Bagheera", um dos líderes). Depois de estudar com Don durante seis meses, ele me disse que entre todos os seus alunos apenas Kit e eu nos tornaríamos bateristas um dia. Esse encorajamento significou mais para mim do que qualquer outro que recebi na vida.

Algumas dessas memórias foram revividas por mim quando escrevi um artigo para o jornal da minha cidade natal, The St. Catharines Standard, em meados dos anos 1990, com o título de "*Memories of a Port Boy*", "*Memórias de um garoto de Port*". Eu incluí no texto o episódio de quase afogamento, e os meus salvadores Kit e Margaret. Por meio do Standard, Kit mandou uma carta para mim. Ele acabou se tornando guarda na fronteira entre Fort Erie e Buffalo, mas ainda tocava bateria em bandas locais como trabalho de meio período, embora tivesse sido obrigado a vender sua bateria recentemente. Eu fiquei feliz em poder mostrar meu apreço por ele enviando uma bateria Ludwig novinha para ele. Também queria ter encontrado um modo de agradecer a Margaret Clare.

No meu aniversário de 14 anos, depois que eu já tinha demonstrado minha "seriedade" quanto a tocar bateria frequentando as aulas com Don e batendo de forma ininterrupta nas revistas e no pad de prática durante um ano, minha primeira bateria finalmente chegou a nossa casa. Era uma bateria compacta, uma Stewart vermelho-brilhante (ainda lembro quanto custou: 150 dólares canadenses), com bumbo, caixa, tom-tom e um pequeno chimbal. Foi um daqueles dias da vida de tanta emoção que eu mal podia lidar com aquilo esperando a chegada da bateria, depois montá-la na sala da frente e ficar tocando sem parar as únicas duas músicas que eu sabia na época: "Land of a Thousand Dances" (como era tocada pela banda local número um, The British Modbeats) e "Wipeout" (um cartão de apresentação necessário para um jovem baterista naquele tempo – a primeira coisa que os outros garotos perguntavam era: "Você sabe tocar 'Wipeout'?").

Eu agitei a casa por alguns dias (e sem dúvida fiz meus pais reconsiderarem a sabedoria de seu apoio e incentivo), depois levei a bateria para o meu quarto e montei tudo ao lado do rádio de plástico rosa que ficava sobre o radiador da calefação. Desde então, todas as tardes depois que eu chegava da escola, eu ficava tocando bateria acompanhando qualquer música que tocasse no rádio (provavelmente um bom curso, de verdade, para aprender a construir versatilidade e entender a estrutura de uma canção). Tocava até que minha mãe e meu pai não aguentassem mais. (No entanto, sempre que os vizinhos faziam algum comentário, meus pais ficavam do meu lado e isso me deixava feliz).

Continuei minhas aulas com Don George todos os sábados de manhã no Peninsula Conservatory of Music, e por causa da minha inspiração em Gene Krupa, usava baquetas Slingerland Gene Krupa. Quando quebrei as pontas das baquetas porque tocava com muita força, e sem poder comprar baquetas novas, eu as virei de cabeça para baixo e usava o chamado "butt-end", o que me dava a vantagem de alto impacto, impossível com baquetas mais leves. Isso se tornou parte do meu estilo de tocar pelos 30 anos seguintes, até que, enquanto estudava com Freddie Gruber em 1994 e 1995, acabei retomando o uso da extremidade "apropriada" das baquetas à medida que desenvolvia uma técnica mais sutil (além disso, eu já estava ganhando baquetas de graça naquela época, com meu nome escrito nelas).

De longe a experiência mais importante que tive no colégio Lakeport Secondary School foi minha primeira apresentação ao vivo como baterista, tocando num trio de variedades chamado The Eternal Triangle, com Don Brunt no piano e Don Tees no saxofone. Eu tinha 15 anos, com minha bateria Stewart vermelho-purpurina (embora na ocasião eu já tivesse o acréscimo de um chimbal e de um surdo), dois pratos Ajax pendurados bem alto e um adesivo feito com fita isolante no estilo de "carro de corrida" num dos lados do bumbo. Ensaiávamos à noite numa sala do colégio: Don Brunt me buscava e me trazia de volta para casa no Pontiac 1965 do pai dele (geralmente fazíamos um desvio pela Middle Road, onde podíamos rodar a 100 por hora com a adrenalina a mil por causa do perigo), e depois nos apresentamos no show de talentos anual.

O clima nos bastidores era caótico e eletrizante, um monte de gente maquiada e fantasiada para os esquetes, todos nervosos e animados. Pensando agora, me dei conta de que até mesmo essa sensação de "bastidores" parecia viciante. Um amigo meu do tempo de McArthur, colega da sétima e da oitava séries, Paul Kennedy, se apresentou num esquete com Barbara Budd, e ambos também acabaram entrando no show business como locutores da rádio CBC.

Quando o The Eternal Triangle entrou no palco, uma das nossas músicas era uma canção original intitulada "LSD Forever" (como se nós soubéssemos do que se tratava), e eu apresentei meu primeiro solo de bateria em público. E isso mudou tudo. Sendo um fracasso total nos esportes e no quesito "popularidade", sempre me senti inferior, totalmente excluído, mas pela primeira vez na vida fiz alguma coisa que realmente impressionava os outros, principalmente meus pais e alguns outros garotos da escola, e aquela experiência iluminou pela primeira vez alguma coisa que havia dentro de mim.

Quando contei a Paul Kennedy que iria fazer um teste para um grupo de sua vizinhança chamado Mumblin' Sumpthin, ele disse: "Eles é que deveriam fazer um teste para você". Outro encorajamento que jamais vou esquecer.

Depois do triunfo no show de talentos, e quando eu já tinha me juntado a uma "banda de verdade", consegui convencer meus pais de que eu precisava de uma bateria nova. Usei a costumeira estratégia familiar para tais assuntos – conversei com a minha mãe, e ela depois conversou com o meu pai. Num sábado, meu pai me encontrou no Peninsula Conservatory para olharmos uma pequena bateria Rogers com acabamento cinza e ondulado. Era linda demais, mas custava uma fortuna: 750 dólares canadenses. Meu pai concordou em assinar de avalista se eu pagasse as prestações, 35 dólares mensais, e é claro que topei na hora. Ainda fazia a entrega de jornais, cortava a grama dos vizinhos, trabalhava para o meu pai na loja de equipamentos agrícolas nos sábados e feriados e tocava quase todas as semanas com o Mumblin' Sumpthin em reuniões dançantes do YMCA ou do Legion (transportávamos nosso equipamento na caminhonete do meu pai), então eu consegui pagar todas as prestações.

Às vezes me perguntam se naquele tempo eu sonhava que um dia estaria tocando em grandes arenas em frente a milhares de pessoas, e a resposta é: "Claro que não". Sentado à mesa de jantar com a família, eu ficava animado apenas por poder anunciar que o Mumblin' Sumpthin tocaria no rinque de patinação em duas semanas, ou participaria da Batalha de Bandas do YMCA – isso era "grande" o suficiente para mim. Segundo a maneira como eu achava que o mundo funcionava, eu só tinha que ficar *bom* e o sucesso viria meio que automaticamente.

Parei de fazer aulas formais naquela época, quando Don George deixou de trabalhar no Peninsula Conservatory. Seu substituto não parecia "inspirador" para mim, exceto no dia em que ele me mostrou um álbum de um grupo chamado Jimi Hendrix Experience, e disse: "Isso muda tudo".

Don tinha me dado uma boa base para tudo o que eu precisava saber, e eu continuei praticando e aprendendo com todos os grandes bateristas que ouvia nos discos, e até mesmo com as bandas locais. Chegando ao final dos anos 1960, o rock estava crescendo, progredindo e havia muitos bons músicos com quem aprender, principalmente nas bandas de Toronto, e todos os bateristas pareciam estar anos-luz à minha frente.

Como comecei as aulas de bateria bem no início do Ensino Médio, os dois caminhos começaram a divergir radicalmente. No rastro da minha quase monomania sobre bateria e rock, minha carreira acadêmica foi direto para o fundo do poço no começo do Ensino Médio: de melhor aluno sem fazer praticamente esforço algum para o último aluno da turma – com a mesma ausência de esforço. Eu passei raspando pelo 9º ano, mas reprovei no primeiro ano do Ensino Médio, depois passei raspando no ano seguinte, depois fui reprovado (pelo menos naquele momento eu finalmente tinha a mesma idade dos meus colegas). Eu tinha parado de ler, com exceção da revista Hullabaloo (mais tarde chamada de Circus), minha "bíblia" do rock, que eu comprava mensalmente no dia em que ela chegava na loja da senhora Thompson. Eu não me interessava mais pela escola, pelos livros, pelos pássaros, nem mesmo pelos carros, apenas bateria e rock. Meus pais estavam perplexos, mas continuavam com a esperança de que eu iria me "ajustar".

Eu continuava a frequentar as aulas em Lakeport Secondary School por obrigação, mas sempre estava pensando em bateria, fazia esboços do instrumento no caderno e ficava batucando na minha carteira. Na verdade, alguns professores conseguiam tornar as aulas de inglês e de história interessantes, e uma professora de inglês, a senhorita McLaughlin, parecia realizada com a fato de eu me importar o suficiente para discutir que Marco Antônio era o vilão em Júlio Cesar, e não Brutus. Esta foi uma importante lição – não há problema em *discordar*.

Mas houve outros, como o senhor Adams, professor de ciências autocrático e arrogante, que costumava percorrer os corredores do colégio numa missão para eliminar o mal das camisas fora da calça. O senhor Adams ficava incomodado com a minha bateção na carteira durante a aula (mais incomodado do que outras pessoas, incluindo meus colegas; uma garota chamada Donna certa vez atirou um livro em mim), e quando eu contei a ele que não podia evitar, que simplesmente "acontecia", ele disse: "Você deve ser algum tipo de retardado". Ele me mandou para a detenção com o castigo de ficar sentado durante uma hora batucando na carteira.

Grande punição! Eu me diverti muito tocando todo o álbum *Tommy* de cabeça, e ele se obrigou a sair da sala.

Também fui inesperadamente recompensado por duas matérias que escolhi como "optativas" no primeiro ano do Ensino Médio, principalmente porque pareciam fáceis: Latim e Datilografia. Mais tarde, quando comecei a viajar pelo mundo, um conhecimento rudimentar de Latim me ajudou com línguas românicas como francês, espanhol e italiano, e quando o mundo dos computadores e dos editores de texto surgiu, eu me tornei eternamente grato por aquele ano de aprendizagem de datilografia (acho que naquele tempo eu era o único menino da turma).

Fui colaborador no jornal da escola – com um dos outros "esquisitões" do colégio, Joel Rempel, colega do primeiro ano do Ensino Médio (que mais tarde se autodenominou Iggy Stooge) – numa coluna de crítica musical chamada "Sound System". Promovíamos nossas bandas favoritas e zombávamos das outras chamando-as de mercenárias e vendedoras de chiclete. Lembro que um dos membros da nossa turminha da área de fumantes, Margaret Ashukian, disse que ficou surpresa ao saber que eu tinha "princípios" – um daqueles elogios enviesados que podem te deixar pensando: "O que ela pensava de mim e por quê?". Quando reencontrei Margaret, anos depois, já uma musicista de sucesso, ela falou que não se lembrava de ter dito aquilo.

Outro cenário importante da minha infância e do começo da minha adolescência foi Lakeside Park em Port Dalhousie. Ficava junto ao píer do velho canal, com vista para o farol branco e vermelho, em meio aos salgueiros e álamos frondosos, áreas de piquenique e tendas, a trilha de asfalto escuro que corria entre as filas densas de jogos e brinquedos com ingresso a 10 centavos. Um carrossel, carros de choque, bingo, pegue-um-peixe, pegue-uma-bolha, aviõezinhos de madeira girando em cabos finos, pula-pulas, o brinquedo "Centopeia", a minimontanha-russa "Hey Dey", o "Tilt-a-Whirl".

Com 14 e 15 anos, eu trabalhava durante o verão em Lakeside Park como pregoeiro ("Pegue uma bolha, sempre premiada", todo dia e toda noite) e também para o casal de velhinhos ingleses que administrava o restaurante da área de piquenique, limpando bules enormes de chá e de café, odiando o cheiro dos dois, e depois servindo as bebidas quentes em encontros de família, piqueniques de empresas e, o mais expressivo de todos, no "Dia da Emancipação", uma tradição peculiar em que as famílias afro-americanas de Buffalo e Niagara Falls, Nova York, se reuniam em Lakeside Park todo verão.

Não havia negros (afro-canadenses?) em Port Dalhousie na época, apenas uma ou duas famílias em toda St. Catharines. Como John Steinbeck escreveu em *A Leste do Éden* sobre sua cidade natal, Salinas, Califórnia, nós tínhamos *orgulho* deles em vez de sentir o oposto. Mas nós, garotos de cidade pequena, ficávamos com os olhos arregalados, curiosos com esses "alienígenas" (por serem americanos e também por serem "de cor", como as pessoas ainda se referiam a eles: mesmo estando a apenas 30 quilômetros da fronteira com os EUA e com canais de TV e estações de rádio americanas, ainda considerávamos os vizinhos diferentes, os "outros" que falavam mais alto, que eram mais ousados e mais ricos – e talvez – mais descolados). Espiávamos a distância as mesas lotadas de negros, ouvindo suas músicas e suas risadas, e tínhamos um pouco de medo, mas nunca houve qualquer problema, exceto ocasionalmente entre eles mesmos com socos desajeitados, e certa vez se ouviu falar sobre uma facada.

Num verão eu fiquei cuidando dos carros de choque, o que era emocionante, mas o melhor de tudo era fazer parte da comunidade de adolescentes que trabalhava lá: pela primeira vez eu me sentia quase parte de um "grupo" de amigos. Mesmo que minha presença não importasse muito e eu não fosse visto como um dos "caras mais legais", eles permitiam que eu os acompanhasse. E havia música: uns garotos traziam seus rádios para o trabalho, e a música daquele verão de 1966 tocava por toda parte. "Like a Rolling Stone", de Bob Dylan, foi emblemática naquele verão para mim, e ainda toca no meu rádio mental às vezes. Foi o mais longo single lançado até aquele momento, mais de seis minutos, e estava tão bem estruturada com o órgão de Al Kooperis e a letra elegante e enigmática com o escárnio abrasivo de Dylan: *Ah, how does it feel? – Ah, como você se sente?* (Que influência Dylan teve em todo mundo, embora agora pareça muito subestimado: a inteligência intransigente, a sofisticação poética que ele trouxe à música popular, o uso pioneiro de instrumentos elétricos na então chamada "folk music" e até mesmo a famosa lenda de que foi ele quem deu maconha para os Beatles).

Trabalhávamos descalços o dia todo, caminhando em torno do parque naquele asfalto torrado de sol, e até podíamos apagar as bitucas dos cigarros Export A com os calos dos pés. À noite, quando o parque fechava, nos reuníamos em torno de uma fogueira na praia, cantando ao som do violão do ruivo Arthur, e – é importante observar – sem drogas ou álcool. Foi pouco antes de "tudo aquilo", no que diz respeito a drogas, e na época a idade mínima para beber em Ontário ainda era 21 anos (embora pudéssemos comprar nossos cigarros Export A livremente nas lojas e nas máquinas automáticas).

O Lincoln Curling Centre era outro ímã social em meados dos anos 1960 que se transformava num "rinque de patinação" no verão, voltado às crianças pequenas nas tardes do final de semana e aos adolescentes mais velhos à noite. Patinávamos ao som dos discos, andando mais velozmente pelo rinque com as canções mais rápidas "só para meninos", ou andando de costas durante as canções lentas "só para casais" ou na "seleção das meninas" (novamente, se você fosse escolhido por uma delas), e também havia bandas ao vivo nos finais de semana.

Certa vez saí do rinque de patinação e voltei para casa caminhando, os patins em torno do pescoço, e fui ao A&W para comer fritas e beber cerveja. Um carro cheio de caras parou ao meu lado e eles me chamaram até o vidro do lado do passageiro, então um deles me deu um soco no rosto. Tudo foi muito rápido, mas ainda assim: pra que isso?

O proprietário e administrador do Lincoln Curling Centre era Jack Johnson, um tirano armênio esquentadinho. Com um temperamento explosivo e atemorizante, fortão, com a voz alta e a testa cheia de veias saltadas, ele praguejava contra *hooligans* e valentões aos urros roucos e profanos. Todos nós do Mumblin' Sumpthin estávamos muito animados para tocar nossa primeira sexta-feira à noite no Roller Rink, mas, depois do primeiro set, Jack Johnson veio até o camarim (a sala da máquina de fazer gelo com bancos sobressalentes) e nos deu uma reprimenda memorável.

Era um monólogo aos berros falando que precisávamos tocar músicas mais conhecidas. Quando Eddie, nosso guitarrista, disse que nós tocávamos as músicas de que gostávamos, Jack prosseguiu explicando por que deveríamos *esquecer* isso de fazer o que queríamos. Ele ofereceu como exemplo de lição de vida para nós, garotos de 16 anos, uma parábola bem ilustrativa sobre uma prostituta que ele conhecia: "Ela me disse 'Jack, amo foder, mas eu tenho que manter meus peitos e minha bunda bonitos, então só posso fazer isso se me pagarem'".

Olhamos um para o outro, perplexos tanto pelo conselho quanto pela história.

Jack Johnson apontou para nosso baixista, Mike, em sua jaqueta de fraternidade universitária, e rosnou: "Estava falando com um dos seus irmãos lá fora. O cara balançou a cabeça e disse: 'Jack, um dos caras é da nossa fraternidade, mas arrume outra banda'".

Quando os antes orgulhosos membros do Mumblin' Sumpthin subiram de volta para o palco para tocar o último set, o público tinha minguado até restarem apenas alguns amigos nossos, e nos sentimos desencorajados, consternados e cabisbaixos.

No entanto, um cara que eu não conhecia, guitarrista de Niagara Falls, Felix Elia, me viu tocar naquela noite e me ligou algumas semanas depois, bem quando a Mumblin' Sumpthin estava se separando. Elia disse que sua banda, Wayne and the Younger Generation, estava procurando um novo baterista, e eles tocavam muito R&B, que eu adorava: "In the Midnight Hour", "Knock on Wood", "I Feel Good", "My Girl". Minha mãe me levou de carro com a minha bateria percorrendo os 45 quilômetros até Niagara Falls para fazer o teste, e depois continuou fazendo o mesmo trajeto para os ensaios da banda.

O nome da banda logo mudou para The Majority, e graças ao pai do tecladista, um policial de Niagara Falls, tínhamos um órgão Hammond e um amplificador Leslie, um sistema P.A. e alguns holofotes. Além disso, não havia apenas uma, mas *duas* vans pintadas com estrelas e listras e o logo "*Join the Majority*" – "Junte-se à Maioria", que transportava os músicos e o equipamento de som e iluminação para reuniões dançantes nas cidadezinhas de Ontário.

O velho salão de baile em Lakeside Park estava fechado desde o tempo das big bands, no final dos anos 1940, quando os jovens *steamers* costumavam vir de Toronto passar os finais de semana de verão ali, mas foi reaberto por um período no veraneio de 1967, quando eu tinha quase 15 anos, e foi batizado de Beach Ball. Graeme and the Waifers, uma banda da região de Prairies, costumava ensaiar lá à tarde e seus integrantes não pareciam se importar que os garotos locais assistissem ao ensaio.

Era um grupo "mod" e tocavam o tipo de som que se tornaria meu estilo de música. Graças a eles, ouvi pela primeira vez as músicas de The Who, The Hollies, The Small Faces, The Yardbirds e outros da metade dos anos 1960, a "segunda onda" da invasão britânica que me arrebatou de um jeito que os Beatles e os Stones não tinham conseguido. Graeme and the Waifers imitavam principalmente o The Who e tocavam alguns dos ótimos singles do começo da carreira, como "Substitute", "I'm a Boy", "The Kids Are Alright" e "My Generation". Às vezes, chegavam até mesmo a chutar o equipamento no final, embora de forma cuidadosa, imagino, sem querer quebrar nada que não pudessem pagar para repor depois (até mesmo o The Who, durante anos, não tinha dinheiro para reposição).

Certa tarde, eu assistia Graeme and the Waifers trabalhando uma música de sua própria autoria, conduzida pelo vocalista, Graeme (que se comportava como um autêntico inglês, com sotaque e tudo mais, o que deu a ele grande credibilidade local). Essa música aparentemente seria um tema de abertura dramático para os shows, e repetidas vezes Graeme contava a banda ao longo de uma série de *staccatos* secos e entrava numa parte muda com o baixo na oitava e crescendos de guitarra e bateria, e eu fiquei impactado, para sempre, com a ideia de criar a própria música daquele jeito e com o número de vezes que eles repetiam tudo até que Graeme ficasse satisfeito (e foram tantas vezes que me lembro daquilo até hoje).

Em 7 de abril de 1968, quando eu tinha 15 anos, meus pais me levaram até Toronto e me deixaram na arena Coliseum. Eu queria chegar lá de manhã, para poder comprar meu ingresso (acho que custava 9 dólares), depois esperar o dia inteiro e entrar correndo para ficar tão próximo do palco quanto eu pudesse no meu primeiro grande show. Uma banda local de Toronto chamada Rajah fez a abertura, com alguns membros e influências de origem indiana como uma cítara elétrica e tudo mais. Em seguida, foi a vez da banda ultrajante de Detroit, o MC5 (Motor City 5), e eles disparavam um tipo de energia histérica – suor, barulho, roupas legais, cabelo selvagem (principalmente o protoafro de Rob Tyner's), a figura do espantalho de "Brother Wayne Kramer" e, no final, um saxofonista que colocou um microfone enfiado dentro do instrumento.

Hoje o MC5 é considerado uma banda punk primitiva e seu primeiro álbum (que eu comprei quando saiu mais tarde em 1968), *Kick Out the Jams*, ainda é celebrado com um clássico do rock de garagem. No começo, o MC5 estava envolvido com certo *nonsense* político sobre os "White Panthers", idealizado por seu empresário, John Sinclair, e eu tenho orgulho de ser proprietário da versão "sem censura" do LP, que tinha *Kick Out the Jams* introduzida pelo grito de *It's time to – it's time* to – kick out the jams, motherfuckers!, É hora de – É hora de – chutar tudo, seus fodidos! Mais tarde "motherfuckers" foi censurado e trocado para "brothers and sisters" – "irmãos e irmãs".

A capa do CD da reedição de *Kick Out the Jams* do MC5, no começo dos anos 1990, incluía uma lista das músicas mais pedidas numa estação de rádio de Detroit com a data de 20 de fevereiro de 1969 e que diz muito sobre a cena musical daqueles dias. A lista de músicas variava de *bubblegum music* como "Dizzy", de Tommy Roe, e "Indian Giver", do 1910 Fruitgum Company (as canções "para adolescentes" que meus amigos e eu tanto desprezávamos), músicas para velhos como Glen Campbell, Frankie Laine e Dionne Warwick e até mesmo "coisas legais" como "Hot Smoke and Sassafras", de Bubble Puppy, The Zombies e Steppenwolf. No meio de tudo aquilo, a número dois de fato (depois de "Dizzy"), era "Kick Out the Jams", do MC5. Que tempos estranhos.

A banda The Troggs parecia relativamente ousada depois do MC5, tocaram até mesmo o hino sensual "Wild Thing". Eles usavam bonitos ternos risca de giz e cabelo cuidadosamente cortado, diferente dos animais selvagens do MC5, mas é claro que ainda assim mexiam com o público, principalmente com seu tema de amor de verão "Love is All Around", momento em que o guitarrista passou a usar uma guitarra elétrica de 12 cordas, provavelmente a primeira que vi na vida.

Então veio o The Who, no estilo *Late Mod*, e Keith Moon com sua requintada bateria "Pictures of Lily", a laca preta com adornos psicodélicos ao redor de cada componente do kit, incluindo um adesivo em que se lia "Patent British Exploding Drummer", "Baterista Explosivo Britânico Patenteado", além do logo da banda no estilo "circo vitoriano" na lona dos bumbos. Ele tocava como um demônio, fazendo cara de lunático e atirando as baquetas e partes da bateria pelo palco, enquanto Roger Daltrey rodava o microfone no ar como um laço, Pete Townshend moía sua Stratocaster branca e John Entwistle apenas ficava lá parado tocando o baixo. Pete Townshend era quem falava entre as músicas, abrindo com "Aqui estamos nesta… lata de lixo" e apresentava "I Can't Explain", "Substitute" (atrevidamente chamando a canção de "*Prostitute*", fazendo o público rir), "I'm a Boy", e mais alguns clássicos do R&B como "Young Man Blues", "Shakin'all Over" e "Summertime Blues".

Então o clímax – "My Generation" – com Townshend se equilibrando em cima da torre de amplificadores Hiwatt e golpeando a Stratocaster no chão até o braço da guitarra quebrar, Keith Moon chutando a bateria por todo o palco enquanto bombas de fumaça explodiam e o público rugia. Naquela idade, eu nunca havia experimentado qualquer droga que alterasse meu estado mental, ou sequer tinha ficado bêbado, mas quando as luzes se acenderam e eu saí da arena passando pelo chafariz revestido de cerâmica no lobby para encontrar meus pais, minha consciência estava *alterada*.

R&B potencializado, de verdade! (E o The Who é uma daquelas bandas que ninguém jamais pediu para fazer bis).

Aprendi muito com o The Who a partir da noção de construção de uma música com Pete Townshend – o modo como ele unia as estrofes, os refrões e seus excelentes "*middle eights*" (um interlúdio separado do resto da canção, chamado assim porque geralmente consiste de oito compassos), suas ambições temáticas grandiosas e a abordagem intelectual com relação à vida e à música (ele destruía guitarras e lia livros!) –, com a maneira com que Keith Moon emoldurava os vocais com sua bateria enlouquecida e mesmo assim instintivamente musical. A energia aguda e sem amarras que ele introduziu à bateria no rock era absolutamente diferente de qualquer coisa que veio antes dele.

Mas talvez a mais valiosa lição que aconteceu na adolescência, quando comecei a tocar as músicas do The Who nas bandas cover, foi descobrir que eu não gostava de tocar como Keith Moon. Seu estilo simplesmente não combinava com meu temperamento, meu senso de organização e de precisão, e embora eu adorasse a ação e a imprevisibilidade de seu modo de tocar, eu não gostava do caos. Isso pavimentou a estrada para eu tocar como eu mesmo.

À medida que meu aniversário de 16 anos se aproximava, eu já era o orgulhoso proprietário de 10 LPs, alinhados com a capa em exibição numa prateleira no meu quarto, alternando o álbum que ficava exposto à frente dos outros: os primeiros três álbuns do The Who, *My Generation, Happy Jack* e *The Who Sell Out*; dois de Jimi Hendrix, *Are You Experienced* e *Axis; Bold as Love* e *Disraeli Gears* do Cream; *Vincebus Eruptum* do Blue Cheer; *Reaping* do Traffic; e os álbuns de estreia epônimos do Grateful Dead e do Moby Grape (eu conseguia reproduzir seu logo psicodélico e insano perfeitamente, e o desenhei, juntamente com o logo de outras bandas, em todos os meus livros de escola).

Sem dúvida amo música até hoje, agora já adulto e músico profissional, mas atualmente ela é apenas parte de uma vida ativa e movimentada, repleta de interesses e atividades abrangentes. Quando eu era adolescente, a música era tudo que existia. Recentemente, voltei ao passado e ouvi *The Who Sell Out*, depois de 30 anos, e tudo com relação àquele álbum me lembrou de como eu era apaixonado por música – de dentro para fora, cada nota, cada compasso, cada palavra, cada som. Além das melodias e dos ritmos, as texturas sonoras reais da música causavam um efeito sobre mim que era transcendental – sensorial, emocional, cerebral e físico. Enquanto eu escutava música, era o universo inteiro para mim, e ao ouvir aquele álbum novamente senti uma conexão com o meu "eu" daquela época, o que eu amava e por que amava, e o quanto aquela música era o centro da minha própria existência. Algumas coisas foram diminuindo com o tempo, como a chegada de maior conhecimento e de mais sofisticação, mas não a lembrança daquele amor.

Minhas paredes estavam cobertas com pôsteres do The Who, desenhos e móbiles que eu fazia sobre a banda. Eu desenhava esboços da bateria de Keith Moon nos meus cadernos de escola, ouvia os discos constantemente e era tão fanático quanto um "fã" podia ser. Fui vê-los novamente em maio de 1969, com um guitarrista que tocava comigo no The Majority, Terry Walsh, e a esposa dele Jill (com quem eu também assisti à chegada do homem à lua naquele julho), no Massonic Temple em Toronto (que para os shows trocava o nome para The Rockpile). Chegamos cedo, ainda de dia, depois entramos correndo quando os portões se abriram, extasiados por estarmos tão perto do palco que ficamos espremidos contra ele pela multidão atrás de nós. Mais tarde, naquele ano, em outubro, vi o The Who mais uma vez, de volta ao Coliseum, quando eles lançaram a turnê de *Tommy*.

Joel "Iggy Stooge" Rempel, meu colega de escola crítico musical e fã do The Who, também estava lá, e depois do final com a destruição do equipamento ele deu um jeito de pegar um pedaço de um dos pratos de Keith Moon de cima do palco. Heroicamente, ele dividiu em três pedaços, entregou um para o outro "esquisitão"

Kevin Hoare e outro para mim. Usei aquele pedacinho de bronze distorcido amarrado no meu pescoço durante anos.

Mais tarde, reclamei de jovens fãs que invadiam minha privacidade e me aborreciam (*sei* que ninguém quer ouvir sobre isso, mas estava desesperado que alguém entendesse *como eu me sentia*), ou falei de pais que vinham de carro até a porta da casa da minha família num domingo de manhã e largavam seus filhos para pegar meu autógrafo, gente sem noção e sem capacidade de compreensão que me perguntava: "Ah, fala sério, você nunca foi fã de ninguém?". É claro que fui, até mesmo no sentido real da palavra "fanático", mas eu nunca sequer *cogitei* tentar me aproximar dos meus heróis, nunca nem mesmo *sonhei* em circular pelos bastidores ou tentar encontrar o hotel deles. Tudo se resumia à música, à imagem e à magia de tudo aquilo, não tinha relação alguma com tentar invadir as vidas *deles*. Então, desculpa, mas eu não entendo isso.

Outra experiência que mudou minha vida aconteceu quando eu tinha cerca de 17 anos e meu pai me deu uma velha motocicleta que estava jogada na oficina dele havia alguns anos. Eu vivi minhas primeiras aventuras sobre duas rodas motorizadas mas, infelizmente, elas acabaram mal. Eu andava junto à calçada (sem capacete, nem luvas ou qualquer tipo de proteção) rumo a Lakeside Park e depois segui a alameda deserta, ainda fechada durante a temporada (todos os garotos de Port ficavam atentos e avisavam quando os brinquedos estavam sendo preparados para o dia da reabertura – era possível andar nos brinquedos de graça enquanto os mecânicos ajustavam os brinquedos), conduzi a moto laranja até o píer, onde o asfalto terminava. Eu vi que havia alguns carros estacionados lá enquanto fazia a curva para dar a volta, mas bati num monte de areia e a moto deslizou, as rodas bateram direto na lateral de um fusca e fui jogado sobre a areia da praia (melhor do que cair no asfalto, felizmente). Enquanto eu atravessava a porta do fusca, vi pela janela um jovem lendo um jornal que depois ergueu os olhos em choque. Eu me levantei, sem ferimento algum, ele saiu de dentro do fusca irritado enquanto avaliávamos os estragos: um pedaço retorcido do friso cromado pendurado onde antes ficava o estribo.

Felizmente eu tinha um pouco de dinheiro guardado do meu trabalho como jornaleiro e das apresentações com o The Majority nas escolas, e pude manter tudo em segredo. Encontrei o cara na semana seguinte e paguei o estrago: 40 dólares, pelo que lembro. De qualquer modo, aquele episódio me deixou com medo de motocicletas pelos 25 anos seguintes.

Lakeside Park repercute profundamente na minha vida de várias maneiras, principalmente por causa daquele contato fundamental com a música que seria importante para sempre, e pelo susto que me deixou com receio de um modo de viajar que seria tão presente na minha vida no futuro.

Tudo ficou lá atrás agora. Tudo que sobrou, além das lembranças, é o velho carrossel, os cavalos pintados com tinta reluzente subindo e descendo ao som do órgão instável, que ainda oferece às novas gerações de crianças voltas de música para viagem por 5 centavos.

Certas espécies de pássaros, como cucos e chupins, chamados de "parasitas de ninhos", põem seus ovos nos ninhos de outros pássaros. A compaixão humana tende a se voltar aos desafortunados pais pássaros que ficam exaustos tentando alimentar o ninho superlotado. Mas o que dizer do jovem pássaro deslocado, crescendo tão diferente de todos os outros pássaros ao redor? A velha história do Patinho Feio, creio eu.

(Quando eu trouxe Carrie a Toronto pela primeira vez para apresentá-la aos meus amigos e à minha família, ela passou uma tarde tomando chá com a minha mãe e perguntou como eu era quando criança. Minha mãe suspirou e disse: "Ele sempre foi esquisito".) Ser um "cuco" naquele ambiente fez com que eu me tornasse ainda mais rebelde, inconformista e contestador, despertando em mim uma combinação de teimosia inata e uma reação raivosa àquele ambiente sufocante.

O conformismo era opressor nos corredores do colégio de Ensino Médio em meados dos anos 1960. Todos se vestiam igual, com um uniforme escolhido por eles próprios – calças Sta-Prest, mocassins, um suéter de decote V sobre camisas Oxford. Em Lakeport High, os atletas e os caras das fraternidades reinavam soberanos. O ideal era ser atleta e membro de uma fraternidade: ser nenhum dos dois era algo impensável. Mesmo entre 1967 e 1968, quando eu tinha 15 e 16 anos, no colégio inteiro havia apenas três caras que ousavam usar cabelo comprido (na verdade apenas pouco abaixo das orelhas, embora eu penteasse meu cabelo para trás quando eu ficava perto do olhar de desaprovação do meu pai).

Estava começando a usar cores chamativas e a adotar o estilo "hippie", camisetas listradas de mangas compridas, jeans boca de sino bem longos com a bainha arrastando no chão. Nos corredores da escola, sempre enfrentávamos um constante abuso verbal: "Temos uma garotinha aqui?", "Oi, docinho!", "Vamos cortar esse cabelo!", entre outras observações inteligentes (durante um tempo, eles me chamavam de "Espantalho", talvez por causa da minha magreza, das roupas que não combinavam e do cabelo desalinhado). Era pior lá fora na área de fumantes do estacionamento, onde eu ficava tenso e alerta quando os caras da fraternidade passavam, com ameaças violentas e às vezes cotoveladas e socos. Tudo isso porque éramos "esquisitos".

Naquele tempo, o conformismo parecia estar por todo lado em St. Catharines. Eu nunca tinha visto uma única pessoa negra até o final da minha adolescência (na época havia só um cara negro da nossa idade, Ralph, que fazia todo mundo rir com piadas como "Rápido, me dá um leite com chocolate porque estou desbotando!"), e havia também um garoto chinês no colégio Lakeport, Ron Wong, e um japonês, Ernie Morimoto (que era meu amigo, pois era outro garoto "diferente" – ele se sentava atrás de mim numa das aulas, e eu o fazia rir mexendo as orelhas, enquanto ele espremia as narinas). Eu não sabia o que significava ser "judeu" e não achava que conhecia algum (acontece que eu conhecia, é claro, mas sua religião ao que parece não era considerada "significativa" ou passível de censura). Os católicos eram diferentes de certa forma, com sua igreja Star of the Sea muito mais ornamentada do que as modestas igrejas protestantes, e eu me questionava por que os filhos deles eram mantidos numa "escola separada", atrás da cerca de arame pela qual eu passava a caminho do colégio McArthur. Mas isso não parecia importar muito, já que todos nós brincávamos juntos nas ruas. Uma família de descendentes de chineses vivia do outro lado da rua, em frente a nossa casa, e minha mãe certa vez nos alertou para jamais ofender os filhos deles com palavras como (ela sussurrou) "*lolinho plimavela*". Nunca pensamos em fazer algo assim, mas ela deve ter ouvido outras crianças debochando deles e quis se certificar de que seus próprios filhos não fizessem isso. Muito bem, mamãe! Mas, na verdade, eu nunca me deparei com racismo, homofobia ou qualquer coisa hostil nesse sentido: simplesmente não havia alguém para ser alvo disso, porque quase todo mundo era igual. Ou fingia ser...

Como a cidade de Gopher Prairie no livro *Main Street*, de Sinclair Lewis, os cidadãos de St. Catharines naqueles dias eram quase todos decentes, bondosos e amistosos – contanto que você cumprisse sua parte do "contrato social" se ajustando, contanto que você não fosse diferente de propósito. Não eram apenas os garotos do colégio que riam de mim: à medida que meu cabelo ficava mais comprido e meu "estilo" mais rebelde (tênis pintados com tinta fluorescente e desenhos psicodélicos, calças púrpura, uma capa preta comprida), sempre havia quem ficasse me encarando, rindo de mim e me ridicularizando nas ruas de St. Catharines. O inconformismo parecia ser recebido com um tipo de *reprimenda* por parte dos voluntariamente conformistas, e eles estreitavam fileiras contra você, evitavam o "mutante". Como Nietzsche escreveu: "O meio mais certo de corromper um jovem é instruí-lo a ter mais admiração por aqueles que pensam como ele do que por aqueles que pensam de modo diferente".

Certa tarde fria de inverno eu entrei no Restaurante Three Star, em frente à parada de ônibus do fórum no centro de St. Catharines. Quando me sentei, a garçonete me disse que não podia me servir e fez um gesto em direção ao proprietário. Levantei e fui tirar satisfação com ele, um careca com sotaque europeu, e ele me disse que não queria nenhum "cabeludo" (reforço, apenas logo abaixo das orelhas) em seu restaurante. Ingênuo e idealista, eu não podia acreditar no que estava ouvindo, fiquei lá em pé e fiz um escândalo, chamei-os de nazistas, fui reclamar com a polícia e tudo mais. Rebelde sem noção.

É claro, outras cidades pequenas eram igualmente "intolerantes", e quando o The Majority viajava para outros lugares para tocar em colégios de Mitchell, Seaforth, Elmira e cidades ainda mais longínquas como North Bay e Timmins, às vezes nos metíamos em enrascadas com os "bolas de sebo" (também chamados por nós, hippies júnior, de "banha de porco" ou "verruma" por causa de seus topetes oleosos em forma de concha). Certa vez, tarde da noite, depois de pararmos num restaurante 24 horas na beira da autoestrada ao norte de Toronto, tivemos que apelar para uma escolta policial e fugir de uma gangue desses valentões atávicos que nos esperavam do lado de fora.

Depois de dois anos tocando nas várias formações do The Majority, a banda se autodestruiu pela última vez, e eu desenvolvi uma nova estratégia. Eu sabia que os melhores músicos da região estavam numa banda chamada J.R. Flood, mas não achava que o baterista deles fosse tão bom quanto os outros integrantes (e acho que nem eu mesmo era, mas isso não me fez mudar de ideia). Comecei a implorar aos outros membros do J.R. Flood que me dessem uma chance, e finalmente nos reunimos no porão do guitarrista Paul Dickinson e tocamos juntos, e realmente deu liga. Sem querer expulsar o outro baterista da banda, resolveram dizer que iam se separar, depois voltaram a se reunir – só que comigo na bateria. Perfeito!

Keith Moon se juntou ao The Who de um modo semelhante, como contam, embora tipicamente de um jeito mais exibicionista do que minha discreta armação. Aparentemente, ele subiu no palco de um clube em Londres dançando vestido inteiramente de vermelho, com o cabelo pintado da mesma cor, e gritou para a banda que podia tocar melhor do que "aquele cara ali", então lhe deram uma chance. Ele esmurrou a bateria enlouquecidamente, esculhambou o kit do baterista, mas causou uma impressão boa o suficiente nos outros membros da banda, tanto que acabou assumindo o posto.

Eu tinha começado a "escapar" da escola sempre que podia me safar, pegava o ônibus até a parte alta da cidade para circular pela loja de instrumentos musicais Ostaneks, conversava com outros músicos aspirantes sobre equipamento, nossos músicos favoritos e as carreiras brilhantes que tínhamos pela frente. Certa vez, a conversa se direcionou para drogas, num tempo em que haxixe e LSD recém estavam começando a circular, e um cantor local proeminente, Alex Piccirillo, um pouco mais velho e mais experiente que nós, nos contou como certa vez ele experimentou usar heroína e que jamais faria isso de novo, porque "foi bom demais". Jamais vou esquecer o poder daquelas palavras, muito mais eficazes do que um adulto dizendo que era "ruim", e aquilo me afugentou para sempre daquela droga viciante.

Naquela mesma época, com 17 anos, eu já tinha idade suficiente para pensar em largar os estudos. A J.R. Flood trabalhava quase todos os finais de semana, e os outros membros tinham saído do colégio para se tornarem músicos em tempo integral, então eu comecei a convencer meus pais a também me deixarem ser músico em tempo integral "só por um ano". Se não desse certo, prometi que voltaria para a escola (olhando para trás, para aquela época, consigo entender como deve ter sido difícil para os meus pais lidar com mais essa esquisitice). Um dia eles vieram até o colégio para uma reunião com o vice-diretor, o senhor Higgins, que era temido por ser um disciplinador rígido. Eu estava nervoso e mal conseguia falar, mas, para meu assombro, o senhor Higgins foi bastante sincero e disse que eu não estava chegando a lugar algum lá, que eu não estava "atingindo meu potencial" e que talvez meus pais devessem permitir que eu seguisse meu próprio caminho.

Uau! Sim! Bem isso! Tô fora daqui! Tchau!

E então minha carreira como músico profissional começou com meus colegas de banda no J.R. Flood. Trabalhamos duro de verdade, ensaiando todos os dias e tocando todos os finais de semana nos colégios e em pequenos ginásios. Para chegar ao ensaio da banda na casa de Paul Dickinson, eu tinha que pegar dois ônibus, e um deles passava por Western Hill, uma parte da cidade bem barra-pesada, onde sempre havia os mesmos tipos adoráveis – valentões com cabelo cheio de brilhantina usando ombreiras de jogador de futebol americano e ostentando QIs de numeração de sapatos. Naquela época, eu já estava circulando com o cabelo frisado com permanente no estilo de Hendrix, a longa capa preta e os sapatos cor púrpura – mas não estava fazendo mal a ninguém. Eu apenas era diferente, e eles não gostavam disso.

Para piorar as coisas, quando eu recém estava começando a adquirir um pouco de confiança, fui tomado por uma acne virulenta que me afligiu pelos quatro anos seguintes (Bob, o organista da J.R. Flood, fazia piada dizendo que era meu "problema de tez adolescente"). Isso apenas acentuava minha insegurança e meu constrangimento e, suponho, a narrativa do Patinho Feio.

Começamos a compor nossas próprias músicas: intricadas, peculiares, geralmente com excursões estendidas no órgão Hammond e o estilo de guitarra funky que estava surgindo em Toronto no final dos anos 1960, crescendo a partir do "blue--eyed soul" anterior. Voltando às minhas raízes da segunda série quanto à criação de versos (*A Raposinha Vermelha*), eu tentei escrever algumas letras, e fiquei emocionado ao ouvir minhas palavras serem cantadas pela primeira vez. "Gypsy" era uma música lenta sobre um conselheiro amoroso mágico (*Gypsy comes, Gypsy goes, wandering near and far, healing wounds, patching the scars – Gypsy vem, Gypsy vai, perambulando aqui e acolá, curando as feridas, remendando as cicatrizes*). A outra era uma canção mais animada chamada "Retribution" (quando a mostrei para minha mãe, sempre muito prática, ela me disse: "O que você está tentando fazer, escrever canções para professores universitários?") que falava sobre a vida após a morte cármica, suponho (*Retribution comes slowly, while death is so swift/ On a sea of retribution, my soul is adrift* – Retribuição vem devagar, enquanto a morte é tão imediata/ Num mar de retribuição, minha alma está à deriva).

A J.R. Flood tinha um empresário bastante astuto e ambicioso, Brian O'Mara, que conseguiu "sessões demo" para nós com algumas gravadoras canadenses em 1970. Sem dúvida, foi emocionante estar num estúdio de gravação real (primeiro no Toronto Sound Studios – coincidentemente o lugar onde mais tarde eu trabalharia com o Rush nos nossos três primeiros álbuns juntos –, depois outra sessão na RCA, estúdio que mais tarde se chamou McClear Place, onde tantos dos nossos álbuns subsequentes seriam gravados e mixados), mas não deu em nada – as gravadoras "não identificaram um hit".

Recentemente, eu desenterrei as fitas deck de rolo e as "ressuscitei" com a ajuda de um especialista. Como foi engraçado ouvir a mim mesmo aos 18 anos, com mais ideias do que habilidade, mais energia do que controle e mais influências do que originalidade – uma mistura crua de Keith Moon, Mitch Mitchell, Michael Giles e de bateristas de Toronto como Dave Cairns do Leigh Ashford e Danny Taylor do Nucleus. A banda era realmente muito boa para a época, com arranjos complexos e ambiciosos e faixas épicas como uma música de oito minutos chamada "You Don't Have To Be a Polar Bear To Live in Canada".

No final dos anos 1960, a rádio FM tinha se tornado uma grande influência no tipo de música que ouvíamos, mas ainda não na música que esperávamos vender. Geralmente eram as grandes e bem-sucedidas estações AM que controlavam as obscuras estações FM, e ao que parece as usavam amplamente para dedução de impostos e, dessa forma, não interferiam nas esquisitices que os DJs da FM colocavam no ar – e eles colocavam muita coisa. Os DJs costumavam ser individualistas e mantinham uma *"persona"*, e não havia nada parecido com "programação" ou "formato": eles simplesmente tocavam o que queriam, geralmente faixas obscuras de algum álbum ou canções "viajantes" de Pink Floyd a Moody Blues, de Frank Zappa a Captain Beefheart. Foi uma época estranha e maravilhosa para o rádio e para a música.

O número de ouvintes da FM cresceu gradualmente até o ponto em que os publicitários entraram no jogo, depois os programadores, e então finalmente as gravadoras (sempre as últimas a saber o que realmente estava acontecendo, tentando pegar o bonde das bandas enquanto ele passava), e uma nova "fórmula" nasceu em meados dos anos 70: *"Album Oriented Rock"*, ou AOR, referindo-se a "rock orientado para álbum". Isso ao menos daria mais chances para as bandas na preciosa transmissão do rádio, sem precisar mais se encaixar nos parâmetros estúpidos do rádio AM: "mantenha tudo simples", "o maior denominador comum" e "dois minutos e trinta segundos".

Mas essa mudança não tinha chegado às rádios do Canadá em 1970, e a falta de um "hit" perceptível decretou o fim de quaisquer oportunidades maiores para o J.R. Flood. A popularidade local não foi o suficiente para conseguir um contrato com uma gravadora, mesmo que em setembro tivéssemos tocado para 10 mil pessoas num festival de rock na Universidade Brock em St. Catharines, tendo como headliners Guess Who e Mashmakhan, as maiores bandas canadenses da época (eles tinham hits). Depois do meu solo de bateria para "Soul Sacrifice" do Santana, soube que aplaudiram de pé (como sempre, não reparei – estava ocupado demais tocando!). Mais tarde, naquele dia, o baixista de uma das minhas bandas favoritas, Leigh Ashford (uma banda de Toronto que fez o show de abertura para o The Who na segunda vez que os vi, em maio de 1969), colocou o dedo no meu peito e disse: "Você... foi ótimo". Isso foi demais.

Mas, e agora?

Nada parecia estar acontecendo para a banda, e os outros caras não pareciam compartilhar minha ambição ardente. No começo de 1971, já tínhamos um público fiel que nos acompanhava a todos os shows, e parecia que metade daqueles "fãs", garotos e garotas, ficavam transitando pelo camarim antes do show. Mesmo com 18 anos, eu achava aquilo incômodo e nada profissional. Quando sugeri que devíamos fazer alguma coisa, nos mudarmos para Toronto ou Nova York – que se dane, podia ser até a Inglaterra –, ninguém me levou a sério, nem quis realmente fazer planos.

Naquele tempo eu ainda estava sob o domínio de uma ingênua falta de noção, achava que tudo o que eu tinha que fazer para ter sucesso era ser bom, mas comecei a achar que não seria ali em St. Catharines, não com aquela banda. Ninguém mais parecia querer ir para algum lugar, fazer alguma coisa, fugir daquele mundo estreito.

Como Brian Wilson cantou de forma tão pungente em "I Just Wasn't Made for These Times" (*Eu simplesmente não fui feito para essa época*, um título perfeito para a trilha sonora da minha adolescência): *No one wants to help me look for places, where new things might be found* – Ninguém quer me ajudar a procurar lugares onde coisas novas podem ser encontradas.

Comigo também: ninguém queria me ajudar a procurar tais lugares, e se eu quisesse pegar a estrada, teria que ir sozinho.

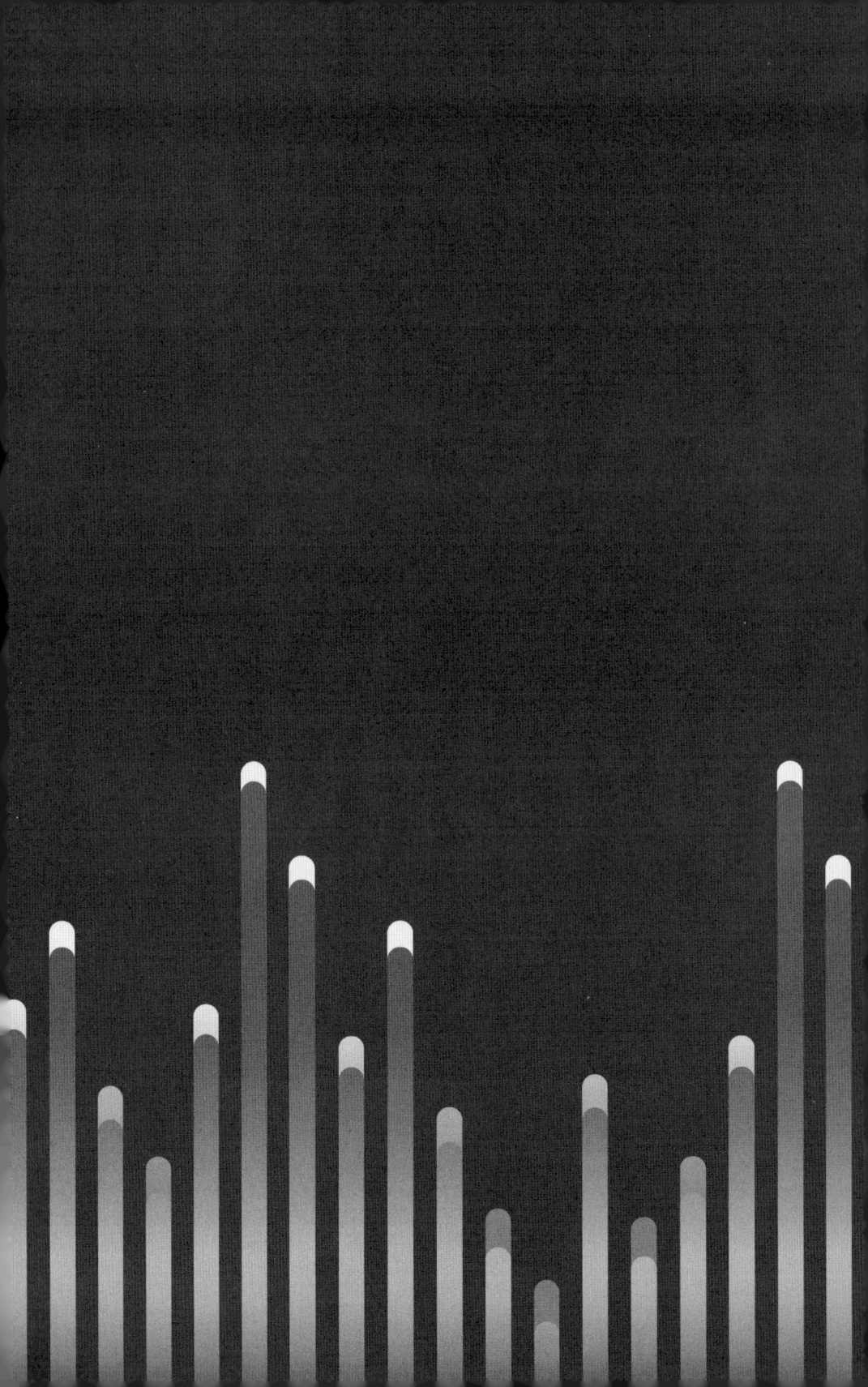

VERSO DOIS

"Diving into the wreck, searching for treasure"
"Mergulhando em meio aos restos do naufrágio, procurando um tesouro"

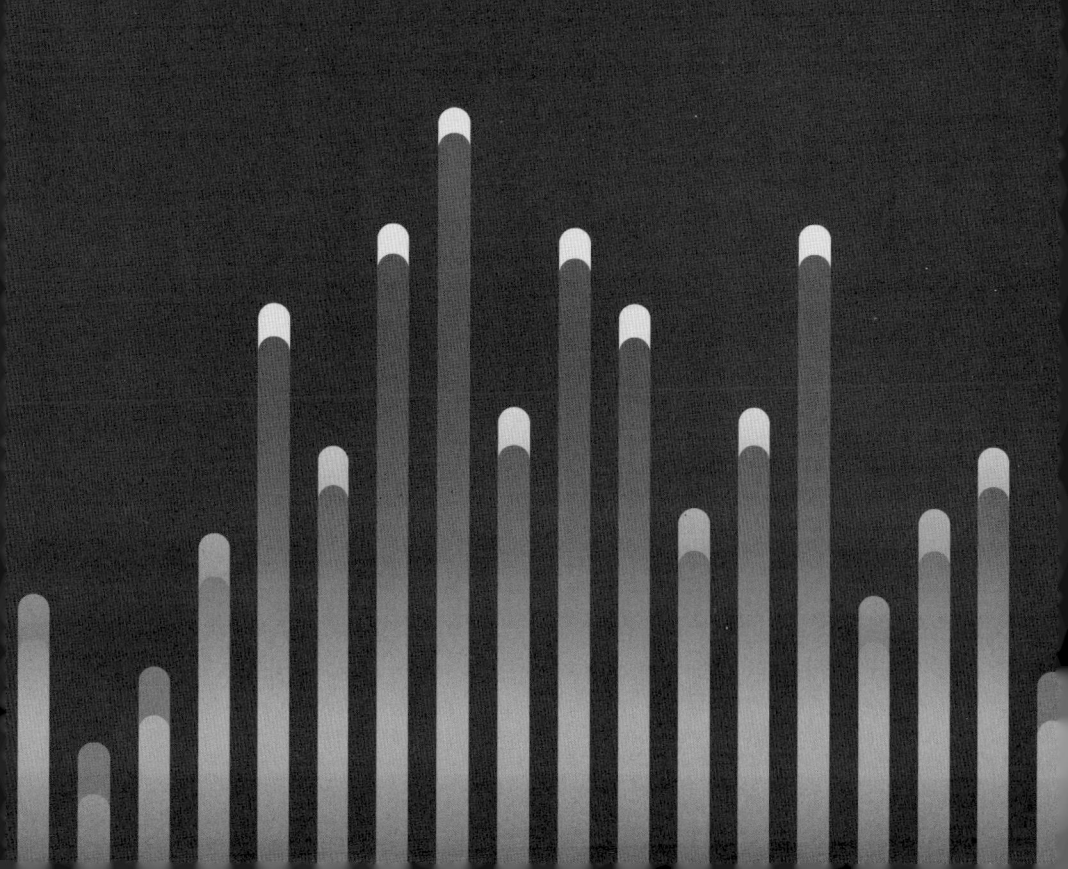

"By the Time I Get to Phoenix" foi a canção de abertura do dia, mas não era qualquer versão que serviria para esta viagem. Eu queria nada mais nada menos do que a versão do álbum *Hot Buttered Soul* com 18 minutos e 40 segundos, totalmente exagerada, com sopros e metais no nível máximo, arranjos descomunais, produção descomunal, com Mack Daddy, Isaac Hayes and The Bar-Kays e seu rap em voz grave.

Adentrei na escuridão da autoestrada e acelerei suavemente, aquecendo os fluidos vitais do carro, troquei para a sexta marcha, depois pressionei o botão para iniciar o CD e passei direto para a quarta faixa. O acorde baixo e borbulhante do órgão, a batida lenta da bateria e o lamento do baixo introduziam a voz rica e evangelizadora de Ike, que começou a contar a triste história de um jovem "das colinas do Tennessee", que se mudou para a costa oeste e casou com uma mulher mentirosa e adúltera. Como Ike conta: *She tripped out on him* (Ela o deixava alucinado). Um dia, ele saiu do trabalho e foi para casa, então: *I don't have to tell you what he found – oh it hurt him so!* (Nem preciso dizer o que ele encontrou – ah, aquilo o machucou demais!). O homem flagrou sete vezes aquela maldita mulher o traindo, e por sete vezes ele a deixou, e depois acabava voltando para ela. Agora, contudo, ele diz que vai embora de uma vez por todas.

Quando eu era adolescente, acompanhava meu pai até a loja de equipamentos agrícolas na caminhonete vermelha e branca da International Harvest. Eu me lembro de ouvir essa música no rádio (provavelmente a versão de Glen Campbell) e ficava pensando naquele final: achava que tinha que revelar se o cara estava voltando para ela de novo. Acho que eu pensava que seria uma reviravolta irônica, mas com aquela idade eu não entenderia que ela era uma mulher má. Mesmo naquela época, muito antes de sequer pensar em escrever letras de música, eu já era bastante crítico – eu me lembro de contar para o meu pai como achava tolo quando Perry Como cantava *And I love her so / The people ask me why / I tell them I don't know* (*E eu a amo tanto / Me perguntam por quê / Eu digo que não sei*). (Ainda acho muito piegas).

Pela linha do tempo implícita nos versos de "By the Time I Get to Phoenix" (escrita por um dos maiores compositores norte-americanos, Jimmy Webb), nosso herói das colinas do Tennessee, que agora vivia na Califórnia, chegaria a Phoenix quando ela estava acordando, a Albuquerque quando ela estava no intervalo para o almoço e a Oklahoma na hora em que ela estivesse dormindo. Então ele deve ter saído de Los Angeles por volta da meia-noite, e podia estar tentando atravessar Phoenix na mesma hora que eu, por volta das 5h30m da manhã, apenas para se meter num trânsito congestionado rastejando pela escuridão em direção ao centro da cidade. Achei que tinha saído cedo o suficiente para evitar o movimento da manhã, mas ao que parece os cidadãos de Phoenix começam a se locomover excepcionalmente cedo.

Passei pela saída para o Desert Sky Amphitheater, onde tínhamos tocado no verão durante a turnê *Vapor Trails*. O show anterior àquele tinha sido em San Diego, e como havia um dia de folga entre os dois eu quis ir até o Grand Canyon e passar a noite lá, depois seguir até Phoenix no dia do show. Michael e eu dormimos no ônibus numa parada de caminhões próximo a Yuma e, quando levantamos, seguimos para o norte em direção a Lake Havasu.

Num trecho desolado da estrada de duas pistas, cercado pela terra marrom do deserto de cactos, Michael fez um sinal de repente, diminuiu a velocidade e parou bem longe da beira da estrada, logo atrás de uma barreira de cactos e algarobeiras. Ele colocou a moto no tripé e me fez sinal para segui-lo. Naquela manhã eu estava me sentindo cansado e dolorido depois do show longo e difícil da noite anterior, e eu só queria subir na moto e *seguir em frente*, então eu não estava muito interessado no que quer que fosse que Michael tivesse em mente. Ele começou a caminhar pelo deserto, sorriu e disse: "Vamos lá, vamos dar uns tiros numa árvore morta ou algo assim". Embora estivesse seguindo Michael, eu estava completamente mal-humorado e sério, resmungando enquanto meu corpo cansado andava com dificuldade sobre a terra seca e pesada.

"Não precisa se entusiasmar tanto", disse Michael.

Como detetive particular licenciado, Michael tinha permissão para portar armas, e eu sabia que ele sempre estava armado, embora raramente visse ou jamais tocasse nela. Nunca tive armas e sempre senti um medo saudável quanto a isso (o mesmo que costumava ter por veículos motorizados de duas rodas, embora não provocado por uma experiência traumática – as armas simplesmente me assustavam). Mas devo admitir que sentia uma espécie de alívio em saber que, mesmo que eu não tivesse uma arma, estava viajando por um país armado até os dentes com um amigo *que tinha uma*.

A cerca de 100 metros da beira da estrada, num cenário repleto de saguaros, algarobeiras, paios verdes e cactos da espécie *cholla*, Michael se abaixou e tirou a Glock do coldre, depois começou a carregar o tambor com balas. Concordamos em mirar uma algarobeira morta que estava a cerca de 15 metros de distância, e nos revezávamos tentando furá-la.

A diversão primária e infantil daquilo tudo e o mero "americanismo" da coisa fizeram com que eu começasse a sorrir atirando sem parar naquela árvore morta cheia de poeira, podre e sem serventia alguma. Dois anos antes, Michael havia me levado a um estande de tiro em Los Angeles, minha primeira experiência real com uma arma, e tinha me ensinado como segurar, como mirar, como apertar o gatilho e deixar a arma levantar um pouco com o forte rebote causado pelo disparo. Durante as turnês do Rush no começo dos anos 1990, eu sempre levava comigo um arco de caça e um alvo portátil, e nas tardes dos dias de show (em que chegava à arena de bicicleta, sempre propositadamente cedo), eu procurava um beco ou um camarim vazio e disparava flechas durante uma hora, um passatempo relaxante e divertido que me ajudava a diminuir a ansiedade antes do show. O estande de tiro fez com que me sentisse daquela forma, absorto e desafiado, só que mais explosivo e menos "zen". Estar ao ar livre, no deserto, atirando naquele vilão sujo, podre, estuprador de mães no formato de algarobeira fez com que eu me divertisse como criança.

Mais adiante na autoestrada, no shopping a céu aberto pretensiosamente (ou esperançosamente) chamado de Lake Havasu City, guiei Michael pelos arcos reproduzidos a partir da ponte de Londres original, e quando paramos no final deles e estacionamos as motos para entender aquela anomalia monumental, Michael se virou para mim e disse, com o velho entusiasmo pueril: "Que tal darmos uns tiros nisso?".

Balancei a cabeça com tristeza: "Deveriam deixar a gente fazer isso".

Pegamos a velha Rota 66 perto de Needles e seguimos a aclamada "Mãe das Estradas" passando por Oatman, Kingman e Seligman, depois cortamos para o norte rumo ao Grand Canyon. Como já estávamos no final do verão, conseguimos nos hospedar no Bright Angel Lodge, junto ao South Rim, e apreciamos nossos coquetéis pós-viagem sentados à beira do cânion assistindo ao sol se pôr naquela vista espetacular, o abismo incrivelmente vasto e luminoso com suas camadas marrom e rosa que pareciam recolher toda a luz para depois irradiá-la de volta como ondas de calor.

O que John Muir descreveu da seguinte forma:

Na suprema glória incandescente do pôr do sol, o cânion inteiro é transfigurado, como se a vida e a luz de séculos houvessem sido armazenadas nas rochas e agora estavam sendo transbordadas como se emergissem de um chafariz glorioso que inunda tanto o céu quanto a terra.

A majestade escarpada com todo seu tamanho, a profundeza e a escala de cores impactaram meus sentidos de um modo que só posso comparar a um acorde ensurdecedor de força monstruosa, tão vertiginoso e espetacular que eu quase caí de costas. Sua magnitude absoluta parecia erguer-se sobre mim, não como um abismo, mas como um mar de luz, e "grandioso" pareceu a palavra mais apropriada (embora na verdade "Grand" tenha origem no primeiro nome do rio Colorado, que se chamava rio Grand).

Quando visitei aquele lugar lendário pela segunda vez (a primeira tinha sido com Brutus no final de 1996 durante a turnê *Test for Echo*), percebi que as lembranças de sua grandiosidade haviam diminuído, como se a memória por si só não fosse capaz de reter o que os sentidos mal puderam absorver, porque nessa segunda visita o Grand Canyon parecia ainda maior, mais grandioso e mais espetacular do que eu me lembrava.

Na manhã seguinte, Michael e eu partimos cedo para termos tempo de contornar o South Rim, depois seguimos para o sul atravessando Flagstaff pela rota sinuosa que corta as montanhas de Jerome a Prescott. Passamos a última hora presos no enorme subúrbio de Phoenix, que sempre parecia se estender por uma distância inacreditável. Em *Ghost Rider – A Estrada da Cura,* citei Edward Abbey para falar de Phoenix: "a bolha que engoliu o Arizona".

Abbey falava como cidadão adotivo do Arizona, mas eu também sempre tive problemas com Phoenix. Uma das razões foi um show que fizemos na arena local em meados dos anos 1980. Logo no começo do show, recém tínhamos começado a tocar "Distant Early Warning" quando percebi que Geddy tinha parado de tocar. Ergui os olhos e o vi cambaleando até a parte de trás do palco, os braços caídos ao lado do corpo. Confuso, eu continuei a tocar por uns segundos, pensando que talvez fosse alguma falha no equipamento, mas Alex – que sempre raciocina rápido – correu até Geddy e o conduziu até uma cadeira na lateral do palco. Então eu também parei, dei a volta atrás dos amplificadores até o lado esquerdo do palco e vi que Geddy tinha sido atingido no meio da testa por um isqueiro atirado por alguém da plateia. Felizmente ele estava bem, apenas meio atordoado. Depois de alguns minutos, Geddy se recuperou, recomeçamos a música e terminamos o show. Alguns fãs denunciaram o idiota que tinha atirado o isqueiro e ele ficou retido nos bastidores até o final da apresentação, quando perguntaram a Geddy o que ele queria fazer.

Um dilema moral, porque é claro que você quer matar o cara, mas se estupidez fosse passível de pena de morte...

Em mais de 30 anos de turnês, muitas coisas já foram atiradas no palco: fitas, cartas, flores, bastões iluminados, CDs, um sutiã (uma única vez, para Alex) e, o pior de tudo, garrafas. Uma das minhas baterias ficou com uma parte amassada por causa de uma garrafa de Jack Daniel's – pesada e de formato retangular – que tinha sido atirada por alguém do público. Imagina o que aquilo podia ter causado se atingisse nossas cabeças. A coisa mais esquisita é que tudo isso era "fogo amigo": não foram atiradas por inimigos ou críticos, mas por fãs. Já criaram teorias de que esses indivíduos dementes são motivados pela ideia distorcida de que tais atos podem aproximá-los de seus "heróis" – ajudá-los a ter algum tipo de contato. Contudo, creio que seja uma coisa mais traiçoeira, um ato de vandalismo por excesso de animação, e esses caras não acreditam realmente que aqueles personagens no palco sejam humanos de verdade e que podem se machucar. Aos perpetradores irracionais é como atirar uma garrafa, digamos, num outdoor ou num poste de luz distante.

No fim das contas, Geddy apenas disse aos seguranças para deixar o cara ir embora. Ele gostaria de confrontá-lo e talvez trocar algumas palavras, mas aí teríamos outro dilema: o cara teria a satisfação de *encontrar* Geddy pessoalmente, uma recompensa nada merecida por sua idiotice e uma boa história para contar aos amigos. Melhor simplesmente tentar esquecer o assunto. Mas, como essa história demonstra, nunca esquecemos.

Começando com a turnê de *Grace Under Pressure*, na metade dos anos 1980, passei a levar minha bicicleta no ônibus da banda. Eu gostava de fugir do "circo da turnê" e passear pela zona rural nos dias de folga, ou até mesmo circular por cidades desconhecidas nos dias de show. Nunca fui atlético quando era criança e descobri que a força que adquiri como baterista me capacitou para esportes de resistência, como esqui cross-country, natação de longa distância e ciclismo. Naquela turnê, consegui completar meu primeiro Century (percorri 100 milhas, ou 160 quilômetros, num único dia) e finalmente aprendi a remendar um pneu furado (um importante recurso para aumentar a autoconfiança). Passei a me deslocar pedalando de uma cidade para outra em alguns dias de folga, desde que estivessem a uma distância máxima de 160 quilômetros, ou às vezes descia do ônibus quando o sol nascia e pedalava o resto do caminho até a cidade mais próxima (um dos percursos favoritos: de Evanston, Wyoming, até Salt Lake City, pegando a "estrada do desvio", a Highway 150, até Guardsman Pass e Cottonwood Canyon, com serras de 3 mil metros de altura sobre as montanhas Wasatch – um dia de muito cansaço, mas tão memorável que refiz o mesmo trajeto duas vezes em duas turnês diferentes). Eu gostava principalmente de deixar toda a equipe seguir de ônibus para a próxima cidade depois de um show e ficar para trás para viajar sozinho. Em 1986, na turnê *Power Windows*, tivemos um dia de folga entre Phoenix e Tucson, a cerca de 160 quilômetros de distância, então decidi deixar todo mundo ir e viajar de bicicleta.

Deve ter sido mais no final daquele ano, talvez em novembro, porque as ruas de Phoenix ainda estavam escuras quando saí do hotel por volta das 6h da manhã. E ainda por cima estava chovendo. Eu não esperava aquilo, mas estava preparado e vesti a capa de chuva. Contudo, as ruas estavam escorregadias, e quando fui atravessar os trilhos do trem, as rodas derraparam e, *bum*: lá estava eu deitado no chão molhado da rua escura. Felizmente, estava usando calças compridas e um moletom debaixo da capa de chuva, então não me machuquei, e também não havia nenhum carro para me atropelar, mas fiquei perturbado: era um mau começo.

Achava que haveria bastante iluminação por causa dos postes da cidade, mas o caminho para a zona sul de Phoenix se estendia entre morros e planaltos, havia alguns trechos bastante escuros onde eu mal conseguia ver a estrada e só podia ter a esperança de que os poucos carros que passavam me vissem antes. No amanhecer cinzento, finalmente consegui chegar ao outro lado de Phoenix e voltar à "estrada do desvio" para Tucson, a Pinal Pioneer Parkway, uma solitária estrada de mão dupla que cortava um deserto com cactos altos da espécie saguaro. Podia ter sido uma viagem agradável, só que chovia e fazia frio, e tudo parecia dar errado. Um pneu furou, eu me agachei num canal sob a rodovia para me abrigar da chuva e consertá-lo, mas a chuva virou gelo e depois neve. Embora eu estivesse com a capa de chuva, eu só tinha luvas sem dedos e minhas mãos ficaram tão frias e rígidas que, se quisesse movê-las numa posição diferente no guidom, eu tinha que parar e, com muita dor, erguer uma mão usando a outra e movê-la mecanicamente. Quando finalmente cheguei ao hotel em Tucson, eu me sentia mais cansado e mais deprimido do que jamais havia me sentido até aquele momento.

Quase 20 anos depois, enquanto eu dirigia meu carro por aquela região, pensei em fazer o mesmo trajeto, só que desta vez com o conforto do aquecimento do meu Z-8. Já tinha me dado conta de como viajar assim era bem diferente do tipo de viagem *al fresco* que se faz sobre duas rodas, de bicicleta ou moto; para constar, nem assisti ao Weather Channel no meio da noite para tentar descobrir como o tempo estaria e o que vestir no dia seguinte. Se estivesse frio, eu giraria o botão do ar para um lado; se estivesse quente, eu giraria o botão para o outro lado, e se estivesse chovendo eu acionaria o limpador de para-brisas. Tudo sem trocar a roupa.

No momento em que eu saí de Phoenix, o CD de Ike, *Hot Buttered Soul,* já tinha terminado. Voltei para a faixa de abertura, um exuberante arranjo de 12 minutos para outra ótima canção, "Walk on By", e outra igualmente excepcional, embora de menor duração, chamada "Hyperbolicsyllabicsesquedalymystic" (as pobres backing vocals tinham realmente que *cantar* isso).

Selena certa vez me falou de um amigo de colégio que era negro e gostava de Isaac Hayes. Quando ela disse que o pai dela também gostava, o menino falou (com *gusto* afro): "Seu velho sabe o que *tá rolando!*". Um dos depoimentos a meu respeito de que mais me orgulho.

Agora chegou a vez de uma linha de baixo sintetizado e bateria, e de uma voz feminina de *crooner* mixada sobre teclado, scratching, samples e backing vocals de proto-rap. Por mais ultramoderno que possa parecer, o álbum *Blue Lines*, do Massive Attack, é de 1991.

(É interessante notar que foi lançado nos Estados Unidos durante a primeira Guerra do Golfo, e em meio ao nervosismo da gravadora trocaram o nome da banda para "Massive" durante um curto período). Os créditos trazem uma lista impressionante sob o título "Inspirado por".

Coincidentemente, Isaac Hayes está naquela lista, assim como outras influências musicais meio improváveis como a Mahavishnu Orchestra, o grupo de jazz-fusion Vos, o baterista virtuose Billy Cobham (uma grande influência para mim mesmo naquela época), Herbie Hancock, John Lennon, The Neville Brothers e a banda pós-Sex Pistols de Johnny Rotten, Public Image Limited. Depois há as "inspirações" cinemáticas, como Martin Scorsese e os filmes *Taxi Driver*, *Gosto de Sangue*, *Um Dia de Cão* e *Dublê de Corpo*.

De qualquer modo, *Blue Lines* é uma obra de arte rara e moderna, que ainda parece inovadora e gratificante 12 anos depois, e eu particularmente adoro o remake de um hit dos anos 1970, "Be Thankful for What You've Got", que abre com o verso *You may not drive/ a great big Cadillac* (*Você talvez não dirija/ um excelente e enorme Cadillac*), e os backing vocals que se sobrepõem em *Diamond in the back, sunroof down, diggin the scene with gasoline, ooh, ooh, ooh* (*Diamantes na traseira, teto solar aberto, cavando a cena com gasolina, ooh, ooh, ooh*). Esse maravilhoso pedacinho da América urbana "de antigamente" sempre me faz sorrir.

Havia outras pequenas obras-primas, como a faixa de abertura "Safe From Harm" (com o refrão melancólico cantado por Shara Nelson: *If you hurt what's mine/ I surely will retaliate – Se você ferir o que é meu/ Certamente vou retaliar*). A mesma vocalista maravilhosa interpreta o assombroso *tour-de-force* "Unfinished Sympathy". (A palavra "assombroso" parece apropriada, porque certo dia, no final dos anos 1990, eu estava caminhando por uma rua em Londres próxima ao Hyde Park e ouvi essa música tocando num carro que passava. Foi um daqueles momentos em que eu sabia que conhecia a música, e gostava dela, mas não conseguia localizá-la na memória e aqueles poucos segundos de música ficaram tocando durante meses na minha cabeça até que finalmente pude identificá-la).

Desta vez, num dia *ensolarado*, a estrada Pinal Pioneer Parkway (comparada com quando passei por ali de bicicleta enfrentando o frio, a chuva, depois a chuva congelada e a neve) era um prazer para os olhos e pouco movimentada. Aproveitei o passeio em direção ao sul em velocidade moderada, absorvendo a visão ampla dos cactos saguaro que se erguiam acima dos arbustos de creosoto como lanças altas e arredondadas, e pensei na viagem de bicicleta de tantos anos atrás. E também pensei no café da manhã, porque saí do hotel Ramada Inn sem comer nada para poder atravessar Phoenix o mais cedo possível, então fiquei de olho em algum lugar para comer. Parei em Sunny Side Up, no entroncamento Oracle (perto de Oracle, onde Edward Abbey passou seus últimos anos de vida, e sede do projeto Biosfera 2 que visitei na minha jornada de *Ghost Rider – A Estrada da Cura*).

O pequeno restaurante estava bastante movimentado numa sexta de manhã, com algumas mesas ocupadas por representantes comerciais usando roupas de trabalho, executivos com camisas brancas de manga curta, alguns casais de idosos, alguns tipos que pareciam vaqueiros com gravatas *bolo* e botas de caubói, e dois ciclistas com uniformes de cores berrantes e sapatilhas para ciclismo de velocidade. Escolhi uma mesinha e gostei de uma sugestão que o cardápio descrevia como a especialidade do Sunny Side Up – nada de ovos fritos, mas sim panquecas de mirtilo. Acrescente-se suco de laranja, café e um atendimento cordial e logo eu estava na estrada de novo.

Sequência de bateria circular e irregular aninhada num groove de seção rítmica com uma guitarra excêntrica: uma banda canadense chamada The Philosopher Kings, outra favorita "de antigamente", meados dos anos 1990. Muitas músicas excelentes, letras interessantes (*Now, she moved like a liquid/ through the boys of Mason City – Agora ela se movia como um líquido/ Escorrendo pelos garotos de Mason City*), vocais cheios de sentimento, bons músicos (como qualquer música que este ouvinte aprecia, a bateria é boa, sólida e dinâmica), arranjos intrincados e bom som: tinha tudo. Descobri The Philosopher Kings (também uma boa sacada de nome platônico) por um acaso do destino: por volta de 1996, assisti ao vídeo deles de "Charmed" durante o intervalo de um programa do canal de TV a cabo Bravo. Fiquei encantado na hora, anotei o nome da banda e comprei o CD que levava o nome do grupo.

Não sei como acontece com outros amantes de música, mas para mim é raro ter um "relacionamento sério" com uma obra musical. Muitas vezes eu me apaixonava por um álbum durante um curto período, ouvia-o regularmente durante uns meses, depois enjoava e nunca mais tinha vontade de ouvi-lo de novo. É claro, tenho uma lista imensa de "clássicos atemporais", que sempre vou amar e de que sempre vou falar bem. Mas mesmo com relação a muitos desses álbuns, depois que os conheço de cor, não me sinto necessariamente compelido a ouvi-los de novo. Eles ficam retidos na memória, completos em cada detalhe da canção e do som, como uma gravação digital. As exceções parecem ser os "banquetes auditivos": The Philosopher Kings, Massive Attack, Isaac Hayes, todas essas coisas, pois as gravações simplesmente parecem tão boas, tanto musicalmente quanto pela sonoplastia, que é um prazer ouvir repetidamente como se fosse uma experiência sensorial. São exemplos de quando a verdadeira construção da música – a composição, os arranjos, as performances e a gravação – são artísticas e sutis o suficiente para sustentarem uma audição repetida. Talvez a diferença seja o fato de não conseguir saber a música "de cor" porque proporciona para o coração e para seus ouvidos uma *sensação* diferente toda vez que a escuta, como o ditado que diz que não se pode entrar no mesmo rio duas vezes.

Tive alguns insights ao ler sobre crítica de arte nos livros de E. H. Gombrich que foram de grande utilidade para decidir como me sinto com relação a artistas de todos os tipos. O professor Gombrich sugere avaliar uma obra de arte segundo dois critérios básicos: "O que estão tentando fazer?" e "O quanto foram bons fazendo isso?". Parece simples, mas ainda assim profundo, e é o ponto inicial para uma primeira avaliação razoável do trabalho de qualquer artista.

Na música, podem-se aplicar os mesmos princípios e fazer as mesmas perguntas. Os especialistas, que não perdem a objetividade ao apreciar a música, reagem a formas e expressões particulares e avaliam o que conhecem e o que geralmente adoram, chegando à melhor e mais objetiva conclusão, que pode variar de "uma obra-prima" a "um fracasso em quase todos os sentidos".

Para críticos de música, para fãs bem informados e apaixonados e para aqueles que amam música tanto quanto eu, há o velho ditado que diz: "Bom gosto é um luxo que se adquire". É necessário se importar o suficiente para aprender a avaliar com inteligência e discernimento. No início da minha carreira, eu achava frustrante e quase sempre doloroso ser julgado, mal compreendido e insultado por pessoas que, se quisessem me ajudar, deveriam saber mais do que eu sobre o tipo de música que eu queria fazer. Infelizmente, elas não sabiam.

Em 1990, escrevi para o escritor Tom Robbins (*Até as vaqueiras ficam tristes, Still Life with Woodpecker, Jitterbug Perfume*, etc) para lhe dizer o quanto eu tinha gostado de seu último romance, *Skinny Legs and All*, e que eu esperava que ele não tivesse se importado com uma resenha idiota do The New York Times. Robbins me respondeu dizendo que há muito tempo tinha parado de ler resenhas, e eu o compreendi. Havia tão poucas críticas proveitosas que era melhor nem ler para não ter que passar horas se deparando com as resenhas ignorantes e maldosas. Desde então decidi fazer o mesmo e me poupei de muito sofrimento.

A crítica mais objetiva, e talvez válida, que já li dizia simplesmente: "Quem gosta desse tipo de coisa vai encontrar esse tipo de coisa de que gosta". A mais sucinta foi: "Nada – parabéns".

Quando cheguei a Tucson, peguei um desvio para voltar à interestadual e seguir pelo caminho mais rápido para atravessar a cidade, mas novamente fiquei preso numa massa sólida de trânsito congestionado. Embora Tucson tivesse apenas um quarto da população da Grande Phoenix, ainda era uma cidade grande com cerca de meio milhão de habitantes e estava crescendo rapidamente. Entre os transtornos causados pelo crescimento estavam os reparos para a construção de uma nova autoestrada, o que me obrigou a diminuir a velocidade e me arrastar em meio ao trânsito claustrofóbico, cercado pelo calor metálico dos carros e dos caminhões. Não era o ambiente ideal para ouvir o épico do Pink Floyd da metade dos anos 1970, *Wish You Were Here*, com seus longos movimentos cheios de texturas que pareciam inspirar espaços amplos e céus ameaçadores.

A canção-título e as duas faixas mais longas do álbum – "Shine On You Crazy Diamond" (Partes 1 e 2) – ao que parece foram dedicadas a um dos membros fundadores da banda, Syd Barrett, que tinha saído do grupo logo no início, depois de ficar mentalmente instável devido ao uso excessivamente entusiasmado de LSD. Outras canções como "Welcome to the Machine" e "Have a Cigar" refletiam o cinismo crescente de Roger Waters com relação à indústria musical: *You gotta get an album out, you owe it to the people/ we're so happy we can hardly count (Vocês têm que lançar um álbum, vocês devem isso às pessoas/ Estamos tão felizes que mal*

conseguimos contar). Esse tema acabaria crescendo até chegar ao maior trabalho do Pink Floyd e de Roger Waters: *The Wall.*

Como músico que vivenciou a vida em turnê que Waters usou como pano de fundo em *The Wall,* eu conhecia muito bem a combinação de exaustão, confusão, alienação e fragilidade que ele descreveu tão perfeitamente (mesmo a chamada *"swollen hand blues",* ou *"tristeza das mãos doloridas"* que ele descreve numa canção, a versão dos músicos para a síndrome do esforço repetitivo). Naquele álbum, reúnem-se ótimas letras e composições, vocais lancinantes e a guitarra sublime de David Gilmour, que sem dúvida estão evidentes em seus trabalhos anteriores, de forma notável num clássico presente na lista dos álbuns mais vendidos de todos os tempos: *The Dark Side of the Moon.*

Fui a um show daquela turnê em Toronto em 1970 ou 1971 que ainda considero uma das minhas maiores experiências com apresentações ao vivo, juntamente com outro show do Pink Floyd no Rainbow Theatre em Londres em 1972. A popularidade de *The Dark Side of the Moon* nas paradas e as turnês subsequentes em arenas e estádios foram as principais causas de muitas das consequências descritas em "Welcome to the Machine" e "Have a Cigar" no álbum *Wish you Were Here* e, mais tarde, em *The Wall.*

De qualquer modo (um modo lento, já que eu estava me arrastando no trânsito em Tucson), tive tempo para pensar nas visitas anteriores à cidade, que nos últimos anos tem sido uma conexão constante em diferentes jornadas. De volta a 1999, durante minhas andanças de *Ghost Rider – A Estrada da Cura,* eu estava tentando voltar a Big Bend, cruzando o norte do Arizona. Certa manhã, saí de Show Low (como contam é chamada assim por causa de uma partida de pôquer em que a propriedade da cidade foi ganhada e depois perdida, e a rua principal recebeu o nome de *"Deuce of Clubs"* – *"Dois de Paus",* por causa da mão vencedora), e rodei para o sul pelas montanhas com florestas de pinheiros num dia frio e claro seguindo a fantasticamente sinuosa estrada Coronado Trail Scenic Road, ou Highway 191.

Então, de repente, não estava mais pilotando, eu estava costeando. A marcha tinha quebrado (não foi culpa da moto, mas de um erro do mecânico durante uma revisão em Montreal), e eu estava no meio do nada. Para minha total surpresa, o telefone celular de emergência funcionava lá e, depois de uma tentativa infrutífera de usar o AAA Service, consegui entrar em contato com o simpático gerente de serviços da concessionária BMW de Tucson, onde eu já havia parado algumas vezes para fazer a troca de óleo. Quando expliquei a minha situação, ele respondeu de um jeito alegre: "Bem, que grande merda!". Então me deu o número de um "serviço de resgate" local que viria ao meu socorro e nos levaria, eu e a moto, até Tucson.

Só que demoraria algum tempo.

Enquanto eu aguardava, continuei a carta para Brutus que eu tinha iniciado em Show Low.

16 de novembro de 1999
Em algum lugar da Highway 161 nos Estados Unidos

Cara -

De novo empenhado! Uma pane no câmbio estilo "Brutus-no-Saara". De repente, a moto morreu, o motor continuava ligado, mas o cardã ficava fazendo uns barulhos de atrito e não saía do lugar. Até então tinha sido uma das melhores viagens de todos os tempos, uma estrada sinuosa, cheia de curvas, em meio às florestas de pinheiros lá no alto (de 1.800 a 2.700 metros de altura), com paisagens incríveis e asfalto limpo e novo. Estava adorando, andando num ritmo suave, pensando em nossas futuras recomendações e – agora isso.

Bendito celular, mas nada do seguro AAA – que, soube agora, "não tem cobertura para motocicletas"! Ninguém atende no número que me deram para o serviço local de guincho. Obrigado por nada. Meus amigos no Iron Horse em Tucson me atenderam, e alguém está a caminho. Mas fica muito longe, então, enquanto estou aqui esperando – na mesma estrada solitária, 15 quilômetros ao norte de Morenci (ao que parece – lá atrás eu passei por uma placa onde se lia "Próximo posto de serviços a 140 quilômetros", talvez a uns 15 quilômetros daqui. Outra placa dizia: "Curvas fechadas e trechos íngremes nos próximos 140 quilômetros" e assim foi. E em todos esses gloriosos 130 quilômetros só encontrei um único carro).

Você quase sempre diz "Poderia ter sido pior" (quase sempre), e esta não foi exceção. Às duas horas da tarde numa terça-feira ensolarada, horário em que a concessionária está aberta, em vez de, digamos, ontem quando eu estava entrando em Show Low no frio do final da tarde enquanto escurecia (muitas concessionárias estão fechadas às segundas). Ou – é claro, várias outras situações.

E havia lugares piores do que Tucson para se ficar empenhado durante alguns dias, e, bem, eu queria mesmo conhecer melhor essa cidade. Então chegou o momento.

O sol poente atrás do cume da montanha, a lua crescente ao leste, o ocasional apito de um trem à distância, as máquinas pesadas trabalhando no que parecia ser uma mina a céu aberto bem lá no alto e – você está me acompanhando, não é? – já faz uma hora que estou aqui, e apenas dois veículos passaram. Estamos, como se diz, ao léu. E vou ficar aqui mais um tempo, tenho que admitir. Começou a ventar, hora de pegar um agasalho. (E um pouco de uísque?)

Claro, por que não? Não vou precisar pilotar a moto! Também é coisa boa, comprei no mercado Gelson's perto da casa de Freddie, em Tarzana (por causa do rancho de Edgar Rice Burroughs, onde há incontáveis lojas, restaurantes e postos de serviço ao longo de Ventura Boulevard – impossível imaginá-lo hoje). Freddie foi banido daquele mercado porque uma vez ele comprou um litro de bebida para uns caras menores de idade! Que figura!... Felizmente havia outro mercado Gelson na redondeza, bem melhor que a outra opção, o Ralph's.

Fiquei com algumas dúvidas da sua última carta: conte mais sobre a Sala de Silêncio. Você não explicou para mim, apenas disse que estava esperando "sua vez". Como assim – a lata? (Adorei o modo como descreveu a Janela, a propósito, e seus vários "momentos especiais" no Pátio. Engraçado que não deixam sair quando o tempo está ruim – eles têm medo de que vocês fiquem doentes?)

17 de novembro de 1999
Tucson

Bem, fiquei lá esperando durante três horas, começou a escurecer por volta das 17h e já estava sem bateria no celular naquela hora. Na verdade, eu tinha começado a procurar um lugar para armar minha barraca, quando Chris apareceu com sua pequena caminhonete com reboque. "Estou feliz em vê-lo", disse eu. E ele respondeu: "Aposto que sim – não sabia que você estava tão longe ao léu". Entendi o que ele quis dizer depois que carregamos a moto e começamos a descida – no escuro agora – percorrendo mais 32 quilômetros naquela mesma estrada *sinuosa (felizmente meu palpite estava certo: parei exatamente 15 quilômetros ao norte de Morenci – a enorme mina a céu aberto de que falei – de modo que ele conseguiu me encontrar, mesmo com meu telefone sem bateria). Então descemos as montanhas até a I-10, depois fizemos mais 140 quilômetros até Tucson. No total, 289 quilômetros.*

Como eu sempre quis conhecer a Tucson raiz, decidi me hospedar no Holiday Inn do centro, mas nem precisava ter me dado o trabalho. "O centro" é bem agradável, mas não há nada aqui. Bancos, prédios dos governos estadual e federal (vi um "ônibus de condenados" no fórum, ui!), cafeterias para os burocratas, terminal de ônibus, estação da Amtrak, algumas lojas de discos, estúdios de piercing e tatuagem. A única loja de verdade era uma farmácia Walgreens, em meio a muitas vitrines com tapumes de madeira. Um parquinho na redondeza tinha uma daquelas estátuas equestres do nosso velho amigo Doroteo Arango, mais conhecido como Francisco [Pancho] Villa, que aparentemente foi um presente de um ex-presidente do México para o Arizona.

Hum – por quê?

Em memória ao seu famoso grito de guerra: "Vamos matar uns gringos"? Ou talvez porque, ao que parece, na época Pancho Villa bravamente ficou de fora daquele ataque a Columbus, Novo México, fugiu e se escondeu do exército do General Pershing que estava à sua procura?

De qualquer forma, não importa – eu recém fiquei sabendo que vou ficar preso aqui até sábado, pelo menos (e hoje é quarta), e isso é meio assustador. Contudo, eles me ofereceram uma moto emprestada, então talvez eu vá ao Desert Museum e suba até Oracle para conferir a "Biosphere 2" e... ler Moby Dick.

De qualquer maneira, quero mandar esta carta para você, para que saiba o que está acontecendo comigo. Um longo adios por agora, amigo.

Diretamente de Tucson

Ghost Rider

Durante meus três dias em Tucson, tive tempo suficiente para explorar a cidade. Aluguei um carro e visitei o parque nacional Saguaro, os dois museus históricos na universidade e comprei um livro para me manter ocupado à noite (*A Man in*

Full, de Tom Wolfe, que eu mal conseguia largar). Tive até mesmo um deleite inesperado na terra de ninguém da televisão: os três episódios finais do excelente documentário *New York*, o terceiro culminando com antigos registros cinematográficos em preto e branco da construção do Empire State, um edifício que foi parte da saga da minha própria família.

Meu avô materno, Alec, emigrou de Ontário para Nova York no final dos anos 1920 a procura de trabalho, e acabou trabalhando como fixador de rebite na construção daquele prédio: com uma pinça, ele atirava rebites incandescentes no ar por entre as vigas mestres para o apanhador, seu irmão, que os recolhia num balde – tudo isso a centenas de metros acima do chão. Meu avô não falava muito sobre isso, na verdade ele não falava muito sobre quase nada. Na minha infância, lembro que ele me chamava de "Noyle" e chamava seu cão, Toby, de "Bunghole", e que quando se irritava com meu tio (só um ano mais velho do que eu, ele mais parecia meu primo), vovô dizia "Kee-*ripes* Richard!"). Anos depois, comprei para meu avô o livro de Lewis Hine com fotografias de seus companheiros da obra, e quando visitei Nova York na viagem de *Ghost Rider*, apenas alguns meses antes de sua morte (com 93 anos), mandei-lhe um cartão-postal do Empire State. Escrevi que estavam procurando alguém para fazer alguns reparos na obra, e que ainda pagavam 4 dólares por dia.

Em novembro de 1999, depois de ficar preso em Tucson por três dias, eu tinha alguns compromissos familiares na Califórnia e me dei conta de que não haveria tempo para ir até Big Bend, então tive que desistir da viagem e voltar para o oeste. As coisas estavam ficando sérias com Carrie naquela época, e logo me peguei voltando para Los Angeles só para ficar com ela. Depois parti novamente de volta a Tucson para me encontrar com meu cunhado Steven e Hummer, o sogro dele, e descemos para Baja Califórnia. Havíamos decidido matar a fatídica semana do Natal e passar duas semanas rodando por Baja num veículo 4x4.

Durante aquela viagem a Baja – e mais tarde quando peguei um avião para Quebec e recebi a visita de Carrie para a festa do Ano-Novo do Milênio –, deixei minha moto na concessionária BMW em Tucson. Em janeiro de 2000, eu me mudei para Santa Mônica, primeiro para o pequeno apartamento alugado de Carrie até que pudéssemos encontrar um lugar maior para morarmos juntos. Eu me mudei para um apartamento mobiliado minúsculo perto do píer de Santa Mônica (visto com frequência nos filmes e programas de TV), ao lado do Hotel Califórnia (um deles, de qualquer maneira). Era possível avistar apenas um pedacinho do oceano da janela da cozinha, e eu podia ir a pé ao mercado, à academia e ao apartamento de Carrie. Tudo muito simples como minha vida jamais havia sido, e havia simplicidade também nos meus pertences: além de algumas roupas, tudo o que eu tinha era um aparelho de som portátil e uma mountain bike amarela (duas constantes na minha vida, mais uma vez: música e movimento).

Toda a minha vida tinha mudado milagrosamente ("Oh, sweet miracle" – "Oh, doce milagre"), e mais tarde naquele mês fui novamente a Tucson de avião, saindo do meu novo lar em Santa Mônica para buscar minha moto e voltar... para casa.

Novo lar, novo amor, nova vida e, agora, novo carro: em março de 2003 eu seguia por um longo trecho de deserto através do leste do Arizona e do Novo México. Mantendo uma velocidade confortável de 140 km/h (com o detector de radar a postos, embora raramente fosse necessário), já era hora de um pouco mais de Big Frank, desta vez *Sinatra in Paris,* gravado ao vivo em 1962 com uma banda pequena de seis músicos.

O texto do encarte conta a história deste show, que fazia parte de uma turnê internacional em prol de instituições de caridade para crianças, ao que parece planejada para recuperar a reputação pública de Frank depois de uma "afronta" do presidente John Kennedy durante a visita dele a Palm Springs, Califórnia. Em vez de se hospedar na casa de seu amigo Frank Sinatra – um democrata de longa data que tinha angariado fundos para a campanha presidencial com grande eficiência e havia sido o Mestre de Cerimônias na posse (e que dizem havia construído uma nova casa de hóspedes e um heliporto diante da expectativa da visita) –, Kennedy se hospedou na casa de Bing Crosby, um republicano. Ao que parece, essa decisão foi aconselhada pelo irmão do presidente, o procurador geral Robert Kennedy, que desaprovava as supostas ligações de Frank com o crime organizado. Para ser mais realista, talvez ele desaprovasse a desaprovação do público – havia muitas histórias da família Kennedy e de suas conexões com a máfia, começando com o próprio patriarca, Joe, que teria feito sua fortuna com os "ativos de bebida" durante a lei seca e burlado a votação em Chicago durante a eleição de JFK (uma citação do dia: "Eles roubaram justa e igualmente"). Parece também bem documentado que os irmãos de Kennedy tinham contratado o mafioso Sam Giancana, que também dividia uma amante com JFK, para assassinar Fidel Castro.

De qualquer modo, até mesmo com o pequeno sexteto do tamanho de um evento sem fins lucrativos (embora nada menor em talento, eram todos grandes músicos, incluindo seu baterista de longa data, o sólido e impecável Irv Kottler, e o renomado guitarrista Al Viola), *Sinatra in Paris* deve ser seu melhor álbum ao vivo. Todos os compositores clássicos estavam ali representados: Cole Porter, os Gershwins, Cahn and Van Heusen, Rogers and Hart, Johnny Mercer e assim por diante. Canções das quais eu nem sabia que gostava, como "Moonlight in Vermont", tornaram-se joias radiantes e líricas, e mais uma vez comprovaram a habilidade de Frank de fazer com que qualquer canção parecesse sua, porque ele não a cantava simplesmente: ele a vivia. Uma música que eu costumava ouvir no rádio do meu pai e achava "bobinha", "Little Green Apples", quando cantada por Frank Sinatra parecia de repente se transformar num tributo sensível e comovente à vida das famílias norte-americanas. E um exemplo ainda mais impressionante é a versão de "Ol' Man River" em *Sinatra in Paris,* quando Frank se torna um narrador em primeira pessoa de um estivador negro no Mississippi como se ele fosse o próprio e arrebata o coração de quem ouve.

As execuções de "My Funny Valentine", "Night and Day" e (é claro) "April in Paris", também são sublimes, e quando eu ouço uma gravação ao vivo como essa, até mesmo com suas falhas técnicas (como quando o microfone de Frank ficou desligado nas primeiras palavras da canção de abertura), ou há uma quebra na voz de vez em quando, sempre fico impressionado ao pensar que esta apresentação aconteceu somente aquela única vez e que casualmente tenha sido registrada numa gravação. Pura magia. Também existe algo especial pelo fato de ter sido gravada em Paris, a mais mágica de todas as cidades, lá atrás em 1962, o que a reveste de uma aura especial de romance.

Como disse Dean Martin certa vez: "Este é o mundo de Frank; nós apenas o habitamos". Durante a maior parte de sua vida, Frank Sinatra foi um exemplo de como ser "cool", e morreu desse jeito: enterrado com uma garrafa de Jack Daniel's, um maço de cigarros Camel, um isqueiro Zippo e 10 moedas de 10 centavos (a filha dele, Tina, explicou: "Ele nunca queria ficar sem troco para fazer uma ligação telefônica").

Seguindo em frente, seguindo em frente. Há uma saída para Sonoita, pela qual passei de moto certa vez a caminho do norte, mas fui aconselhado pelo pessoal da

BMW em Tucson a não pegar o desvio porque o tempo estava frio e estava nevando lá no topo da serra. Peguei então a saída para Tombstone e depois Bisbee, onde passei a noite e escrevi parte de uma carta para meu amigo Brutus.

Outras lembranças estavam me atormentando naquele dia. (E de novo preciso citar a palavra em espanhol para tempestade: *tormenta*). Às vezes, quando estou dirigindo numa autoestrada como aquela, não consigo deixar de pensar em outra autoestrada, no Canadá, em 10 de agosto de 1997, quando Selena partiu de nossa casa no lago e seguiu para Toronto. Alguma coisa tinha dado errado, e sua Cherokee perdeu a direção, bateu no canteiro central e capotou diversas vezes. Eu nunca quis saber muitos detalhes sobre o acidente, mas isso não impedia que a minha mente ficasse imaginando, e durante meses depois da tragédia eu me torturava com reprises intermináveis todos os dias, vendo aquele carro girando e girando. De tempos em tempos isso ainda acontece (principalmente quando eu tinha que passar pelo local do acidente – Ah, Deus), e mesmo depois de mais de cinco anos de luto e de cura, eu tinha que me sacudir para sair daquilo, guiar minha mente para alguma outra direção.

Durante aquela viagem, eu também estava me questionando se conseguiria ser pai novamente, já que Carrie e eu estávamos considerando a possibilidade. Eu sabia que era a coisa certa a fazer, em todos os sentidos, mas ainda estava preso num conflito por causa do medo, da ansiedade, do temor dos temores, de pensar em ter que enfrentar tudo aquilo sem minha antiga fé de que a vida seria *boa* comigo. Normalmente, o medo natural de um pai é abrandado pelo reflexo igualmente natural de descrença – "Não vai acontecer comigo" –, mas eu não estava mais protegido por essa defesa espúria.

Como sempre, eu podia apenas tentar Fazer a Coisa Certa, o critério que tentei aplicar a cada decisão difícil, e jamais encontrei qualquer problema que, no fim das contas, não se rendesse a esse processo (embora às vezes exija muita reflexão). Certamente Carrie não deveria jamais ter que viver com esse arrependimento, não se eu pudesse evitar. Novamente John Barth, como citei na canção "Bravado": *We will pay the price, but we will not count the cost* (Pagaremos o preço, mas não levaremos em conta o custo).

E, infelizmente, dando continuidade àquela tempestade negra de imaginação e de memória, uma nuvem de pesar se agigantava no calendário à minha frente no final de março de 2003. O aniversário de Selena seria em poucas semanas, no dia 22 de abril, e eu sabia que seria uma data especialmente ruim (não que tais aniversários desolados sejam bons em qualquer outro momento). Ela faria 25 anos, e tudo isso parecia inexplicavelmente diferente. Ela tinha morrido com 19 anos, então a distância estava aumentando entre a jovem mulher, a garota, a criança e o bebê que eu lembrava e a mulher independente e preparada (pronta para alçar voo) que ela teria se tornado. Eu sempre pude lembrar dela como era naquele último dia, mas agora que Selena teria crescido muito além daquilo, eu estava atormentado por quão diferente aquela "realidade imaginária" seria. Já não conseguia sequer imaginar como ela estaria agora, e isso de certa forma me arrastou para baixo a um novo nível de luto.

A música me ajudou a sair desse abismo. Novamente era "hora do rock" no meu CD player, e as guitarras e a bateria cresceram nos alto-falantes com outro dos meus álbuns favoritos de todos os tempos, *Fully Completely*, do Tragically Hip. Lembro a primeira vez que os ouvi: deve ter sido em 1989, em setembro, eu acho, e eu estava na minha velha casa de troncos em Quebec trabalhando numa crônica sobre um roteiro que fiz de bicicleta pelas montanhas rochosas do Canadá no começo daquele verão, acompanhado do meu irmão Danny e alguns amigos. *Raindance Over the Rockies* foi um dos meus vários livros sobre viagem publicados por conta própria desde 1985 durante meu aprendizado como escritor, cada um deles um "experimento" (este ultrapassava os limites da descrição – ia longe demais, mas também foi o último exemplar daquela curva de aprendizagem). Apenas um mês mais tarde, em outubro de 1989, eu fiz a viagem de bicicleta por Camarões que resultou no meu primeiro livro publicado (embora não antes de 1996), *The Masked Rider – O Ciclista Mascarado*.

O Rush recém havia lançado *Presto* e alguém do escritório me disse que a CHOM-FM de Montreal estava tocando uma das faixas, "Show Don't Tell", no programa Top Ten at Ten, para o qual os ouvintes telefonavam e votavam nas suas músicas favoritas. Liguei o rádio para ouvir o programa e acho que fomos o número 3 naquela noite, mas eu lembro que a número 4 me deixou impressionado: uma banda canadense da qual eu nunca tinha ouvido falar, The Tragically Hip, numa gravação ao vivo de uma canção chamada "New Orleans is Sinking". Enquanto a banda tocava num ritmo lento, o vocalista, Gord Downie, cantava uma história longa e incoerente que era estranha e bizarra do início ao fim – algo sobre atirar corpos pela janela do apartamento de sua namorada ou algo assim – mas ainda assim parecia instigante.

Ao longo dos anos 90, The Tragically Hip fez muito sucesso no Canadá, mas ao que parece nunca conseguiu atingir o público que merecia nos Estados Unidos. Isso continua um mistério para este fã de música, porque o som deles parece bastante acessível, inteligente e ainda assim falsamente simples na construção, com ritmo tradicional e muitas guitarras, sem dúvida com uma pegada rock, mas infelizmente o The Tragically Hip permaneceu basicamente um fenômeno canadense.

Acho que foi na turnê *Roll the Bones* do Rush, em 1991, que eu convenci Ray, nosso empresário, a contratar The Tragically Hip para o show de abertura nos Estados Unidos e no Canadá, uma oportunidade que os colocaria na frente de mais de um milhão de fãs em potencial. Contudo, o empresário deles recusou nossa oferta, dizendo que havia um "burburinho" começando na Europa e que a gravadora queria que a banda fosse para lá. Não sei, mas essa talvez tenha sido uma oportunidade perdida para eles.

O som do The Tragically Hip era admirável principalmente porque havia muito do *Canadá* nele, nas letras excelentes de Gord Downie: únicas, intrigantes e às vezes obscuras. Provavelmente meu álbum favorito deles seja *Fully Completely*, de 1992, que tem alguns exemplos clássicos, da faixa de abertura "Looking for a Place to Happen" – com referências ao explorador francês Jacques Cartier, que visitou o Canadá em 1534 (*Jacques Cartier, right this way/ I'll put your coat up on the bed/ Hey man, you've got a real bums eye for clothes* – Jacques Cartier, bem nesse caminho/ Eu vou colocar seu casaco na cama/ Ei, cara, você tem um mau gosto para roupas) – ao verso em "Fifty Mission Cap" sobre Bill Barilko, um jogador de hóquei do Toronto Maple Leafs do começo dos anos 50, passando direto para "Wheat Kings" (*Sundown in the Paris of the Prairies* – O sol se põe na Paris das Pradarias), e a canção título "Courage" (para Hugh MacLennan – MacLennan era um escritor canadense autor de grandes romances como *Barometer Rising* e *The Watch that Ends the Night*). The Tragically Hip era tão canadense quanto... hóquei e cerveja. E donuts.

Parei em Wilcox, Arizona para abastecer e trocar os CDs, depois continuei para o leste, passando pelas saídas para Fort Bowie National Historic Site e para o monumento nacional Chiricahua, ambos parte da minha lista interminável de lugares para explorar algum dia. Contudo, neste momento, eu estava ganhando alguns quilômetros, pois queria entrar no Texas antes de o dia terminar. "Milhas a percorrer antes de dormir", como Robert Frost diz num dos meus poemas favoritos.

Hora de mais um interlúdio musical com uma das velhas favoritas do começo dos anos 1980: "Avalon" do Roxy Music. Fazia muito tempo que eu não ouvia aquele som e, novamente, não é comum que uma música em particular permaneça tanto tempo comigo. Mas, de vez em quando, "Avalon" ainda tinha esse encanto preciso, tanto por sua textura geral quanto pelas canções e interpretações (e é claro que a banda era muito boa). Eu soube de profissionais da indústria musical que haviam trabalhado naquele projeto em que houve um cuidado infinito na produção, no som e na combinação dos instrumentos, nas guitarras atenuadas e nos teclados melodiosos, a percussão de contornos leves, a bateria calorosa e sólida de Andy Newmark e o vocal aveludado de Bryan Ferry, que amadureceu deixando de ser um "cantor de casa noturna" para adquirir um ar mais sofisticado e blasé.

O ritmo tranquilo de "More than This" e de "The Space Between" e o balanço latino suave de "Avalon" me levaram para dentro do Novo México, atravessando Lordsburg – onde eu passei uma noite solitária e triste depois de sair da casa de Alex em Santa Fé em novembro de 1999 – e depois cruzando Deming, onde passei uma noite no começo daquele mesmo ano depois de voltar de uma viagem de moto pelo México. Ambos os lugares tinham sido marcados nas "cartas para Brutus", e eu também estava pensando nele naquele dia, porque me aproximava de seu antigo território nos arredores de Las Cruces e El Paso.

Eu nunca quis saber detalhes dos antigos empreendimentos de Brutus (nem ele parecia muito à vontade para me contar, talvez para minha própria proteção), mas soube que sua opção desafortunada de "carreira" havia começado nos tempos de faculdade, em Newfoundland. Desde cedo, Brutus havia decidido restringir suas atividades a transportar o produto "herbal" e ficar longe de armas, gangues e de toda a maldade generalizada do comércio de heroína e de cocaína, então seja lá o que ele andava aprontando, parecia inocente o bastante para mim. Brutus também tinha deixado transparecer que, enquanto tocava seu negócio e organizava os carregamentos do México para o Canadá cruzando os Estados Unidos, costumava passar longos períodos hospedado na região de El Paso.

Desde a longa e desgastante prisão de Brutus, que foi parte de uma sequência de tragédias narradas em *Ghost Rider – A Estrada da Cura*, ele havia redirecionado seus talentos para outros campos legítimos, como carpintaria, fabricação de móveis e de cenários para estúdios de fotografia, e se tornou relativamente bem-sucedido no que Freddie chamava de "vida direita". Mas antes disso, quando viajávamos muito juntos e nos tornamos bem próximos, Brutus revelou aos poucos algumas coisas de sua vida pregressa por meio de histórias sobre suas aventuras e os tipos com quem tinha trabalhado. Quando a banda tocou em El Paso durante a turnê *Test for Echo*, ele me levou para conhecer suas antigas quebradas e para mim aquele mundo subterrâneo – na verdade, o submundo – era extremamente fascinante, mas também meio assustador.

É estranho que hoje tenho nada menos do que três amigos ex-presidiários. Nenhum deles condenado por crimes violentos: dois foram presos por vários tipos de fraude no mercado financeiro e Brutus por causa de seu "crime sem vítimas" de organizar o transporte de maconha. De qualquer forma, eles já eram meus amigos antes de serem condenados pela justiça, mas ainda assim havia certo "fascínio" nisso, um senso compartilhado de sermos "foras da lei", de rebeldia contra a autoridade e contra o conformismo, o que se costumava chamar de *Establishment*.

Como é fácil perder o rumo durante a juventude. Minha infância foi repleta dos costumeiros pecados pueris: atirar bolas de neve nos ônibus, explodir formigueiros com bombinhas, gastar o dinheiro da mensalidade dos escoteiros em cigarros (com meu amigo Rick Caton certa noite de inverno, escondidos atrás de uma árvore congelada e tremendo de frio, enquanto tragávamos um cigarro e ficávamos tontos), furtar um pouco de dinheiro quando era jornaleiro, mas nada prejudicial ou "delinquente" demais. Na adolescência, eu era basicamente um Rapazinho Sério, dedicado apenas à bateria e à música. Nunca bebia (de qualquer maneira era considerado "brega" para nós no final dos anos 1960), e minha experiência com drogas se restringiu a fumar haxixe duas ou três vezes e fingir que estava doidão (embora eu não soubesse como se deveria agir se estivesse drogado, então apenas fazia palhaçadas do mesmo jeito que todos os outros estavam fazendo).

Contudo, aos 16 anos, eu tocava numa banda e o nosso vocalista foi, agora percebo, a pior influência da minha juventude. Ele era um bom cantor, ao estilo "blue-eyed soul" da época, carismático, atraente para as garotas, mas ao mesmo tempo arrogante e profundamente inseguro, era vaidoso, sempre bem-vestido (um empresário certa vez observou que ele podia usar jeans e camiseta e parecer que vestia um terno de mil dólares) e era engraçado (embora de um jeito cruel em sua essência). Além disso, ele era diabólico. Ou, pelo menos, um legítimo sociopata, completamente amoral – o cara não tinha nenhuma noção de certo ou errado.

Ele teve uma infância difícil, deixou Toronto para morar em cidadezinhas de Ontário com a mãe divorciada até chegar a Niagara Falls. O pretendente da mãe dele na época tentou comprar a aprovação do garoto lhe dando de presente um velho carro esportivo MGA, e numa noite de inverno ele me levou para dar uma volta por Niagara Falls. Primeiro parou no posto de gasolina de Ralph Sauder, debochou do lábio leporino do pobre homem, depois saiu sem pagar. Estacionou em frente à igreja, num terreno cheio de carros cobertos de geada, onde um culto semanal estava em andamento. Ele me disse para entrar junto e, para meu horror, vasculhou os bolsos dos casacos pendurados na chapelaria procurando as carteiras e me disse para começar a fazer o mesmo na outra ponta. Jesus! Eu estava aterrorizado e chocado, sabendo que aquilo era muito errado, mas o poder de influência dele era tamanho que fingi fazer o que me pedia, feliz quando percebi que ele não tinha encontrado nada. Mais tarde, ele estacionou numa rua do subúrbio e me disse para segui-lo, e depois começou a mexer no cadeado da porta de um porão. Como assim?

Ele me levou até um cômodo de teto baixo cheio de equipamentos e me disse que era a casa de outro músico da redondeza que ele chamava de "Cara de Pizza" por causa das marcas de acne no rosto do rapaz. Acendeu um fósforo, deu uma olhada em volta, depois sacudiu o fósforo até apagar o fogo e pegou dois microfones Electrovoice (ironicamente, a mesma marca de microfones que frequentemente eram roubados dos auditórios das escolas pelos jovens músicos) e os enfiou no bolso. Ouvimos barulho no andar de cima e saímos correndo – mas, cara, como eu fiquei com medo! Tivemos sorte de não sermos pegos, diferente do que aconteceu com outro amigo nosso que foi preso com ele por roubar os trocados de uma banca de jornal. Nunca me deixei levar para uma de suas "aventuras" novamente, mas jamais esqueci como é ser influenciado pelo mal e até mesmo se sentir atraído por ele.

Também nunca esqueci uma visão horripilante que tive na casa da mãe dele em Niagara Falls. Ele estava ligando o toca-discos que ficava sobre a cômoda no quarto dele, talvez trocando *Soul Crusade* do Mandala pelo primeiro álbum de Led Zeppelin, e enquanto eu olhava para suas costas imaginei uma faca encravada bem ali no meio. Não soube o que interpretar daquilo, mas fiquei apavorado.

As garotas sem dúvida se sentiam atraídas pelo vocalista sociopata, o que me intrigava na época, da mesma forma como hoje existe a tal atração pelo "bad boy". Embora digam que as mulheres são mais espertas e menos fúteis que os homens, quando se trata de atração sexual, obviamente elas não sabem muito bem julgar o caráter.

No começo dos anos 1990, um criminoso brutal foi capturado em St. Catharines depois de uma terrível onda de sequestros, estupros, tortura e assassinatos de jovens mulheres. Uma das ex-namoradas dele foi entrevistada por uma rede de TV e dizia: "Não pode ter sido ele, ele não era assim". Ela tinha certeza da inocência do cara porque, como falou, ela "saberia". Esse cenário já se repetiu muitas outras vezes, "quando boas meninas se apaixonam por caras malvados".

Quando eu era adolescente, lembro que esse vocalista do mal saiu com a namorada do meu melhor amigo, ela tinha ficado toda encantada porque ele escreveu canções de amor sentimentaloides e vazias para ela (*I worship Melinda, she is my way of life* – *Eu adoro Melinda, ela é meu estilo de vida*; e quem esqueceria um verso com este final: *You will surely lose your mind, on some strange anvil block* – *Certamente você vai perder a cabeça, em alguma bigorna*; mais tarde, durante uma briga, ele deu um chute no meio das pernas dela. Inacreditável. E, claro, ela voltou para ele depois disso. Ainda mais inacreditável).

Como geralmente acontece, esse cara foi o primeiro a trazer drogas para o nosso grupo. Primeiro foi maconha, embora eu não me lembre de ter sentido qualquer outro efeito a não ser parecer "travesso", mas foi ele também quem me fez experimentar LSD pela primeira vez quando eu tinha 16 ou 17 anos. Foi uma experiência poderosa: nós dois passamos uma noite inteira de junho sobre o telhado da varanda de uma antiga casa na Duke Street em St. Catharines. O mundo se dissolveu em padrões, sentia no rosto o toque gentil da chuva, os olhos permaneceram arregalados e extasiados com as gotas de orvalho numa rosa perfeita que despontava em meio às trepadeiras do muro, ouvia os sons da noite e os pensamentos saíam de nossas bocas, tudo parecia vivo de um modo inteiramente novo.

Mas então, na manhã seguinte, eu tive que ir para a escola e encarar uma prova de matemática. Isso é o que popularmente chamamos de "choque de realidade": foi um fracasso total (apesar de eu sempre ter ido bem em matemática).

Quando o vi pela última vez, em meados dos anos 1970, eu estava tocando em Austin, Texas, com o Rush. Era fácil me encontrar naquela época, eu ainda me hospedava nos hotéis com o meu próprio nome, e ele me telefonou. Estava morando em Austin e ainda buscava alavancar a carreira como vocalista, embora sustentasse a namorada e o filhinho dela transportando maconha no porta-malas do carro do Texas para a Flórida. Cerca de 15 anos depois, no começo dos anos 1990, recebi uma mensagem dele na secretária eletrônica, por meio do escritório. Envolvido numa confusão que misturava honra, culpa e – suponho – fascínio, decidi ligar para ele. Ainda estava tentando alavancar a carreira de músico – ao que parece o real motivo para entrar em contato comigo: queria enviar um vídeo dele e o contato do seu empresário e ver se eu podia ajudá-lo a ser "descoberto". Eu me obriguei a assistir ao vídeo, só por curiosidade, e ele ainda estava naquela de imitar um pouco Mick Jagger, um pouco Jim Morrison (ídolo dele) no papel de "bad boy".

De todos os supostos criminosos que conheci pessoalmente, ele era o único realmente do mal. Era possível ver nos olhos dele, até mesmo nas fotos, um olhar de réptil, frio e sem paixão (talvez ele realmente fosse o Rei Lagarto), e sempre foi o tipo que não hesitaria em machucar alguém caso isso servisse aos seus desejos, ou se fosse apenas motivo para dar uma risada. Os outros eram todos "adoráveis vagabundos" que simplesmente passaram a viver sob regras diferentes. Ninguém se machucaria, exceto talvez alguma corporação sem rosto (no caso dos dois que foram condenados por fraude) e, como seres humanos e como amigos, continuaram tão bons quanto qualquer outra pessoa, ou melhores. Não era a maneira que eu escolheria para viver, mas eu não sentia necessidade de julgá-los. (A sociedade que cuidasse disso, porque todos eles cumpriram pena atrás das grades – com a irônica exceção do vocalista sociopata, até onde eu sei. Talvez um dia ele seja esfaqueado pelas costas como eu tinha imaginado).

Numa parada de caminhões perto de Las Cruces, Novo México, estacionei o carro e comprei um sanduíche e uma Coca-Cola para levar, depois continuei em frente. Cruzei o rio Grande que seguia em direção ao sul a partir das nascentes no Colorado, cortei o Novo México bem no centro do estado e depois fiz uma curva a sudeste entre o Texas e o velho México, formando a Big Bend, ou Grande Arco, para onde eu estava indo.

Passar por Las Cruces também me trouxe algumas lembranças das turnês, já que tocamos lá na arena da universidade várias vezes nos últimos anos. Las Cruces também me fez lembrar de um encontro desagradável com um fã, e embora tenha acontecido em meados dos anos 1980, isso ainda me faz sentir... desconfortável. Depois de uma longa noite viajando de ônibus, eu me arrastei para o quarto do hotel pouco antes do amanhecer, mas fui acordado por uma batida na porta, ao que parece, um minuto depois. Espiei pelo olho mágico, não vi ninguém e abri uma fresta da porta. Havia um saco de papel pardo junto à porta, com meu nome escrito nele, e quando trouxe para dentro vi que continha meia dúzia de cervejas e um bilhete. Enquanto eu abria o bilhete, o telefone tocou, e uma voz de homem disse: "Você recebeu meu presente".

Como ele sabia disso a menos que estivesse vigiando minha porta? Como ele conseguiu o número do meu quarto, se eu estava usando um pseudônimo? (Um de uma série de pseudônimos obscuros que usei ao longo dos anos, a maioria de antigos programas de TV: Larry Tate, o chefe de Steve de *A Feiticeira*; Hank Kimball, o eternamente esquivo agente agrícola de *O Fazendeiro do Asfalto*; Johnny Gilbert, o locutor sem rosto de *Jeopardy*; Waylon Smithers, o criado devotado e abusado pelo Senhor Burns em *Os Simpsons* – esse tipo de ícone da cultura pop).

"Ah... sim... Hum... obrigado." (O alerta já tinha disparado na minha cabeça).

"Gostou da cerveja?"

"Bem, não provei ainda. Sabe – é de manhã cedo, eu estava dormindo e tenho que trabalhar hoje à noite." (Como eu deveria lidar com esse cara?)

"Eu achei que talvez pudéssemos nos encontrar hoje." (Por que ele achava isso?)

"Ah? Bem, não, obrigado. Tenho que descansar."

A voz dele falhava por causa da emoção enquanto ele dizia: "Mas eu te dei um presente. Eu... sou seu amigo. Não acredito que esteja me tratando desse jeito!" (Oh-Oh)

"Eu não conheço você, conheço?"

"Suas, suas músicas, elas falam de mim. E eu conheço você! E eu te dei um presente." Nesse momento ele estava quase chorando, e eu ficando nervoso.

"Bem", falei com cuidado, tentando improvisar um educado-porém-severo *cai fora*: "Eu agradeci, e se você me deixasse em paz, como deveria, eu escreveria um bilhete simpático para você, como sempre faço. Tenho seu endereço."

"Mas eu comprei a cerveja para você."

Suspirei suavemente "Jesus", e tentei afastar aquela situação de mim, mas agora já estava um pouco irritado (ou apenas cansado e mal-humorado): "Olha, para dizer a verdade, eu nem gosto de cerveja. Acho que um 'amigo' meu saberia disso, mas não importa – você pode pegar de volta se quiser. Vou deixar do lado de fora da porta."

Então desliguei o telefone e coloquei o saco de papel pardo do lado de fora de novo, depois tentei dormir um pouco mais.

Mas passei o dia inteiro ansioso, parecia que me observavam, que me espionavam – eu era o alvo, ao que parecia, de uma pessoa claramente desequilibrada e louca. (Afinal de contas, John Lennon foi assassinado por um fã só porque ele tinha ficado descontente com o autógrafo que Lennon havia assinado para ele).

Quando saí do hotel de bicicleta e fui pedalando até a arena da universidade, eu me sentia tenso e desconfiado, o tipo de paranoia incontrolável que esgota uma alma sensível. Odeio essa sensação de estar "sob a vigilância" de estranhos, principalmente nas turnês, quando fico em evidência e essas pessoas conseguem descobrir onde me encontrar. Repito, eu mesmo já fui um jovem fã, mas nunca cogitei perseguir meus ídolos. No entanto, à medida que o Rush foi alcançando mais sucesso, havia mais e mais jovens circulando pelos hotéis e pelo backstage, esperando me abordar com olhos arregalados, adulação embaraçosa e "expectativas" vagas de que forçar um encontro comigo tivesse algum significado.

Durante os primeiros anos de turnê do Rush nos anos 1970, a porta do nosso camarim sempre esteve aberta a qualquer um que quisesse conversar conosco – não havia segurança nem barreiras ao nosso redor. Ainda rimos de uma vez em que um cara veio até a porta e perguntou: "É aqui o camarim do Rush?", e quando respondemos que era, ele entrou e disse: "Bem, tenho que mijar!".

À proporção que nossa popularidade foi aumentando, sentíamos que era errado começar a colocar barricadas, literais e metafóricas, entre nós e nossos fãs. Para três garotos suburbanos do Canadá, parecia um modo elitista e arrogante de se comportar, uma atitude artificial que nos alienava, e nós resistimos o máximo de tempo possível até tomarmos uma decisão, quando a situação se tornou insustentável: nosso público passou de centenas para milhares de pessoas e todos pareciam querer entrar no nosso camarim. Como escrevi nas notas do encarte de um dos nossos primeiros álbuns ao vivo: "*Nós* não mudamos, mas todos os outros mudaram!".

Às vezes as interações com fãs eram assustadoras como aquela, ou eram como certa vez quando cheguei de bicicleta na arena em Mineápolis de tarde. Estava sozinho no camarim, tirando minha roupa de ciclista e me preparando para tomar um banho, quando um dos rapazes do serviço de *catering*, um jovem de 20 e poucos anos, entrou no camarim com um pacote de gelo ou algo assim. Assim que ele me viu, ficou me encarando em silêncio, estático, com os olhos arregalados. Eu já me sentia bastante vulnerável lá de pé seminu, vestindo apenas cueca e meias, então o rapaz me disse: "Parece que poderes psíquicos são de família".

Ele simplesmente continuou lá parado, me encarando, e de novo senti aquele "Ah, não" mental. Eu estava totalmente sozinho, e aquele cara era *esquisito*.

Coloquei as calças rapidamente, enquanto ele continuava falando: "Eu sempre senti que tinha uma conexão psíquica com você".

Calcei os sapatos e saí de lá *correndo*.

Mas às vezes as interações com estranhos podem ser divertidas. Durante as minhas viagens de *Ghost Rider – A estrada da cura*, fiz algumas visitas à oficina da BMW em Vancouver sem causar qualquer comoção, até que na terceira vez um dos mecânicos olhou atentamente para o meu nome na ordem de serviço e fez a "ligação".

Ele se aproximou, me encarando: "Diz aí, você é quem eu *acho* que você é?". Até aquele momento, ele parecia um rapaz normal, agradável de se conversar, mas agora, eu sabia, as coisas iriam mudar. Senti aquela estranha combinação de embaraço e desconfiança, fiquei olhando para o chão remexendo os pés e murmurei algo como: "Oh, bem, acho que sim".

Eu podia ver a animação dele aumentando, até que o rapaz ficou de olhos arregalados, tremendo: "Ah, meu Deus, não acredito que não reconheci você! Ah meu Deus!". "Bem... você sabe, não é grande coisa. Sou apenas um cara normal".

Ele estava tremendo, balançando a cabeça de um lado para o outro: "Você pode até ser um cara normal, mas... você arrasa e...". Ele parou por um segundo, tentando pensar em algo ainda mais profundo, mas não conseguiu: "E... você arrasa!". Aquilo me fez dar uma risada e se tornou uma boa história para contar. Quando eu viajei de Vancouver até Los Angeles para visitar amigos canadenses expatriados, certa noite estávamos num grupo em torno da mesa da cozinha do comediante Dave Foley e ele transformou a frase do rapaz num bordão, e se virava para mim em momentos de *timing* perfeito com uma cara de paisagem: "Você sabe, você arrasa... e... e você arrasa!".

Na véspera do meu 50º aniversário, Michael e eu estávamos hospedados no Chateau Lake Louise, tomando um drink depois do jantar, quando o garçom perguntou: "Você é quem eu acho que você é?". Fazendo um gesto com a mão, eu disse: "Não sou nem mesmo quem eu acho que eu sou!".

Encontros assim podem ser inocentes e amistosos, como quando um cara se aproximou de mim na rua, estendeu a mão e disse: "Não quero incomodá-lo, mas adoro seu trabalho". Bastante agradável e nada "bizarro", então eu simplesmente apertei a mão do cara e disse "Obrigado" e segui em frente.

Mas na maioria das vezes eu prefiro simplesmente evitar isso completamente – permanecer anônimo se eu puder. É mais fácil numa parada de caminhões ou num hotel de beira de estrada de uma cidadezinha – ou sobre a moto enfiado num capacete – do que no backstage de um show de rock. Foi somente durante a turnê *Test for Echo*, entre 1996 e 1997, que eu comecei a desenvolver um estilo de excursionar que me permitia ter ao mesmo tempo privacidade e liberdade. Fazia alguns anos que Geddy e Alex queriam parar de viajar de ônibus e passar a viajar de avião, ao que eu me opunha, mas se eu tivesse meu próprio ônibus com um trailer para a moto, os outros caras podiam viajar de avião e todo mundo ficaria feliz. Eu poderia ficar completamente fora do "circo", exceto durante o próprio show, depois poderia sair do palco direto para a estrada deixando para trás o resto da banda e do *entourage* – e os grupos cada vez maiores de interesseiros – e dormir numa parada de caminhões ou área de descanso. Talvez eu também pudesse ter um dia de folga para explorar algumas estradas vicinais e destinos menos conhecidos com Brutus ou Michael, como Punxsutawny, Pensilvânia; Deals Gap, Carolina do Norte; ou Teec Nos Pos, Arizona (os lugares mais legais).

De Las Cruces, faltavam apenas 65 quilômetros para "a cidade do Oeste do Texas de El Paso", onde Marty Robbins cantou sobre a paixão por "uma garota mexicana", que de alguma forma lhe custou a vida nem lembro por quê. O Rush não tocou em El Paso na turnê *Vapor Trails*, mas havia tocado na turnê anterior, *Test for Echo*. Brutus, Dave e eu tínhamos provado ótimas costeletas grelhadas no ônibus depois do show e seguimos até Marfa para dormir, e depois segui de moto pelo trecho de Big Bend que me fez querer voltar algum dia para explorar melhor a área e aproveitá-la inteiramente.

Desta vez passava por El Paso de carro, na autoestrada que costeava por alguns quilômetros o rio Grande e a fronteira mexicana. Passei por uma cidade luminosa, cheia de prédios à esquerda; e à direita, debruçada sobre o rio, havia uma cidadezinha desmazelada e cheia de casebres: Ciudad Juaréz. As caixinhas decadentes ficavam amontoadas junto à fronteira como uma enchente que forçava uma barragem, de encontro a uma barreira artificial ao desejo natural de se mover. A fronteira age como um preservativo, controlando a passagem de uma população indesejada.

Enquanto eu seguia na Interestadual 10 para entrar nas planícies do oeste do Texas, os últimos acordes melodiosos de Avalon foram levados pelo zunido dos pneus e do vento. De volta às guitarras e à bateria agora, um som um pouco mais recente: *Everything You Want,* da Vertical Horizon. Eu tinha ouvido o single pela primeira vez no rádio na época em que me mudei para Santa Mônica, em janeiro de 2000. Recém tinha começado a ouvir música contemporânea novamente na estação de rádio pop de Los Angeles, a KYSR, e certo dia ouvi "Everything You Want" e gostei dela imediatamente – da música, da letra, dos vocais e, o mais importante: do "som". Comprei o CD e descobri uma variedade de canções, todas boas e todas com a mesma qualidade essencial: a *sinceridade.*

Anos depois, houve uma inesperada conexão entre aquela banda e o carro que eu estava dirigindo. Na época em que os ouvi pela primeira vez, falei para Ray, nosso empresário, desta banda de que eu gostava chamada Vertical Horizon. Não muito tempo depois, Ray encontrou o cantor e compositor da banda, Matt Scannell, num evento da indústria musical. Ele me contou depois que havia comentado com Matt que eu tinha gostado da música deles, e que "Matt ficou muito contente". Então, Ray concluiu a história no seu estilo incomparável: "Parecia que eu tinha falado que Pamela Anderson gostava dele!". Não muito depois, os caras da Vertical Horizon foram a um jantar com Alex para discutir a possibilidade de trabalharmos juntos, porque Alex estava interessado em produzir outros artistas enquanto o Rush não estava trabalhando. No final das contas, a ideia não seguiu adiante, provavelmente porque nós três voltamos a trabalhar juntos durante 2001 e 2002 (graças a Carrie, que me ajudou a colocar minha vida de volta nos trilhos). Mas eu sabia que Matt tinha ido a dois shows nossos na turnê *Vapor Trails* em 2002 e que ele tinha cumprimentado os outros caras depois da apresentação quando eu já estava no ônibus pegando a estrada.

A conexão automotiva ocorreu em 2003, quando eu comprei meu Z-8 (no eBay!) de uma concessionária BMW no Texas que havia concordado em pegar meu Porsche 911 Speedster na troca. O gerente de vendas perguntou se podia mandar um fotógrafo até Los Angeles para tirar algumas fotos do meu carro para o anúncio, e dias depois uma mulher telefonou para marcar o horário da sessão de fotos. A garota perguntou se eu não me importava que ela fosse acompanhada do namorado, dizendo que eu o conhecia: era Matt, da Vertical Horizon. Bem, na verdade eu não o conhecia, falei, mas com certeza seria um prazer conhecê-lo, então certa tarde Leah e Matt apareceram na nossa casa.

Presumindo que ela fosse uma fotógrafa profissional, sugeri que usássemos o pátio atrás da casa, onde a luz era melhor naquela hora do dia, e falei que eles podiam trazer o equipamento pela passagem lateral. Matt segurava uma pequena câmera digital e disse: "Aqui está o equipamento", e eu tive que rir. Acontece que Leah na verdade era atriz (considerando o comentário de Ray, era uma ironia que na época ela trabalhasse justamente ao lado de Pamela Anderson numa série de TV chamada *VIP*) e amiga do dono da concessionária BMW no Texas, que tinha ligado para ela e lhe pedido um favor. Matt, também um apaixonado por carros, fotografou o carro enquanto Carrie, que é fotógrafa profissional, veio até nós para cumprimentar o pessoal e logo começou a conversar com Leah.

Reparei no Rolex Submariner no pulso de Matt e mostrei o Patek Philippe que eu estava usando (o "relógio dos sonhos", presente de Carrie no meu aniversário de 50 anos). Soubemos que as primeiras coisas que tanto ele quanto eu compramos depois de ter um pouco de sucesso na carreira foram um bom carro e um bom relógio. Leah ficou se questionando qual era a relação entre "músicos e coisas mecânicas", e Carrie observou, talvez corretamente, que nós simplesmente gostávamos de "brinquedos".

Matt e sua banda estavam passando pela "síndrome do próximo disco", depois de um álbum de sucesso (o terceiro deles) e uma turnê de dois anos. Eles estavam tentando criar um novo álbum, mas neste meio-tempo, como Matt explicou, a gravadora tinha passado por mudanças em seu "regime". Todas as pessoas com quem eles tinham estabelecido uma relação de trabalho haviam sido demitidas, e a banda estava sendo deixada de lado pelo atual presidente, Clive Davis, por meio dos seus "minions" – já que o grande magnata jamais se prestou a encontrar Matt pessoalmente.

Para este fã – e talvez para muitos outros fãs que fizeram de *Everything You Want* um álbum de vendas multimilionárias e o tornaram número 1 nas paradas –, a Vertical Horizon tinha atingido o equilíbrio perfeito entre rock e pop, tanto pelas letras e vocais de Matt quanto pelo desempenho da banda. Contudo, agora eles se encontravam em meio à exigência de se tornarem mais "pop" para se adaptarem ao gosto atual das rádios de pop music – que, em 2003, talvez refletindo uma tensão crescente no "mundo real", tinham iniciado um ciclo meloso, quase de música de elevador, um estado de brandura. (Certa vez estava dirigindo e ouvi pela primeira vez uma canção lenta, por exemplo, um pseudojazz de Norah Jones: olhei para o display do rádio, pensando que tinha acidentalmente trocado para uma estação de *easy-listening*. Nada errado com esse tipo de música, se é o que ela pretendia fazer, mas aquele fato explicava algumas coisas a respeito do público das rádios pop direcionadas para os jovens e também sobre a época).

Sob a exigência da gravadora, Matt continuava compondo músicas novas, mas os capachos de Davis continuavam rejeitando o trabalho e pedindo que ele compusesse outras coisas, dizendo que precisavam de uma "faixa rentável" (referindo-se às canções grudentas, simples e acessíveis que eram a base das rádios pop). Como ouvinte, eu tinha ficado impressionado na primeira vez que ouvi "Everything You Want" precisamente porque não era o típico pop "ração para gado", mas uma ótima canção, com um ótimo som, que *acidentalmente* parecia caber no formato do rádio naquele tempo e fazia parte de um álbum bem-acabado com boas canções. Fiquei tentado a dizer tais coisas para Matt, mas não parecia que cabia a mim interferir. Senti que ele talvez estivesse em apuros por ser uma pessoa genuinamente boa e afável, do tipo que quer agradar todo mundo, e que ele provavelmente evitaria fazer exigências ou insistir em fazer as coisas do jeito *dele*.

Carrie e eu ficamos no pátio conversando com Matt e Leah e nós dois pensamos em convidá-los para entrar e tomar um drink, mas não queríamos fazer convites sem consultar um ao outro, então os deixamos ir. Contudo, quando Matt foi atencioso e nos enviou cópias das fotos do Porsche, disse a ele que Carrie e eu gostaríamos de convidá-los para jantar. Levou um tempo para sincronizarmos nossas complicadas agendas, mas finalmente em março, não muito antes de minha viagem, Matt e Leah nos convidaram para irmos até a casa dela no alto dos morros de Beverly Hills. Tivemos uma noite agradável com boa conversa, um excelente jantar preparado por Leah e vinho tinto (quando mandei um e-mail para Matt sobre "que cor de vinho" deveríamos levar, ele respondeu: "a cor preferida de vinho nesta casa é tinto!").

Depois de ouvir mais atentamente o CD da Vertical Horizon durante a viagem a Big Bend, cruzando Las Cruces e El Paso e as planícies do oeste do Texas, senti que deveria falar com Matt e enviei um e-mail para ele sobre o assunto.

Por falar em arte e música, devo confessar que em nossas conversas anteriores, quando você me contou sobre os seus problemas com a gravadora, com o "novo chefe" e as constantes exigências para voltar atrás e refazer as coisas em busca de "outra faixa rentável", eu tive que morder a língua algumas vezes para me impedir de sugerir que você mandasse a gravadora calar a boca e deixar você fazer seu próprio álbum.

É claro, o certo era morder a língua – não cabe a mim dar esse tipo de conselho –, por outro lado eu gosto de você e de sua música, então por favor aceite estas considerações de alguém que se importa.

Me parece que se alguém tem que decidir o que deve ser lançado para o seu público é você (e a banda, é claro). E, da mesma forma, se alguém tem que estragar sua carreira, esse alguém deveria ser você mesmo!

Toda essa intromissão me parece perigosa, diante da clara e óbvia sinceridade do seu álbum anterior, quando parece que vocês simplesmente fizeram o melhor álbum que podiam fazer esperando que, depois, as pessoas gostassem do seu trabalho. Eu estava ouvindo Everything You Want a caminho do Novo México e do Texas, e na minha opinião continua sendo uma obra realmente bem-acabada, com muitas canções excelentes. No que diz respeito ao meu dinheiro, todas elas são "faixas rentáveis".

Talvez você seja apenas um rapaz generoso demais que quer que todos fiquem felizes? Eu posso entender isso, e de novo, não é meu papel julgar ou ficar oferecendo conselhos não solicitados. Me desculpe se isso parece presunçoso – quase deletei este e-mail, mas estou com isso na cabeça desde que nos conhecemos, e o assunto tem a ver com o tipo de intromissão da "indústria" na "música" que me incomoda desde sempre. Mas se isso parece desconfortável para você, por favor me perdoe por ter falado qualquer coisa!

Felizmente, Matt captou minhas palavras da maneira como eu queria que fossem compreendidas, e a resposta dele revelou uma reação saudável e criativa ao que estava acontecendo:

Em primeiro lugar, deixe-me dizer que eu aprecio de verdade sua opinião sobre minha situação atual e de maneira alguma me sinto ofendido pelos seus "pitacos". De fato, me sinto grato por sua visão. Você está absolutamente certo – às vezes eu realmente me pego querendo agradar todo mundo e deixando a mim mesmo infeliz. Sempre tenho consciência de como sou afortunado por poder viver de música, o que às vezes impede que eu me imponha o tanto quanto eu poderia, ou talvez o quanto eu deveria. Sem falar que não verbalizei minhas objeções a esse método de "produção de álbuns em comitê". Na verdade, já verbalizei, e achei absurdamente frustrante ver minha música ser transformada num produto. Mesmo assim, esse produto é a única coisa que me sustenta. Que malabarismo bizarro! Concordo totalmente com você sobre se alguém tiver que estragar nossa carreira que sejamos nós mesmos! Gravamos uma música nova semana passada chamada "I'm Still Here" que foi alvo de algumas reações passionais dos Altos Poderes na RCA e que pode se tornar nosso primeiro single. É irônico que muitas das letras desse novo álbum tenham sido escritas inspiradas pelo desgosto com o processo todo.

Significa muito para mim que você se importe o suficiente para expressar sua opinião sobre o assunto por escrito, e vou manter suas palavras em mente enquanto continuo a lidar com essa situação complicada. Obrigado.

O que Matt disse sobre a letra de "I'm Still Here" ter sido inspirada pela resistência às intromissões da gravadora mexeu comigo, já que eu estava esperançoso quanto ao futuro deles, além de também ter uma ligação com a minha própria experiência. No começo da carreira do Rush, no verão de 1975, fizemos nosso segundo álbum juntos (o primeiro, que levava o nome da banda no título, com outro baterista, tinha sido lançado pouco antes de eu me juntar a eles no verão de 1974, e seis meses depois fizemos *Fly by Night* juntos). Nosso segundo álbum foi chamado de *Caress of Steel* e adorávamos aquele disco de tal forma que tínhamos certeza de que todos os outros também iam adorar. Só que não foi o que aconteceu.

Pensando lá atrás, posso ver que *Caress of Steel* era opaco e obtuso, bizarro e esotérico, experimental e esteticamente "exagerado", e que a honestidade dele talvez seja sua única virtude real. Acreditávamos naquele álbum de coração e culpamos a gravadora e seus funcionários – que pareciam totalmente indiferentes ao nosso trabalho – pelo fracasso do disco. Tivemos uma reunião com eles para tentar descobrir por que o álbum vendeu e tocou tão pouco nas rádios, e lembro que um dos "caras do marketing" nos disse: "Talvez vocês apenas não estejam no caminho certo". Nós nos sentimos ultrajados diante de tamanha falta de fé.

A turnê que se seguiu a *Caress of Steel* foi o ponto mais baixo da nossa carreira – uma lista de datas em clubes noturnos e shows de curta duração nos EUA e Canadá que, já naquela época, chamamos de "Down-the-Tubes Tour" ou "Turnê Ralo Abaixo". No outono de 1975, não tínhamos como pagar nem o salário da nossa equipe nem nosso próprio salário, e quando nos reunimos para começar a trabalhar no álbum seguinte, as coisas pareciam sinistras. Eu compartilhava uma casa na zona rural com alguns amigos, dirigia um carro emprestado até o estúdio em Toronto e dormia no sofá na casa de um amigo entre as sessões de gravação. O executivo da gravadora ficava resmungando: "Temos que conversar sobre o material". Mais tarde, soubemos que a gravadora americana, a Mercury, tinha cancelado a gente – literalmente: sequer aparecíamos nas projeções financeiras da empresa para o ano seguinte. O fato de que eles ainda não tinham nos "riscado da lista", ou seja, encerrado nosso contrato, não era um ato de generosidade ou de confiança, mas mera desorganização da gravadora.

Àquela altura, nós, teimosos, tínhamos resistido a comprometer nosso trabalho, ingenuamente confiando que, se pudéssemos criar algo bom o suficiente, o público corresponderia. Sem dúvida estávamos cientes de que outras bandas tentavam nivelar suas músicas pelo menor denominador comum, criar canções mais palatáveis para o rádio, mas nós éramos idealistas e inocentes, incapazes de imaginar que alguém pudesse ser tão mercenário ou cínico assim. Odiávamos quando o pessoal da gravadora chamava nossa música de "produto", quando falava sobre vender "unidades" e se referia a uma cidade como "mercado". Quando outras bandas adotavam essa atitude, e até mesmo essa linguagem, nós nos referíamos à "doença". Lembro-me de um "músico" com quem estávamos em turnê dando uma entrevista à estação de rádio local antes de um show, e ele falou com todas as letras: "Não tocamos neste mercado há algum tempo, e nós temos um produto novo".

Diante daquele negativismo todo, nossa fé e determinação ficaram abaladas. Se algo não acontecesse logo, nossas carreiras estariam encerradas e não sabíamos o que fazer. Contudo, em vez de nos rendermos e tentarmos tornar nossa música mais "comercial", ficamos furiosos e decidimos lutar. Toda aquela raiva e rebeldia foram colocadas diretamente no nosso álbum seguinte, implícita e explicitamente, e *2112* se tornou nosso primeiro grande sucesso de verdade. A letra da faixa-título, que ocupava um lado inteiro do álbum, contava a história da resistência individual à opressão (lembro o executivo nos alertando: "A gravadora não quer um álbum conceito", e eu pensando sardonicamente: "Ah, então é assim, não é?"), e a música estava tão imbuída com aquele sentimento de rebelião colérica que parecia se comunicar com um público jovem de um modo que nenhum outro tema (exceto sexo) conseguiria fazer.

Decidimos permanecer no caminho certo e, felizmente, *2112* foi um sucesso: vendeu mais de meio milhão de cópias nos Estados Unidos e nos deu nosso primeiro disco de ouro. Daquele momento em diante tínhamos a base de um público amplo e leal o suficiente para nos proteger da interferência corporativa e nos permitir continuar gravando e excursionando por, pelo menos, mais 27 anos. Sem nos preocuparmos com por que fazíamos sucesso, ou como poderíamos ser ainda mais bem-sucedidos, nossa motivação vinha da ambição musical e da sinergia criativa, e a única questão com a qual nos preocupávamos, como sempre, era: "E agora?".

Eu só podia desejar o mesmo para Matt e sua banda, que agora estava tocando no som do meu carro com a faixa mid-tempo de rock melódico chamada "Shackled". O trânsito em torno de El Paso estava um pouco lento, mas agora eu seguia novamente na estrada livre, ainda em direção ao leste. Já era final da tarde, fazia frio com bastante vento e céu nublado, e eu já tinha percorrido 800 quilômetros desde o início da manhã. O próximo entroncamento no mapa parecia ser Van Horn, Texas, que podia ser um bom lugar para passar a noite. Havia uma ampla escolha de rotas para a manhã seguinte e ficava a uma distância curta de talvez 480 quilômetros para o sul em direção ao meu destino: o parque nacional Big Bend.

Mais uma vez, selecionei meu CD favorito do momento, *Meteora*, do Linkin Park, e eu balançava a cabeça no ritmo insistente, apreciando cada vez mais o que eu ouvia. Ajustei o piloto automático em 140 km/h, deixei o detector de radar a postos – os repentinos bipes de alerta me salvaram uma vez, já que diminuí a velocidade e outro carro me ultrapassou acelerando com tudo só para ser parado pela polícia alguns quilômetros depois. Quando se comete uma transgressão inocente, melhor ter uma defesa decente!

Rodando pelo movimentado trecho da I-10 que cruzava Van Horn, dei uma conferida nas opções de hospedagem. Numa ponta, havia dois hotéis da rede Best Western; e na outra, havia um hotel antigo que não pertencia a nenhuma rede hoteleira chamado The Sands. Ao lado dele, havia o necessário restaurante, e eu pensei: "Ora bolas, vou dar uma chance".

Quando entrei no lobby, vi que o restaurante ficava junto ao saguão, havia um televisor ligado e um casal de velhinhos no sofá. Não era o tipo de lugar administrado por um casal qualquer, mas um lugar administrado por um casal de idosos, e a vovó veio me receber. Bem, "receber" já era um exagero, até porque ela simplesmente ficou em pé atrás do balcão me encarando, sem dizer uma palavra ou dar um sorriso. Quando perguntei se havia um quarto disponível, ela respondeu "29 dólares", e empurrou o cartão de registro na minha direção.

Fiquei um pouco preocupado, porque a tarifa parecia barata demais, mas resolvi me arriscar e concordei com a cabeça. Saí para pegar meus óculos de leitura no carro para preencher o cartão, e quando voltei tentei fazer uma brincadeira com ela, dizendo: "Quando se chega na minha idade se precisa de óculos para tudo".

Ela apenas franziu a testa e resmungou: "Quer falar comigo sobre idade?".

Tentei protestar: "Mas – estou dizendo que sou mais velho que você", porém a piadinha já era. Ela não estava para brincadeiras.

Estacionei na frente do quarto e levei minhas coisas para dentro, percebi que o quarto estava meio desarrumado, mas era limpo o suficiente e decidi que podia aguentar a cama molenga e bamba por uma noite.

Liguei a TV na CNN para ver se algo impensável tinha acontecido no Iraque, ou em qualquer outro lugar do mundo, e assisti às costumeiras bombas caindo sobre Bagdá e a uma sucessão de especialistas em guerra e "repórteres integrados" dando opinião. A marca visual desta guerra parecem ser as lentes de visão noturna. Um general comentou: "Precisamos vencer as forças iraquianas por insistência". O departamento de meteorologia deu uma "Previsão do Tempo do Campo de Batalha".

Os relatos eram ancorados por Aaron Brown, que – como todas as "celebridades" da CNN – tinha alcançado a proeminência durante uma crise, no caso dele, nos dias que se seguiram ao 11 de setembro de 2001. Sua presença diante das câmeras dava a impressão de que era uma pessoa sincera, solidária e centrada, mas o que mais me impressionava era que ele não tinha medo de pensar em voz alta em vez de só ler os textos do teleprompter como a maioria dos robôs das redes de televisão fazem.

Um comentarista político falou sobre a reação da Casa Branca a todas as críticas posteriores que os especialistas faziam com relação à conduta diária na guerra, dizendo que foram saudados com "palavras que não se pode dizer na televisão".

Brown observou que: "A noção de 'palavras que não se pode dizer na televisão' é ligeiramente irônica quando estamos exibindo uma guerra". A análise final deste "repórter integrado": GUERRA É INSANIDADE.

Brown também comentou sobre o tema cada vez mais presente da gripe SARS, centrada na Ásia e, recentemente, em Toronto, e como isso teria sido uma "grande notícia" em outros tempos.

Desliguei a TV e voltei à recepção para pedir um pouco de gelo à bem-humorada senhora, depois saboreei meu uísque The Macallan num copo de plástico enquanto limpava o para-brisa do carro que estava cheio de insetos, depois esvaziei o carrossel do CD e pensei em que tipo de música ouviria na viagem no dia seguinte. Essas pareciam ser as prioridades: um para-brisa limpo e uma disqueteira cheia de CDs. Música e uma visão clara da estrada à minha frente.

E The Macallan.

E jantar.

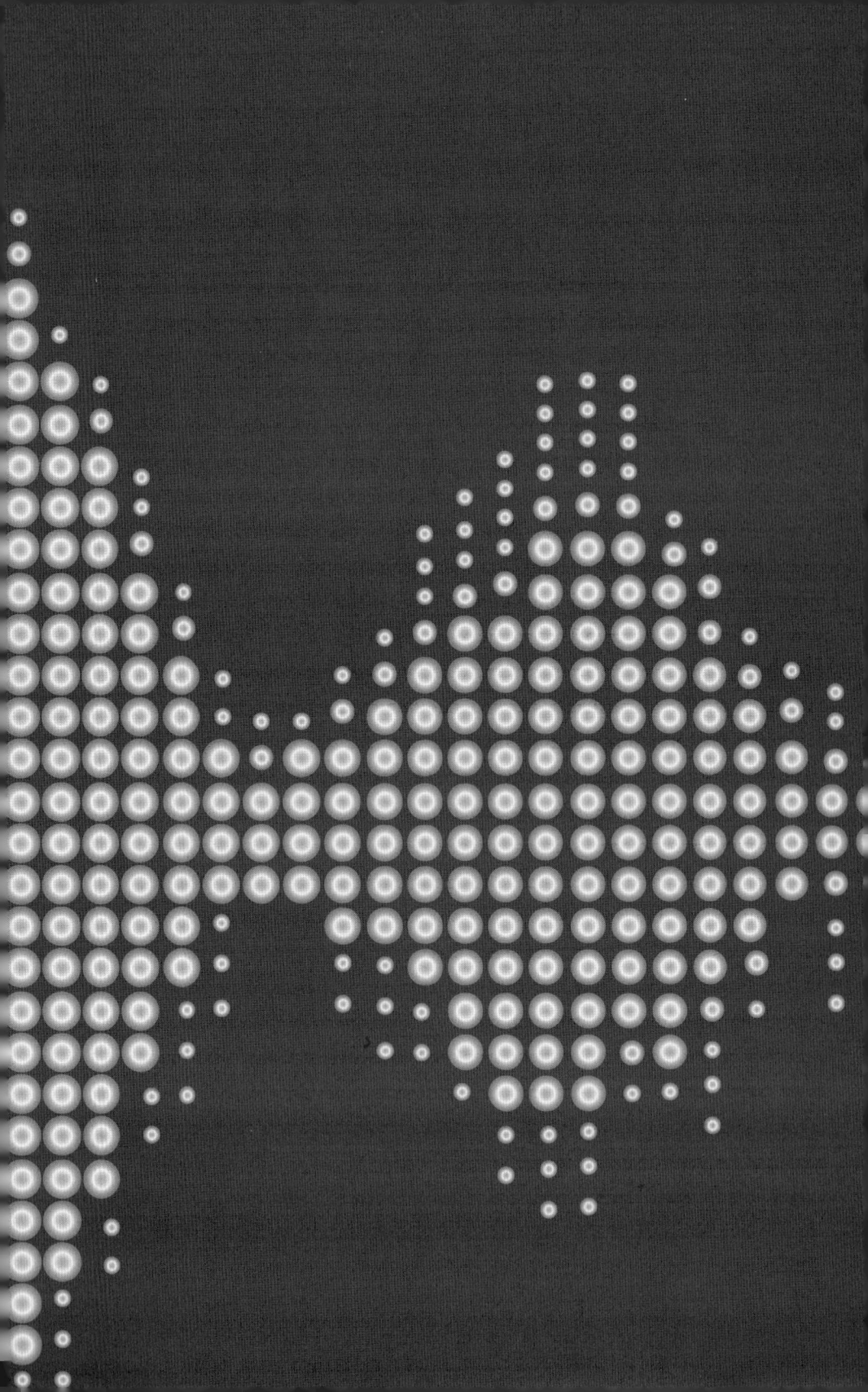

REFRÃO DOIS

"Drumming at the heart of a moving picture"
"Tocando bateria no coração de uma imagem em movimento"

Hoje é difícil imaginar um tempo em que era raro ver bandas de rock se apresentarem na televisão – uma época supostamente anterior ao Dilúvio, antes que uma torrente de vídeos se tornasse disponível 24 horas por dia.

Nos anos 1960, se alguém morasse numa cidade pequena ou fosse jovem demais para ir a shows numa cidade grande, o único jeito de ver um cantor ou banda de rock se apresentar (ou até mesmo fingir se apresentar) era num programa de variedades na TV como The Ed Sullivan Show, no domingo à noite, ou em programas semanais de música pop como American Bandstand, ou mais tarde Shindig, Hullabaloo e Where the Action Is (Soul Train também era ótimo, tanto pela "música alternativa" quanto pela dança).

Como futuro baterista em St. Catharines, Ontário, sem acesso fácil a shows de rock e sem existir nada parecido com vídeos didáticos e DVDs de shows, minha atenção ficava cravada em qualquer baterista que eu visse na televisão, desde Jack Teagarden no talk show de Dick Cavett até enquadramentos ocasionais de Ed Shaughnessy no Tonight Show. Buddy Rich aparecia com frequência no Tonight Show (a convite de Johnny Carson, que era baterista amador e admirador de Buddy), mas naquela época ele estava tão além do alcance do meu conhecimento e da minha habilidade no instrumento que eu mal entendia o que ele estava fazendo. (Gene Krupa certa vez disse: "Existem os grandes bateristas do mundo – e acima de todos eles está Buddy"). Anos mais tarde, eu me dei conta de como sua música tinha ficado gravada na minha cabeça, e certamente nas minhas ambições, mas na verdade qualquer baterista que eu via ou ouvia estava fazendo alguma coisa que eu pudesse aprender, mesmo que fosse aprender o que não fazer. Quando meu primeiro professor, Don George, se mudou para outra cidade, decidi continuar a aprender sozinho, e dessa forma todos esses bateristas se tornaram meus professores.

No começo dos anos 1960, havia poucos filmes de música pop em cartaz, como Os Reis do Iê-Iê-Iê dos Beatles, mas eles pouco tinham a ver com música: mais pareciam desenho animado. Havia também uma série animada dos Beatles no sábado de manhã, mas que parecia bem fraca para mim já naquela época (tenho certeza de que não era culpa de John, Paul, George e Ringo devido à quantidade de merchandising dos Beatles, de lancheiras a bonecos, que tomou conta do ocidente de repente: era um fenômeno novo e sem dúvida estava totalmente fora do controle deles, e nem mesmo era de seu conhecimento). Reforçando, eu tinha apenas 11 anos na época, era jovem demais para os Beatles. Eu gostava de algumas das músicas e imitava o corte de cabelo e as roupas deles como todos os outros garotos, mas nunca realmente entrei de cabeça na Beatlemania. Além de um compacto 45 de *If I Fell* que ganhei vendendo assinaturas de jornal, nunca tive outro disco dos Beatles (ainda não tenho), nem cantei músicas dos Beatles no meu radinho portátil interno (ainda não canto) e nunca me dei o trabalho de assistir *Help!* ou *Yellow Submarine* (ainda não assisti). "Minhas" bandas surgiriam mais tarde.

Outro filme em cartaz no cinema na mesma época teve uma influência musical muito mais impactante para mim – de fato, em retrospecto, foi a influência. O T.A.M.I. Show, ou "Teen Age Music International" ("Música Adolescente Internacional") foi exibido nas matinês de sábado na minha velha cidade natal de St. Catharines no começo de 1965, quando eu tinha 12 anos, e tinha sido filmado em outubro de 1964, no Santa Mônica Civic Auditorium (onde o Rush tocou por volta de 1976 ou 1977, tendo nossos amigos do Thin Lizzy como banda de abertura, antes da morte trágica de Phil Lynott, outra perda por causa de heroína). O The T.A.M.I. Show era uma apresentação "em conjunto", reunindo uma ampla variedade de tendências da música pop do começo dos anos 1960, um line-up cheio de estrelas que incluía Marvin Gaye, Chuck Berry, The Beach Boys, Jan and Dean, The Barbarians, Lesley Gore, Smokey Robinson and the Miracles, The Supremes, Gerry and the Pacemakers, Billy J. Kramer and the Dakotas, James Brown e The Rolling Stones.

Foi surpreendentemente difícil encontrar esse filme novamente para ver se o que eu lembrava tinha qualquer relação com o que assisti naquele cinema escuro numa tarde de sábado há quase 40 anos. Há sites que se referem ao filme como "frequentemente citado mas raramente visto", "nunca lançado em homevideo", e ao que parece o trecho dos Beach Boys tinha sido removido imediatamente após a exibição nos cinemas, como parte das maquinações autodestrutivas do pai dos garotos, Murry Wilson. No final das contas, consegui encontrar uma versão em DVD meio tosca, mas na íntegra.

Filmada em preto e branco "Electronovision" durante dois dias pelo diretor Steven Binder (basicamente um vídeo em alta definição transferido para filme), o valor dessa obra é impressionante, para a época e também agora, com ótimo som, iluminação e cenários bem elaborados, e dançarinas "go-go" coreografadas (incluindo uma jovem Teri Garr) se requebrando no palco com energia, balançando as pernas e os braços em versões frenéticas das danças do começo dos anos 1960: The Watusi, The Frug, The Mashed Potatoes, The Jerk. (Elas me lembram agora dos garotos dançando nos desenhos do Snoopy: talvez tenha sido ali que Charles Schulz pegou a inspiração).

Mesmo os créditos de abertura antecipavam como a música pop seria apresentada visualmente no futuro, dos Beatles (que pelo que se sabe não participaram do The T.A.M.I. Show porque estavam filmando Os Reis do Iê-Iê-Iê) aos Monkees na era dos vídeos de rock. O tema de abertura, "They're Coming From All Over the World", interpretado por Jan and Dean – os apresentadores do programa – sobre um pastiche em ritmo acelerado em que eles dois (vestindo camisetas listradas de mangas compridas) pilotavam motocicletas Honda, passeavam pelas calçadas e dirigiam karts, tudo isso alternado com tomadas das outras atrações que chegavam de ônibus e de carro (os caras da The Miracles fingiram sair do porta-malas de um táxi).

As portas se abriam para um animado público de adolescentes de Santa Mônica que pareciam mais dos anos 1950 do que dos anos 1960 por causa das roupas e do cabelo. Embora todas as atrações fossem notavelmente inclusivas para a época, o público era basicamente branco, com apenas alguns grupos de garotas negras que batiam palmas. Fossem negras ou brancas, todas as meninas da plateia pareciam explodir numa gritaria histérica com todos os artistas, da soul music vigorosa de James Brown às cantigas suaves da British Invasion de Gerry and the Pacemakers (embora eu deva confessar que "Don't Let the Sun Catch You Crying" tocava fundo no meu coração juvenil – na verdade ainda me comove).

A apresentação de Smokey Robinson foi muito intensa, e eu lembro que fiquei impressionado na época com a coreografia sincronizada da banda The Miracles. Esse tipo de dança coreografada se tornou uma característica de grupos vocais masculinos que eu sempre admirei, desde The Pips a 98°. Smokey se saiu particularmente bem em "You Really Got a Hold on Me", que também demonstrava claramente sua influência sobre os Beatles, já que eles fizeram uma versão cover dessa mesma música.

Na mesma linha, a apresentação de Marvin Gaye foi impressionante, com "Can I Get a Witness" e "Hitchhike" (e as garotas continuavam gritando!), e me ocorre agora o quanto o R&B estava em evidência naquele filme e como isso me influenciou nos anos seguintes.

Contudo, nunca fui fã da refinada Motown, que era (agora eu sei) quase que literalmente fabricada numa linha de montagem de compositores, produtores e músicos de estúdio que geralmente criavam os arranjos sem sequer saber quem iria cantar a música. Assistindo a The Supremes no The T.A.M.I. Show 40 anos depois, senti que elas eram "basicamente insípidas". Era óbvio que Diana Ross, que logo sairia em carreira solo e se tornaria a "diva" primordial, não sentia o que estava cantando, apenas interpretava (embora fosse impossível não reparar "os lindos vestidos e a coreografia").

Em 1964, Lesley Gore tinha apenas 17 anos, mas já era quase um anacronismo, com seus álbuns de "grupo feminino" (a própria voz dela era sobreposta em overdub e produzida por um jovem Quincy Jones), com o penteado e a maquiagem estilo anos 1950, de saia e terninho, mas com postura e profissionalismo, e uma linda voz. Ela vociferou "It's My Party" e a canção seguinte, "It's Judy's Turn to Cry", e se saiu excepcionalmente bem na balada protofeminista, "You Don't Own Me". A modulação dramática e as letras sinceras e profundas eram arrebatadoras para mim mesmo aos 12 anos de idade: *Don't tell me what to do/ Don't tell me what to say/ And baby, when I go out with you/ Don't put me on display (Não me diga o que fazer/ Não me diga o que falar/ E, querido, quando eu sair com você/ Não me coloque em exibição).*

Entrevistada anos mais tarde sobre o The T.A.M.I. Show, Lesley Gore disse que o público fazia tanto barulho que enquanto ela cantava era difícil ouvir a orquestra, mas o som no geral ficou impressionantemente bom. As bandas, pelo que se conta, tocaram ao vivo, às vezes apoiadas pela excelente orquestra que acompanhava os cantores. A orquestra foi montada, arranjada e conduzida por Jack Nitzsche, e incluía músicos como Glen Campbell, Leon Russell e o baterista Hal Blaine.

Jack Nitzsche disse que tentou fazer os arranjos "parecerem com os discos", o que conseguiu sem dúvida alguma (mesmo que muitas canções tivessem sua duração reduzida para um minuto ou menos), e aqueles músicos tocavam tão bem, principalmente Hal Blaine, que conseguiam manter o tempo reduzido. O nervosismo de algumas das outras bandas e seus bateristas revelava uma tendência para a "aceleração", principalmente quando fazia os vocalistas se apressarem e ficarem sem fôlego – mas não quando Hal estava tocando. O som da bateria também era excelente, o que sem dúvida era um testemunho da "batida" de Blaine e não da tecnologia de gravação da época. Agora percebo que o modo como eu ouvi aquela bateria tantos anos atrás, antes de sequer encostar numa baqueta, se tornou meu ideal de como o som da bateria deveria ser.

O papel de Chuck Berry como um dos pioneiros do rock 'n' roll nos anos 1950 é indiscutivelmente importante, mas dizem que ele nunca mais foi o mesmo depois de ter sido preso por causa da lei Mann – transportar menor de idade para além das fronteiras do estado com propósitos imorais – em 1962. Em 1964, ele já não demonstrava ousadia, agressividade, diversão, apenas exibia sorrisos agradáveis e parecia satisfeito em ser apenas "entretenimento" (uma definição dessa distinção poderia ser "se apresentar" em vez de "tocar"). Ele apresentou um tipo de dueto de músico de bar de hotel com Gerry and the Pacemakers para sua canção "Maybellene" (pelo que se sabe inspirada em sua excursão de ônibus inconsequente). Dali em diante ele faria sucesso com canções meio satíricas como "Driving Around in My Automobile" (*Can you imagine the way I felt/ I couldn't unfasten my safety belt – Você pode imaginar como me senti/ Eu não conseguia desatar o cinto de segurança*) ao seu ponto mais baixo, e maior hit, "My Ding-a-Ling".

The Barbarians, contudo, era uma verdadeira banda de rock, com um baterista selvagem que tocava com uma das baquetas presa a um gancho, e logo eles teriam um hit com "Are You a Boy, or Are You a Girl?". Eles chegaram a tocar no nosso Knightclub for Teenagers, o clube Castle, mas eu era jovem demais para poder ir ao show.

Billy J. Kramer and the Dakotas e Gerry and The Pacemakers eram os representantes da "Merseybeat". Billy J. Kramer não somente era agenciado pelo empresário dos Beatles, Brian Epstein, mas também vários de seus hits, incluindo "From a Window", tinham sido escritos para ele por Lennon e McCartney. Dada a produção prodigiosa no início da carreira, para eles mesmos e outros artistas, me dei conta de que essa canção talvez pudesse ser um exemplo do método da dupla, tinha uma temática semelhante a um hit doo-wop mais antigo chamado "Silhouettes" (Herman Hermit fez uma versão cover dessa música naquela época). Talvez Lennon e McCartney usassem outras canções como "modelos" de vez em quando, assim como John Lennon descreveu a criação de Norwegian Wood inspirada em "Suzanne" de Leonard Cohen. Não se tratava de uma cópia, mas de uma emulação, como se pensassem: "Vamos compor esse tipo de música".

Os Beach Boys sem dúvida usaram "Sweet Little Sixteen" de Chuck Berry como modelo para "Surfin' USA", e depois foram forçados a pagar uma parte dos royalties ao músico. Eles tocavam e cantavam muito bem, todos os integrantes da banda de camisas listradas combinando, e o que era incomum: a câmera mantinha o foco no baterista, Dennis Wilson, enquanto ele sacudia as mechas douradas e espancava a bateria, e as garotas gritando por causa dele. Sem dúvida isso deve ter impressionado um pré-adolescente como eu, que recém começava a se interessar por música pop, e principalmente por bateria, e sua influência sobre um jovem inglês fã de *surf music* chamado Keith Moon também parecia óbvia.

Brian, irmão mais velho de Dennis, embora parecesse nervoso e desajeitado (um indício do "medo de palco" que logo ia obrigá-lo a se retirar das apresentações ao vivo e entrar em sua deplorável reclusão), cantava seu forte e comovente falsete em "Surfer Girl" (que, naquele verão de 1965, eu dancei várias vezes com a ruivinha Doreen Porter no porão da casa dela). Foi comovente assistir Brian Wilson na época em que era jovem, magro – com um ar inocente e sorriso tímido –, por saber como a vida se descortinou para ele nos anos seguintes, à medida que sua visão grandiosa o carregava para além dos limites da insanidade. Quando apresentei *Pet Sounds* ao meu jovem amigo Matt, ele disse que podia ouvir um homem que alcançou seu auge na música, e na época em que essa obra-prima foi concluída (quando Brian Wilson tinha apenas 23 anos), ele já estava em decadência por causa do abuso de drogas e de graves transtornos mentais.

A biografia dos Beach Boys escrita por Steven Gaines, *Heroes and Villains*, é uma história angustiante de "talento desperdiçado e vidas arruinadas", como diz a sinopse da contracapa. Da mesma forma, a biografia de Dennis Wilson, *The Real Beach Boy*, escrita por Jon Stebbin, documenta a espiral descendente do garoto surfista de cabelos dourados rumo ao alcoolismo e às drogas, ao comportamento autodestrutivo e à morte – afogou-se no Oceano Pacífico na praia de Marina del Rey, provavelmente durante um coma alcoólico. Alguma parte de Brian Wilson ainda continua criando música, mas seu irmão caçula, Carl, morreu de câncer em 1998, e Dennis morreu afogado em 1983, com 39 anos, quando já tinha se tornado um alcóolatra patético vivendo na sarjeta.

Como os Beatles, os Beach Boys nunca foram protagonistas da minha história musical, mas eu gostava muito de sua música e certamente gostava do melhor da obra de Brian Wilson, e que história incrível tiveram – tipicamente californiana! Os irmãos Wilson, Brian, Carl e Dennis, cresceram em Los Angeles, no subúrbio de Hawthorne (Dennis era o único que surfava e pilotava os carros de corrida que as canções da banda exaltavam). O começo da carreira da banda foi planejado pelo abusivo pai deles, Murry, e foi Audree, a mãe, quem insistiu que, se Brian e Carl formariam uma banda com o primo Mike Love, Dennis também tinha que fazer parte dela. Foi assim que Dennis se tornou baterista (e, como dizem, de certa forma influenciou Brian, já que era a inspiração para as canções sobre surfe e carros velozes, além disso o título de trabalho para o projeto que deu sequência a *Pet Sounds* era *Dumb Angel*, apelido de Dennis).

Apesar da evolução tardia de Dennis como cantor e compositor, e de sua limitada habilidade na bateria, como todo os outros integrantes da banda ele se sentia diminuído pelo talento e pela visão de seu irmão Brian Wilson. À medida que as composições, a produção e os arranjos de Brian se tornavam mais ambiciosos, ele começou a ficar em casa e gravar os álbuns enquanto o resto da banda saía em turnê e chamava o lendário mestre de estúdio Hal Blaine para tocar bateria nas gravações dos Beach Boys. Obviamente, havia conflitos psicológicos em Dennis, na dinâmica da família e na sensação de "sucesso sem merecimento" que atormenta muitos artistas, mas ele apreciava a vida no estrelato, satisfazendo seu apetite insaciável por admiração, dinheiro, carrões e mulheres. Infelizmente, também tinha igual apetite por drogas e álcool e, como seu fã britânico Keith Moon, Dennis Wilson inexoravelmente caiu numa espiral descendente. Também como Keith Moon, Dennis Wilson, o homem, era mais amado do que ele sentia merecer e simplesmente parecia sem esperança: tentou se recuperar várias vezes, mas nunca conseguiu.

Em sua biografia, *Moon: The Life and Death of a Rock Legend*, Tony Fletcher escreveu que a balada favorita de Keith Moon era "Don't Worry Baby", dos Beach Boys, e sugeriu que Keith talvez realmente precisasse de alguém que o abraçasse e cantasse essa música para ele. Num primeiro momento, achei tal sugestão simplista e superficial, mas depois de ter ouvido muito essa música nos últimos tempos, talvez seja de verdade o que todo mundo precisa: receber um abraço e ouvir *Don't worry baby, everything will turn out all right* (Não se preocupe, amor, tudo vai ficar bem).

A grande revelação de todo o filme The T.A.M.I. Show, e uma apresentação que jamais esquecerei, foi James Brown, que fez uma demonstração intensa e teatral do que a soul music significava. Enquanto a banda tocava um som funkeado ao fundo (com outro ótimo baterista, com uma batida incrível, e hoje me dou conta de que também me impressionou bastante), James Brown fazia uma apresentação maravilhosa, com o gemido dos metais, a coreografia bem ajustada com as backing vocals, interpretando uma música rápida de letra ininteligível a não ser pelo refrão: *You're outasight! (Você desapareceu de vista!)*. Depois disso vinha o chamado poderoso que se repetia e a resposta: *Are you ready for the night train? (Está pronta para o trem noturno?)*.

No encerramento do show com "Please, Please, Please", James parecia cantar e dançar até a exaustão, caindo de joelhos como se tivesse entrado em colapso. Surge um "domador" que coloca uma capa sobre seus ombros e tenta conduzi-lo para fora do palco, enquanto a banda continua tocando, animada e vibrante. Tão logo James chega à extremidade do palco, ele atira a capa para longe e irrompe mais uma vez cantando e dançando, como se estivesse possuído por uma força irresistível. Então, cai de joelhos novamente, e o domador e uma das backing vocals tentam tirá-lo do palco de novo. James os empurra para longe, rasga o casaco e, amparado por uma das cantoras, começa tudo de novo, dançando enlouquecidamente até cair de joelhos novamente e ser ajudado a ficar de pé e continuar.

Dessa vez ele volta para o palco e faz o que só pode ser descrito como uma coreografia de break dance – em 1964! A encenação toda era apenas parte do show do "Godfather of Soul", é claro, mas para este garoto de 12 anos, no verão de 1965, tudo era para valer e eu fiquei tão maravilhado que nunca mais esqueci.

(Há pouco tempo fui a uma festa em Los Angeles, e o álbum de James Brown *Live at the Apollo* estava tocando. Era tão bom que acabei me afastando dos outros convidados e fiquei parado ao lado das caixas de som simplesmente ouvindo a música. James Brown e suas várias bandas sempre foram muito bons).

Os Rolling Stones fecharam o The T.A.M.I. Show com um saltitante e carismático Mick Jagger às vezes imitando James Brown (com quem estavam preocupados, já que se apresentariam depois dele), um Keith Richards com uma aparência impressionantemente jovial e um sorridente Brian Jones, com seu penteado perfeito, sem parecer em nada com o jovem que teria uma overdose e se afogaria na própria piscina alguns anos mais tarde. Charlie Watts estava muito bem enquanto executavam "Round and Round", "Off the Hook", "Time is on My Side" (uma canção de que sempre gostei, com todo aquele trecho de "talking blues" no meio), "All Over Now" e o *grand finale* "It's Alright" com todo o conjunto de artistas e bailarinos dançando no palco. Assistindo ao show hoje, eu me senti inclinado a observar: "Os Stones arrasam" (não sei por que isso seria uma surpresa ou uma revelação!).

Em retrospecto, minha impressão do filme como um todo pode ser sintetizada numa única palavra enfática: MAGIA. Agora percebo que ele foi minha experiência musical formativa absoluta.

Durante minha busca pelo The T.A.M.I. Show me deparei com algumas histórias de bastidores interessantes que me influenciaram anos depois daquele evento marcante.

O tema de abertura, "They're Coming From All Over the World", foi escrito por R.F. Sloan e Steve Berry, uma dupla de estudantes de Ensino Médio, que mais tarde escreveu a primeira "canção de protesto" para Barry McGuire: "Eve of Destruction". O arranjador e líder da orquestra, Jack Nitzsche, que já havia trabalhado várias vezes com Phil Spector, mais tarde trabalhou com os Rolling Stones e com Neil Young, e fez a trilha sonora de filmes como *Um estranho no ninho* e *A força do destino* (com o hit "Up Where We Belong", escrito em parceria com sua esposa Buffy St. Marie). Para onde eu olhava havia muitas histórias.

Os membros da orquestra Leon Russell, Glen Campbell e Hal Blaine, trabalharam em estúdio com os Beach Boys (Campbell chegou até mesmo a substituir Brian Wilson na turnê da banda durante alguns meses), e o diretor do filme, Steven Binder, que havia dirigido o talk-show de Steve Allen, trouxe sua própria equipe do programa de TV para o Santa Mônica Civic Auditorium. Binder mais tarde dirigiu Elvis Presley no famoso Comeback Special, e ele relata uma notável diferença entre aquela experiência comparada aos closes do rosto suado de James Brown no The T.A.M.I. Show: a NBC não queria que ele mostrasse a transpiração de Elvis, nem mesmo seu cabelo – cuidadosamente penteado – desalinhado.

Numa entrevista nos anos 1990, Binder disse que, quando eles estavam editando as imagens para o The T.A.M.I. Show, encontraram um problema difícil de áudio em seu sistema mono: como disfarçar o som inconfundível das garotas da plateia gritando "Me coma!"?

Isso parece inacreditável dado o contexto da época, mas talvez esse "contexto" perceptível necessite de nova análise. Possivelmente, os mais velhos estivessem certos esse tempo todo por temerem o apelo sexual do rock 'n' roll (uma expressão que, casualmente, era um eufemismo afro-americano para o ato sexual). Mas é claro que não se deve realmente culpar o rock: existe uma relação básica entre qualquer tipo de música e apelo sensual, emocional e físico – até mesmo esse grau de loucura adolescente precedeu o rock 'n' roll em alguns anos (só que foi pouco documentado). Parece que nasceu do nada durante a Segunda Guerra Mundial, com as garotas de meia-soquete que, na ausência dos rapazes, ficaram selvagemente histéricas por causa de Frank Sinatra (o que não tinha acontecido com Rudy Vallee ou Bing Crosby!). Depois surgiram as sucessivas ondas de mocinhas que começaram a gritar e a desmaiar por causa de Elvis, dos Beatles e até os dias de hoje com as boybands. Quando Selena tinha 13 anos, eu a levei com sua amiga Mishka para ver o New Kids on the Block no Toronto's Maple Leaf Gardens, que, além de outros pais zelosos, estava lotado com outras 10 mil adolescentes. Juro que dava para sentir os hormônios no ar naquele lugar, uma espécie de onda elétrica.

A puberdade e a música pop tinham uma relação catártica, como se as mudanças hormonais também alterassem a relação dos jovens com a música, porém garotos e garotas reagem de maneiras diferentes. É uma obviedade na indústria musical que as garotas formam o público mais instável: ficam fanáticas pela sensação adolescente do momento por um ou dois anos, depois perdem completamente o interesse de forma repentina. No verão em que Selena tinha 14 anos, ela voltou para casa de um acampamento e arrancou todos os pôsteres do New Kids da parede, e tudo acabou.

Numa tentativa de entender a escassez de mulheres instrumentistas (em contraste com o número de vocalistas) no rock, Camille Paglia observou que os homens apenas são mais obcecados, para o bem e para o mal. Ela afirma que seu ídolo era Keith Richards, dizendo que jamais vai haver uma Keith Richards em versão feminina porque "as mulheres simplesmente não vão dedicar seu tempo ao instrumento". (Embora se deva observar que um dos baixistas mais requisitados em Los Angeles nos anos 1960 era uma mulher, Carol Kaye, que tocou no grupo de músicos de estúdio de Hal Blaine, The Wrecking Crew, em várias gravações importantes incluindo projetos lendários como o álbum *Pet Sounds*).

No mural em frente à minha escrivaninha há um recorte de jornal que eu tenho guardado já há muitos anos: em gráficos tipo pizza, descreve as "carreiras dos sonhos" dos homens e das mulheres. É uma clara ilustração da complicada e muito debatida questão das "diferenças de gênero" e da vida sonhada por moças e rapazes. Entre os milhares de jovens adultos norte-americanos entrevistados, quase metade dos homens queria ser atleta, seguido de executivo ou músico, enquanto as mulheres se dividiam igualmente entre cantora, escritora e médica. Nesses dados a fantasia pesa mais que a realidade.

A sexualidade crua dos primórdios do rock também fica evidente numa compilação de vídeos que encontrei em busca do filme The T.A.M.I. Show. Chamado de *That Was Rock*, o vídeo era apresentado por Chuck Berry e continha algumas apresentações do The T.A.M.I. Show e algumas de outro show de variedades apresentado por Phil Spector no Santa Mônica Civic Auditorium no ano seguinte, 1965, chamado de TNT.

Nesse vídeo também havia algumas apresentações interessantes para ver e ouvir agora, com destaque para a atuação barulhenta, selvagem e magnética de Bo Diddley, acompanhada de um trio de backing vocals usando longos vestidos, uma delas tocando guitarra (uma imagem sexy e de certa forma chocante na época), e um baixista de braços longos que repetia um passo de dança gracioso enquanto ele e o baterista moíam a marca registrada do ritmo de Bo Diddley "corte-e-barba, dois-centímetros". O ritmo cria um transe pela interminável repetição e pela mera presença instigante do próprio artista – nem tão arrogante quanto despreocupado, como se dissesse: "Aqui estou, se quiser, entra na minha ou não". Na adolescência, eu nunca prestei muita atenção aos primeiros "selvagens" do rock, como Little Richard e Jerry Lee Lewis, mas eu passei a entender os feitos autênticos e despojados do que foi uma verdadeira revolução musical e cultural.

Entre as imagens e pôsteres que ficavam pendurados na "instalação artística" psicodélica que era meu quarto de adolescente, lembro uma página da revista Eye com um layout de pop-art com fotos do The Who tocando ao vivo, e uma frase de efeito de Pete Townshend: "O rock precisa voltar ao poder, ao glamour e à insanidade dos tempos de Elvis Presley".

Aquela frase voltou à minha mente tantos anos depois enquanto assistia a Bo Diddley e pensava que agora precisamos mais do poder, do glamour e da insanidade dos tempos de Bo Diddley. Ele não era uma imitação apática do pulso hipnótico e primitivo do rock; ele era o próprio rock 'n' roll.

As Ronettes também se apresentaram no show do filme TNT, que foi produzido por Phil Spector e Ronnie Spector, sua esposa na época: lindas e sorridentes enquanto cantavam uma das obras-primas de Spector, "Be My Baby" (uma canção que Brian Wilson disse ter ouvido tantas vezes que chegou a gastar várias cópias do disco em vinil). Ronnie e as outras duas cantoras de terninho e cabelo bufante pareciam muito mais "presentes" do que as Supremes, bem menos descoladas e distantes enquanto executavam sua coreografia para o hino exuberante e animado "Shout".

Contudo, The Ike and Tina Turner Revue parecia ser a banda mais arrebatadora naquele ano, e Tina exalava uma sexualidade e uma energia impressionantes. Anos mais tarde, disseram que Janis Joplin foi a primeira grande estrela do rock, mas, em retrospecto, Tina parece ser a dona da coroa. Não se trata de uma questão de cor, já que Janis sem dúvida cantava "black music".

Durante o meu desenvolvimento musical, Janis Joplin teve um papel importante na Grande Tela na minha epifania seguinte: o filme *Monterey Pop*. Em junho de 1967, o primeiro verdadeiro festival de rock aconteceu no norte da Califórnia num evento que durou três dias e foi chamado de "The Monterey International Pop Festival". Eu assisti ao filme subsequente no cinema "de arte" em Toronto quando eu tinha 15 anos. Esse foi, para mim, o filme que colocou todas as peças no lugar. Era algo de que eu queria fazer parte – eu me sentia parte daquilo de verdade.

Mesmo agora, *Monterey Pop* continua o mais bem-acabado documentário do final dos anos 1960, tanto musical quanto sociologicamente, e quando eu olho para trás, hoje com 50 anos de sofisticação e de pensamento crítico, mais uma vez fiquei curioso para ver se 35 anos depois a admiração continuava a mesma. As bandas cujos nomes eu desenhei tão artisticamente nos meus cadernos escolares e cujos álbuns eu comprei e amei eram boas de verdade? Resolvi encontrar uma cópia de *Monterey Pop* e assistir de novo para ver o que eu talvez tenha aprendido com o passado.

Enquanto eram exibidos os créditos na abertura com imagens da multidão, a primeira coisa que percebi era que aquelas pessoas, os primeiros hippies, realmente eram pessoas lindas. Os "filhos das flores" eram jovens e inocentes e livres e idealistas: eram os filhos e as filhas do que Tom Brokaw chamou de "a melhor das gerações", já que seus pais haviam sobrevivido e lutado durante a Grande Depressão e a Segunda Guerra Mundial. A geração que se seguiu – os verdadeiros "baby boomers" – sobreviveu e lutou na época seguinte: os anos de conformidade do governo Eisenhower e os tempos dourados dos subúrbios, passando pelas guerras inexplicáveis na Coreia e no Vietnã que continuaram a recrutar os jovens rapazes (mas nesse tempo não se permitiam "heróis") e pela difusa Guerra Fria que manteve todos sob a ameaça da aniquilação nuclear por quase 50 anos – quase a minha vida inteira.

Sem surpresa alguma, os jovens reagiram a isso com abandono existencial, rebelião idealista, não conformidade social, hedonismo dionísiaco e criatividade exuberante. Eram parecidos com a "geração perdida" que surgiu nos anos 1920 no rastro da devastação da Primeira Guerra Mundial – desorientada, desapegada e indiferente ao passado, vivendo desesperadamente o momento de alguma forma. À sua própria maneira, os hippies também eram uma geração forte. Eles sobreviveram a seu próprio tempo, eram fortes e aventureiros, viajavam sem conforto, pediam carona e "apagavam" em qualquer lugar velho, comiam qualquer coisa, se hospedavam em centros comunitários e albergues e adotavam novas atitudes com relação à sexualidade (embora o "amor livre", como T.C. Boyle sugeriu em seu livro dos anos 1960, *Drop City*, talvez tivesse mais a ver com a malícia masculina para se aproveitarem das primeiras feministas que queriam parecer "liberadas").

Os hippies também experimentaram drogas recreativas (dúzias de drogas diferentes – maconha, haxixe, mescalina, peiote, LSD, MDA, STP, pó de anjo, heroína, estimulantes, calmantes, anfetaminas, barbitúricos – algumas delas, infelizmente, quase sempre destrutivas, até mesmo mortais). No meio de tudo isso, havia uma fermentação de dentro para fora, e talvez por causa disso, que os capacitou para criar uma cultura em sua totalidade – roupas, música, estilo de cabelo, decoração, grafismos e até mesmo comida orgânica – lançando uma luz totalmente psicodélica sobre o resto do mundo que em pouco tempo ficou impregnada no ocidente.

Há uma sensação de que, no começo, na época de *Monterey Pop*, essa cultura tinha uma integridade e uma beleza que ainda não estavam manchadas pela comercialização e pelas mortes causadas pelas drogas.

O tema de abertura de *Monterey Pop* era "San Francisco" (*be sure to wear flowers in your hair – não se esqueça de colocar flores no seu cabelo*), interpretada por Scott Mackenzie e escrita por John Phillips do Mamas and the Papas. Phillips era um dos promotores do evento, com inspiração nos festivais anuais de jazz de Monterey, juntamente com o produtor Lou Adler (que produziu The Mamas and the Papas e também a canção de Scott Mackenzie).

O caráter mais caseiro do festival ficou evidente logo no começo do filme nas imagens de Phillips e de Michele, sua esposa na época, que lidavam com telefonemas e negociações (como por exemplo quando John fala ao telefone com Dionne Warwick, que desistiu de participar no último minuto, assim como os Beach Boys, diante das acusações de deserção por parte de Carl Wilson – um sinal do que viria –, embora na verdade a ausência no festival tenha sido porque Brian Wilson temia que o público não gostasse deles – outro sinal do que viria).

A primeira apresentação ao vivo no filme foi de The Mamas and the Papas, com ótima imagem e ótimo som, as vozes se misturando naturalmente dentro das harmonias exuberantes de suas gravações. "California Dreamin" foi particularmente tocante, por causa da época e do lugar. E, mais uma vez, lá estava Hal Blaine (ouvido, porém não visto), que havia tocado em todos os discos da banda e que geralmente também participava das apresentações ao vivo.

Na sequência, foi a vez do Canned Heat, com uma pegada roqueira para a canção de blues de Willie Dixon chamada "Rollin' and Tumblin'". Pelo que se sabe, essa foi a primeira apresentação deles fora de Los Angeles, e ao assistir à banda me lembrei da autobiografia *Living in the Blues*, escrita anos depois da gravação do filme pelo baterista Fito de la Parra, que se juntou ao Canned logo após Monterey e esteve em Woodstock, se tornando o último membro vivo do grupo. Três membros morreram por causa das drogas, mais pelo abuso habitual do que por uma overdose acidental que levou outros, como Janis Joplin, de um jeito que mais pareceu pura falta de sorte. Também é impressionante como os caras da Canned Heat pareciam todos psicologicamente abalados.

Simon and Garfunkel também foram bons, muito bons, ambos cantando lindamente "The 59th Street Bridge Song" (Feelin' Groovy). Eu me lembrei de uma música deles, "America", que meu amigo Tuck e eu costumávamos ouvir no porão da casa dele. Aquela música ainda surge no meu "rádio de capacete" de tempos em tempos, e eu ainda lembro a letra todinha. Outro clássico das estradas norte-americanas.

Os extras da versão em DVD de *Monterey Pop* também trazem lindas versões de Homeward Bound e Sounds of Silence, mostrando por que Paul Simon está entre os maiores compositores de seu tempo. (Hal Blaine me vem à mente mais uma vez por sua ótima performance na bateria das versões de estúdio dessas canções, bem como The Mamas and The Papas, Scott Mackenzie, The Association, Johnny Rivers e The Byrds – só para mencionar os artistas que participaram daquele festival!)

O bandleader sul-africano Hugh Masekela ajudou a tornar Monterey um festival pop realmente internacional, tocando trompete numa banda multirracial (o que deve ter impulsionado hábitos sociais contemporâneos, tanto na África do Sul quanto nos Estados Unidos). Tocou uma composição de Miriam Makeba, "Bajabula Bonke (Healing Song)".

Jefferson Airplane enfatizou o estilo da verdadeira psicodelia em ascensão, e as duas músicas que aparecem no filme deixam claro que Grace Slick realmente era uma ótima cantora. O baixista, Jack Casady, também se destacou. Quando eu estava fazendo testes para entrar no Rush e ficávamos conversando sobre nossas influências, Geddy me contou que Jack Casady era um dos seus baixistas favoritos. Fiquei agradavelmente surpreso ao reconhecer a balada suave "Today", do álbum *Surrealistic Pillow*, que eu adorava na minha adolescência, e continuava uma canção de amor bastante sofisticada.

(Os outros membros da psicodelia de São Francisco, The Grateful Dead, tocaram no festival, mas não apareceram no filme porque, segundo o diretor D.A. Pennebaker, todas as músicas deles tinham mais de 10 minutos: eram longas demais para os rolos de filme das câmeras portáteis da equipe de cinegrafistas, portanto eles nunca conseguiriam captar uma música inteira).

Depois, a maior atração do festival, na época e até hoje: Janis Joplin. Monterey foi a apresentação que lançou a carreira dela, acompanhada da banda Big Brother and the Holding Company, e não é difícil entender a razão disso. "Ball and Chain" é a interpretação definitiva do white blues: Janis parecia totalmente possuída, com o cabelo esvoaçante e batendo os pés acompanhando o ritmo, o desesperado uivo da dor de "todas as mulheres" por causa do fardo insuportável de amar um homem negligente. Cass Elliott aparece no filme de boca aberta, completamente embasbacada enquanto assistia à força da entrega total de Janis Joplin à emoção que ela transmitia tão generosamente com sua voz rasgada, embebida em puro uísque Southern Comfort. Sabendo que ela teria apenas pouco mais de um ano para viver depois das filmagens, comecei a chorar: foi um desempenho incrivelmente poderoso, e termos perdido Janis Joplin foi uma enorme tragédia.

Em seguida, uma longa introdução de violino iniciava a canção "Paint it Black", dos Rolling Stones, interpretada por Erie Burdon, que na época estava prestes a deixar para trás suas raízes como vocalista de blues-rock inglês ao lado da banda The Animals para se tornar uma espécie de ícone da cena musical de São Francisco. Ele passou o inverno entre 1966 e 1967 na cidade californiana e gravou uma nova versão da ótima canção do The Animals, "When I Was Young" (com um lado B chamado "A Girl Named Sandoz", uma ode no estilo acid-rock à empresa farmacêutica que criou o LSD), depois "San Franciscan Nights", e, em meados de 1967, gravou a canção que celebrava a experiência do Monterey Pop Festival: "Monterey".

Um verso daquele épico de curta duração – em que muitos artistas eram imitados instrumentalmente quando se cantava sobre eles – era o seguinte: *His majesty, Prince Jones, smiled as he moved among the crowd (Sua alteza, Príncipe Jones, sorri enquanto circula em meio à multidão).* Uma cena do filme mostra Brian Jones (que também atuava às vezes como mestre de cerimônias) vestido num exuberante terno azul-claro, fazendo exatamente isto: caminhando em meio à multidão de fãs que permitia um lendário músico passear no meio dela sem ser perturbado.

(Jones também aplaudiu entusiasmado a versão de Burdons para a música de sua banda, "Paint it Black", e agora me dou conta de que os Stones nunca se recuperaram dessa perda – parece haver uma dimensão inteira de sua música, uma espécie de profundidade que se foi juntamente com Brian Jones).

Durante os ensaios da turnê do Rush *Vapor Trails*, na primavera de 2002, nós três conversávamos sobre a ideia de que cada um de nós escolhesse uma música antiga da nossa juventude para termos algo diferente que pudéssemos tocar no show, talvez durante o bis ou um "deleite" alternativo para incendiar o setlist.

Durante anos, "When I Was Young", de Eric Burdon, ficou tocando no meu rádio portátil mental e eu imaginava uma versão mais lenta e mais pesada para aquela letra fervorosa e rebelde: *When I was young, it was more important/ Pain more painful, laughter much louder, yeah... When I was young* – *(Quando eu era jovem, importava mais/ A dor era mais dolorida, as risadas eram mais altas, sim... Quando eu era jovem)*. (A letra foi escrita por Burdon quando ele tinha 25 anos de idade). Querendo conferir a versão original, encontrei um álbum tipo *O melhor de...* e descobri alguns tesouros totalmente esquecidos a não ser por rádios especializadas em sucessos antigos que tocavam "House of the Rising Sun" e "Don't Let me be Misunderstood".

Mesmo tendo nascido em Newcastle, na Inglaterra, Burdon tinha uma das vozes de blues mais autênticas e permanentes, ao mesmo tempo dura e comovente, com um fraseado particularmente delicado e um estilo natural que parecia mais sentido do que imitado. A bateria de Barry Jenkins era sólida e às vezes criativa, como na única batida do bumbo que ele soltava no meio de "When I Was Young", simplesmente perfeita, assim como alguns de seus movimentos e rulos na caixa.

Mas quem realmente impressionava era o baixista, Danny McCulloch. Na música "Monterey", sua performance foi tão enérgica, melódica e envolvente que eu poderia ouvir apenas o baixo naquela música, algo raro.

Então finalmente chegou o momento da atração que me deixou eletrizado aos 15 anos, e que ainda faz meu coração palpitar: The Who executando "My Generation".

Embora eu já fosse fã do The Who graças a Graeme and the Waifers, que faziam covers dos primeiros hits da banda, eles não eram muito conhecidos na América do Norte na época e só haviam feito alguns shows como banda de abertura de Herman's Hermits. Mas tudo iria mudar. Pete Townshend pegou o microfone e disse: "É aqui onde tudo termina", e eles começaram a execução visceral do hino máximo do punk *Why don't you all f-f-fade away* – *Por que vocês todos não desaparecem.*

Como aconteceu com Dennis Wilson no The T.A.M.I. Show, a câmera fazia um enquadramento incomum sobre o baterista, Keith Moon, dando closes e capturando uma sequência de expressões faciais lunáticas enquanto ele detonava a bateria Slingerland alugada (ele sempre tocava numa bateria Premier, mas seu próprio equipamento não pôde ser transportado da Inglaterra para os EUA a tempo).

No fim da apresentação, a anarquia total: o microfone sendo girado como um laço, a bateria chutada para todos os lados, as bombas de fumaça pegando fogo, Townshend estraçalhando a guitarra nos pedestais de microfone, nos amplificadores e finalmente no chão do palco, quebrando ao meio o braço do resto do instrumento e saindo do palco sob os zunidos e zumbidos de microfonia. (Nesse meio-tempo os ajudantes de palco corriam de um lado para o outro tentando salvar os microfones da equipe de som para usar durante o resto do festival).

É claro que nada seria capaz de superar isso, e no filme eles cortam para o proverbial "algo totalmente diferente": uma apresentação de Country Joe and the Fish ainda sob a luz do sol intitulada "Section 43". Tratava-se de um tipo de música ambiente psicodélica, o trance primordial, que minhas observações atuais só podem descrever como "totalmente esquisita". Em meados dos anos 1970, o guitarrista, Barry Melton, dividiu o palco com o Rush num clube do sul da Califórnia quando eu toquei uma bateria Slingerland com acabamento cromado inspirado na bateria Premier que Keith Moon usou na turnê de Tommy.

Tantas conexões no circuito musical.

Na sequência, Otis Redding, totalmente cool e cantando muito bem, primeiro uma música animada chamada "Shake" e depois uma balada clássica, "I've Been Loving You Too Long", que crescia até atingir o clímax poderoso. A banda dele, Booker T and the MGS, também era ótima, principalmente o baterista, e resumi minha opinião atual numa única palavra: "Maravilhoso". Infelizmente, Otis Redding seria outra perda trágica: morreu num acidente de avião naquele mesmo ano (na verdade, depois de Monterey, Otis Redding passou um tempo em São Francisco onde escreveu "Sitting on the Dock of the Bay", que foi gravada pouco antes de sua morte e lançada postumamente).

Em seguida, Jimi Hendrix, sobre o qual, naquele mesmo ano, meu professor de bateria substituto tinha afirmado: "Isso muda tudo". Assim como o The Who, que eu também idolatrava, a música de Hendrix não era muito conhecida na América do Norte, e Monterey foi o lugar e o momento em que isso mudou. Brian Jones o apresentou como "o guitarrista mais vibrante que já ouvi na vida".

A discussão entre Hendrix e os caras do The Who sobre quem iria se apresentar primeiro está muito bem documentada (dizem que Hendrix chamou Pete Townshend de "branquelo") e Hendrix, que perdeu a disputa no cara ou coroa, estava disposto a fazer tudo que estivesse ao seu alcance para ofuscar o final explosivo de "My Generation". Antes de mais nada, havia o visual do guitarrista, que foi descrito detalhadamente para a Newsweek por um jornalista da época, Michael Lydon, que esteve presente no festival:

Hendrix é um cara de aparência estranha. Muito magro, com a cabeça grande e o queixo protuberante, Hendrix tem uma cabeleira tremenda que fica presa descuidadamente por uma faixa Apache. Ele é ao mesmo tempo curiosamente bonito e tão selvagemente grotesco quanto o primordial Homem Selvagem de Bornéo. Vestia calças e um boá escarlate, uma jaqueta rosa sobre um colete preto e amarelo e uma camisa branca bufante.

Em seu número final, "Wild Thing", do The Troggs, Hendrix tocou a melodia de "Strangers in the Night" de Frank Sinatra (um hit da época) como solo de guitarra – com uma mão só –, depois tocou o verso seguinte com a guitarra nas costas, erguendo o instrumento até o rosto e tocando com a palheta entre os dentes. Em seguida, criou seu próprio final anárquico, com o baterista Mitch Mitchell moendo a bateria, acelerando num ritmo frenético. Jimi, de joelhos e montado em sua Stratocaster, derramou fluido de isqueiro sobre ela e a incendiou, e só depois quebrou a guitarra sobre o palco.

Outra apresentação difícil de se seguir e, de novo, o filme usou uma mudança abrupta de atmosfera na edição dando sequência para a doce versão solo de Cass Elliot para "Got a Feeling". Por mais diferentes que seus estilos fossem, Hendrix estaria morto em setembro de 1970 e Cass em 1974, ambos infelizmente por causa do abuso de drogas e de álcool.

Como deveria ser, o *grand finale* da versão para o cinema do Monterey International Pop Festival foi a apresentação de Ravi Shankar, que tocou uma raga na cítara longa num uníssono impressionante com o músico virtuoso Alia Rakha na tabla e uma mulher chamada Kamala tocando outro instrumento de cordas, a tambura. Pelo que se sabe, Shankar tinha solicitado ao público que não fumasse naquela tarde durante o show de três horas e também que os fotógrafos não fizessem imagens, e ele se perguntou em voz alta: "O que estou fazendo num festival de música pop se minha música é clássica? Eu sabia que encontraria vocês todos em um único lugar, vocês para quem a música significa tanto. Isso não é pop, mas fico feliz que seja popular".

O público parecia estar completamente extasiado pelo feitiço oriental da música, levitando com as melodias e os ritmos intrincados enquanto balançavam e giravam os corpos em movimentos estranhos e exóticos, elevando-se até o clímax de prestidigitação e comunicação quase telepática entre os músicos.

Jimi Hendrix e Micky Dolenz pareciam estar em posição de reverência enquanto assistiam à apresentação, e é interessante notar que depois de ver Hendrix tocar em Monterey, Dolenz fez campanha para que Jimi Hendrix Experience fosse o show de abertura da turnê dos Monkees naquele ano. Previsivelmente, a música de Jimi não foi um sucesso junto ao público adolescente, e logo ele se desligou da turnê. (A biografia de Hendrix escrita por Chris Welch contou um episódio em que as Filhas da Revolução Americana protestaram contra a "sexualidade" de sua apresentação, o que na verdade foi uma história fabricada para gerar publicidade a partir daquela situação).

Outra celebridade no público, Tommy Smothers (e também mestre de cerimônias), ficou tão impressionado com a apresentação do The Who que os convidou para o show de humor semanal que ele apresentava com seu irmão Dick: "The Smothers Brothers Comedy Hour". Meus colegas de escola que eram fãs do The Who (todos os três) ficaram empolgados quando, depois de executar o ato de autodestruição em "My Generation", Townshend também pegou a guitarra de Tommy Smothers e a destruiu no palco. Nós achávamos aquilo muito legal.

Por várias razões, algumas bandas interessantes que tocaram em Monterey não aparecem no filme, mas algumas foram incluídas nos extras no lançamento do DVD (uma das que não apareciam era uma banda de rock canadense chamada The Paupers, que recentemente tinha assinado com o empresário de Bob Dylan, Albert Grossman). Buffalo Springfield, na companhia de David Crosby, preencheu a vaga de Neil Young, que recém havia sido convocado, para desgosto da banda de Crosby, The Byrds, que também tocou em Monterey – uma corrente que levou a várias permutas entre Crosby, Stills, Nash e Young, The Association, Laura Nyro (excelente, embora ao que parece a apresentação intimista da cantora não foi muito bem assimilada pelo público), Quicksilver Messenger Service e outras bandas importantes: o tour-de-force de blues elétrico com Paul Butterfield (na primeira vez, de alguma forma, não prestei atenção em sua música, mas ele era ótimo), The Blues Project, Al Kooper e The Electric Flag (o repórter Michael Lydon elogiou o baterista que mais tarde tocaria com Hendrix: "O baterista Buddy Miles – um negrão com penteado selvagem que parece um irmão durão de Detroit e que na verdade é filho de uma família bem de vida de Omaha que estudou em escolas particulares – toca com energia explosiva, nocauteando os pratos").

Tais termos raciais anacrônicos narram a história da época, e os dramas políticos dos bastidores também têm suas narrativas e trazem indícios de outras. O festival foi organizado por uma comissão honorária que incluía Donovan, Mick Jagger, o empresário dos Stones Andrew Oldham, Paul Simon, John Phillips, Smokey Robinson, Roger McGuinn, Brian Wilson e Paul McCartney (que, pelo que se sabe, indicou o The Who).

Entre outras coisas, havia tensão racial. Phillips afirmou tempos depois: "Smokey era completamente inapto como diretor. Acho que pode ter sido alguma coisa com Jim Crow. Muitas pessoas criticaram Lou Rawls por se apresentar. 'Você está indo para um festival dos brancos, cara', era o que diziam. Havia tensão entre as bandas brancas que estavam começando a ter suas próprias ideias e os negros que estavam apenas repetindo as suas. A tensão está diminuindo o tempo todo, mas ela realmente aflorou ali, não tenho dúvidas".

O empresário do Grateful Dead foi citado criticando os organizadores: "De todas as tramoias astutas e explorações sórdidas no momento, essa foi a mais abominável". Paul Kantner do Jefferson Airplane expressou a divisão que existia até mesmo entre São Francisco e Los Angeles, dizendo que Monterey foi "totalmente arruinado pelos interesses de Los Angeles". Outro músico indagou: "Alguém realmente sabe onde esses caras de L.A. estão?". Country Joe McDonald chamou o festival de "uma liquidação ética total de tudo o que havíamos sonhado".

Não fica exatamente claro por que eles se sentiam daquela maneira, até porque mesmo os honoráveis membros da "comissão de governadores" simbolizavam o espírito idealista do evento, e todos os artistas receberam apenas um cachê que cobria seus gastos, já que os lucros foram doados para uma fundação de caridade que parecia ser legítima. (Phillips falou sobre o convite a Chuck Berry: "Eu disse a ele no telefone, 'Chuck, é para caridade', e ele me disse 'Chuck Berry tem apenas uma caridade e é Chuck Berry, $2.000,00'. Não podíamos abrir uma exceção".)

"As bandas de São Francisco ficaram com um gosto amargo na boca diante do mercantilismo de L.A.", refletiu o coprodutor do evento, Lou Adler, "e é verdade que estávamos numa indústria voltada somente para os negócios. Não era um hobby. Chamaram de ardiloso, e tenho que concordar com eles. Não podíamos encontrar a conexão. Toda vez que John [Phillips] e eu íamos até lá, havia briga – quase chegamos às vias de fato em certas ocasiões. E isso se prolongou até o dia da abertura do festival, com o The Dead – The Ungrateful Dead, como os chamávamos – que ameaçavam organizar um festival paralelo".

E isso foi o começo do Verão do Amor. Continuou com o filme *Sem destino* em 1969 e depois com a expressão máxima dos festivais de rock dos anos 1960, Woodstock, no verão de 1969. Por muito pouco não participei deste último. Com quase 17 anos, eu estava tocando na formação final de uma banda chamada The Majority (havia constantes trocas de membros nessa banda conflituosa), e nós quatro ouvimos falar do festival que aconteceria no estado de Nova York. Bob, Rick (o único guitarrista que vi na vida que tocava "air guitar" segurando o antebraço direito junto ao peito, como se fosse o braço da guitarra e "dedilhando" as cordas imaginárias com a mão esquerda enquanto "tocava" junto com o rádio ou o disco), Paul e eu decidimos ir juntos com a van da banda e dois caras foram até Buffalo, na fronteira, para comprar os ingressos, mas disseram a eles que o festival tinha sido cancelado. Não sei como nem por que falaram isso, mas foi uma pena. Portanto, eu lembro exatamente onde eu estava depois de não ter ido a Woodstock: no chalé da minha tia, que tocava teclado, à beira de um lago em Ontário.

Foi lá que fiquei enquanto não assistia a The Who, Jimi Hendrix, Janis Joplin, Santana, Joe Cocker, Crosby Stills e todos os outros.

Mas até mesmo vendo o filme de Woodstock – a primeira vez quando foi lançado em 1969 e agora 30 anos depois – parece claro que alguma coisa mudou dois invernos depois de Monterey. A inocência, a ingenuidade e o idealismo estavam abrindo caminho para a amargura e o ressentimento com relação ao Vietnã, ao alistamento, aos direitos civis e outras questões políticas e sociais, à desilusão com a comercialização e, talvez, à aceitação cada vez mais universal da estética hippie, um tipo de cinismo quanto à saturação do "movimento jovem".

Depois de Monterey, Brian Jones disse: "Eu vi uma comunidade se formar e conviver durante três dias. É tão triste que isso tenha que se romper". Depois de Woodstock, Pete Townshend disse que tinha "odiado" aquilo e falou para um repórter: "Olha, isso é a porra do sonho americano, não é o meu sonho. Não quero passar o resto da minha vida na porra da lama, fumando essa porra de maconha. Se isso é o sonho americano, nos deixe ganhar nossa porra de dinheiro e voltar correndo para Shepherd's Bush, onde as pessoas são pessoas".

Em Woodstock, havia os infames avisos no sistema de som para ficar longe do "ácido marrom", e as pessoas estavam se dando conta de que ficar chapado podia ter mais consequências que uma "ressaca". No começo daquele ano, a terrível lista de perdas no mundo do rock relacionadas às drogas tinha começado com Brian Jones, que sofreu uma overdose e morreu afogado em sua própria piscina.

O Verão do Amor e os anos 1960 terminaram no final daquele ano, quando os Rolling Stones se apresentaram (já com o substituto de Jones, Mick Taylor) num "show gratuito" em Altamont, Califórnia. O fotógrafo da turnê, Ethan Russell, escreveu: "A coisa mais assustadora em Altamont, percebida por todos, foi como grande parte do público não estava apenas chapada, eles estavam totalmente ausentes. Seus olhos não estavam em transe, eram vazios".

O clube de motociclistas Hells Angels alegou que tinha sido contratado para a segurança pelo promotor do evento, Bill Graham (que mais tarde achou prudente negar o fato), mas de qualquer maneira eles se tornaram o olho do furacão de tensão e violência. Enquanto a massa intoxicada se espremia em torno do palco, as preciosas motocicletas dos Angels eram derrubadas e os motoqueiros revidaram com golpes de taco de sinuca. Mick Jagger tentou acalmar a situação sem sucesso, e a violência continuou a irromper durante todo o show, até que, enquanto os Stones tocavam "Under my Thumb", um membro dos Angels esfaqueou um adolescente negro até a morte bem em frente ao palco. (Alguns relatos na imprensa terminam a história aqui, fazendo parecer que foi um ato de brutalidade racista, mas não foi bem assim: quando eu assisti ao filme de novo, lembrei que a vítima claramente estava fora de controle e agitava uma arma no meio de uma multidão gigantesca. Não era motivo para ser assassinado, é claro, mas se trata de um cenário diferente e revelador.)

Todo o acontecimento fora de controle, incluindo as facadas, foi registrado no filme *Gimme Shelter*, originalmente planejado para ser um documentário da turnê dos Rolling Stones de 1969. O destino ofereceu um clímax assustador para a turnê da banda e para o filme e se tornou um símbolo para a geração que atingiu a maturidade nos anos 1960. Era o fim de alguma coisa.

Da inspiração do The T.A.M.I. Show aos 12 anos, eu tinha crescido para me afirmar com o *Monterey Pop* aos 15. Mas aos 17 anos, quando assisti a *Gimme Shelter* pela primeira vez, o que eu senti era vergonha.

A música e a vida me ensinaram muito durante aqueles anos, e que professores eu tive! Dizem que o homem que se afirma autodidata tem um tolo como professor, mas eu literalmente aprendi com centenas de pessoas, na música, na literatura e na vida, e elas se tornaram parte de um *continuum* que me inspira e me motiva a seguir para a frente e para cima.

Em diferentes períodos do meu desenvolvimento como baterista, eu fui diretamente orientado por Don George e Freddie Gruber. Mas, de maneira indireta, o adolescente de 16 anos que fui será eternamente inspirado, entre outros incontáveis exemplos de uma vida inteira, por parâmetros como o virtuosismo e a dedicação de Buddy Rich, a musicalidade magistral de Hal Blaine e a exuberância e a entrega de Keith Moon.

Olhando para trás no meu desenvolvimento como pessoa (penso na excelente frase de Bill Bruford: "A vida além dos pratos"), tantos nomes e rostos surgem. Velhos amigos e vizinhos, é claro, mas o mais importante é que muitas pessoas deixaram uma marca positiva na minha vida: professores de colégio, professores de bateria, salva-vidas, guitarristas, avós e até mesmo meus pais.

Num mundo tão carente de heróis a ponto de termos que inventá-los – comprar e vender super-humanos feitos da matéria comum de atores, atletas ou artistas só para depois nos voltarmos contra eles por serem, como o velho Fred Nietzsche colocou, "humanos, demasiado humanos" – talvez os modelos de que realmente precisamos estejam bem ao nosso lado, na vizinhança. Não se trata do modelo de perfeição remota que só existe como uma fantasia, frustrantemente inatingível, mas das pessoas do dia a dia que nos mostram de verdade, por meio do exemplo, um modo de se comportar que possamos ver como bom, e às vezes há pessoas que podem nos mostrar como é ser excelente.

Um salve a todos os meus professores.

VERSO TRÊS

"Workin' them angels overtime"
"Dando trabalho extra aos anjos"

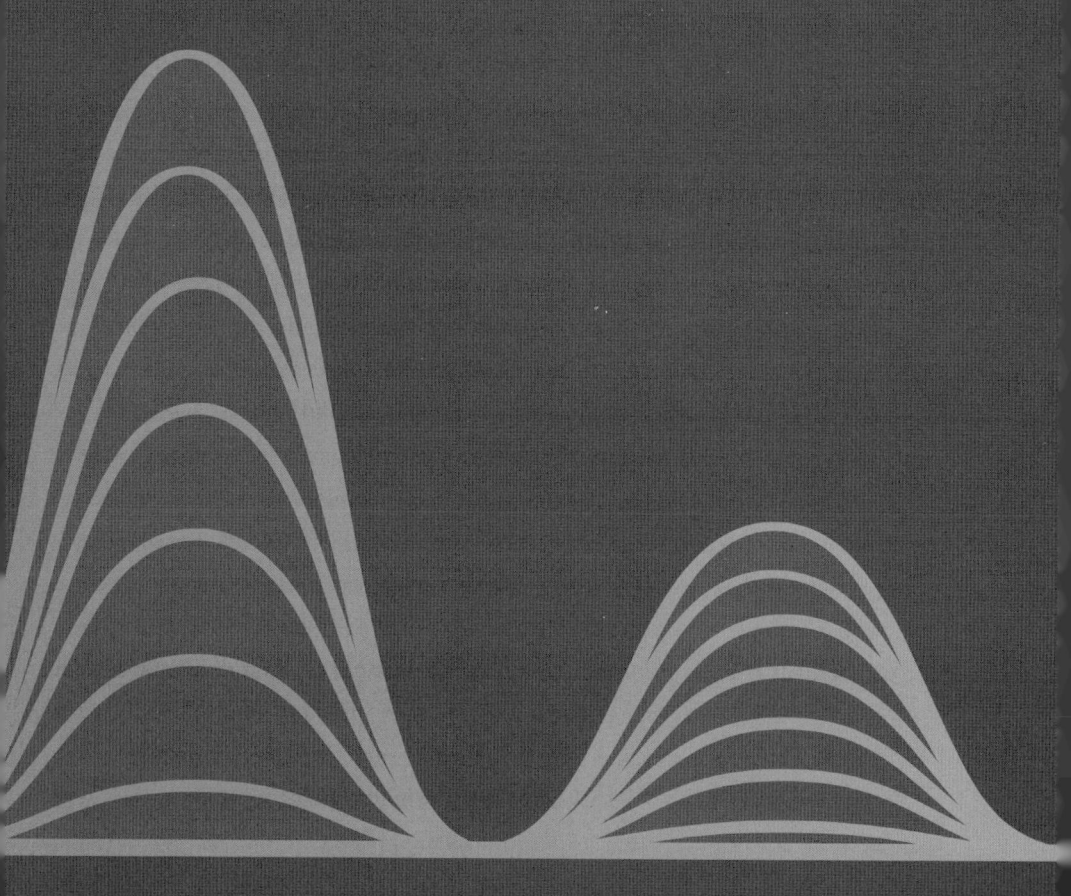

Cruzando o estacionamento do Sands Motel até o restaurante, reparei em duas motocicletas modelo touring já bem viajadas – uma antiga BMW e uma Honda – estacionadas na frente de um dos quatros, e imaginei que os dois motociclistas tinham decidido buscar refúgio mais cedo. A temperatura no oeste do Texas estava em torno de 4 graus, e os ventos ainda eram fortes e tempestuosos. Não era um bom tempo para se andar de moto, e mais uma vez fiquei feliz por estar de carro.

Os motociclistas às vezes se referem aos veículos de quatro rodas como "gaiolas". Já compartilhei esse ar de superioridade quando montado sobre duas rodas – seja de bicicleta ou de moto –, a sensação de me sentir mais livre, mais em contato com o cenário, o clima e o mundo ao meu redor, mas para mim era difícil pensar num carro como se fosse uma gaiola. Me parece mais um "módulo", talvez uma espaçonave, um casulo de paz sensorial em alta velocidade, perfumado com o couro sofisticado, que me protege e me enche de mimos enquanto aceleramos ao longo do dia. Mesmo não sendo tão aberto ou ágil como uma motocicleta, ainda me parece pronto e ágil em sua resposta, uma extensão da mente e do corpo. Mesmo quando não estou dirigindo o Z-8, sinto prazer em apenas olhar para ele (amor verdadeiro), e enquanto eu caminhava até o restaurante não pude evitar parar e dar uma olhadinha para trás e admirar suas linhas fluidas, a pintura negra ainda brilhando sob a pátina de mil quilômetros de poeira e de insetos esmagados.

Então me questionei, não pela primeira vez, se era possível amar uma máquina. Homens em particular geralmente são ridicularizados pelo fascínio frequente por coisas mecânicas. Aqueles entre nós com a pretensão de ser mais evoluídos ou sensíveis podem ser levados a sentir culpa por causa de tais instintos superficiais e materialistas, como se eles fossem a marca de uma brutalidade atávica. Mas tal sentimento pode ter mais relação com a paixão pela arte, a ressonância que se sente diante da beleza, e mais além: reside em experiências compartilhadas. Às vezes, ao final de um longo dia na minha moto, eu passava por ela na frente de um hotel de beira de estrada e me sentia compelido a dar um tapinha de apreciação e afeto. A máquina e eu compartilhamos uma longa jornada, dura e perigosa, e sobrevivemos a tudo isso; tendo sido a máquina robusta e confiável, eu me sentia grato. Apreciativo.

O manual de capa dura, em formato largo, que veio junto com meu Z-8, descrevia sua evolução e categoria, e foi diagramado e produzido como uma obra de arte ele próprio (envolto numa capa feita com o mesmo couro vermelho usado no estofamento, com uma foto polaroid do veículo pronto na fábrica em Munique), e incluía um poema chamado *Ode a um Automóvel,* de Wolf Wondratschek.

É como amor.
Queremos nos maravilhar. E,
Se para sempre ou não
Queremos tocar as coisas que não compreendemos
Queremos captar tudo.
Até mesmo o invisível.
O que poderia ser
Além de um carro?

Desmontar as peças
Parafuso por parafuso
Onde o segredo pode estar?
Do lado de fora, dentro, abaixo,
Ou sob o capô?
Voltamos a acreditar em milagres?
O Jardim do Éden agora tem
Uma pista de corridas? Como seria
Encher o tanque de um sonho?
É como amor.
Qualquer exagero é permitido,
Mas, por favor: sem muita conversa.

Em vez disso, apenas deixe o motor roncar
E misture o que você ouve
Com as batidas do seu coração.

Deixando de lado a poesia, o restaurante The Sands, ao lado do hotel, foi outra de uma série de experiências culturais de uma vida inteira, um lugar humilde de revestimentos baratos, fórmica e cardápio diário de carne e batatas. Dois velhos agricultores muito obesos sentaram-se à mesa ao lado da minha, parecendo excessivamente rechonchudos como o gado que provavelmente criavam. As camisas de poliéster estilo caubói estavam estourando nas laterais e também sobre as formidáveis fivelas de cinto, e suas cabeças grandes e arredondadas ostentavam chapéus Stetsons gigantes. Estranhamente, havia algo com relação à atitude deles que me fez sorrir e simpatizar com eles. Talvez fosse apenas a óbvia autenticidade. Pensei sobre como me sinto frequentemente com relação a estranhos quando eu estou viajando, observando-os com os amigos ou a família em um restaurante, gostando ou não deles com base em observações um tanto efêmeras, aparentemente intuitivas, e me perguntando o quanto tais primeiras impressões podem ser confiáveis.

Provavelmente não muito, embora houvesse algo mais do que mero "preconceito superficial" ao observar o modo como as pessoas se apresentam ao mundo, algumas mais do que "julgando o livro pela capa", por exemplo, enquanto pedalo na minha bicicleta e passo por um punk folgado de olhar opaco andando de maneira desengonçada e preguiçosa pela rua com um ar de escárnio, ou por uma mulher que define a si mesma pela ilusão de gaste-o-que-precisar na busca da juventude e da beleza. Se via mais do que aparência ou roupas ou embelezamento; num sentido mais amplo, era o *rosto* que essas pessoas vestiam.

Cedendo a presunções descaradas e estereótipos, esses dois velhos rapazes do oeste do Texas podem muito bem ser tão opostos a mim quanto humanamente possível. Sem dúvida eles se importavam pouco com livros, arte ou música, e provavelmente compartilhavam os preconceitos culturais do seu ambiente, com pelo menos certa tendência ao racismo, ao machismo, à homofobia e sendo estreitamente religiosos e reacionários. Ainda assim, apesar de tudo isso, eu sentia que provavelmente eram homens de bom coração, e se eu tivesse um problema e pedisse ajuda para eles, me ajudariam com boa vontade.

O restaurante The Sands em Van Horn, Texas, lembrava o Cowboy Café em Tilden, Texas, apenas algumas centenas de quilômetros dali, onde Brutus e eu tínhamos parado certa manhã em dezembro de 1996. O Cowboy Café parecia saído de uma peça de teatro de Sam Shepard ou de um livro de Cormac McCarthy, nos mostrando algumas das mudanças no "estado de ser texano".

O show em Dallas (em 3 de dezembro de 1996) tinha sido muito bom, o público aplaudiu, cantou, assoviou e gritou mostrando seu apreço. Era uma turma feliz, e foi bom sentir que as pessoas estavam se divertindo daquela forma – principalmente enquanto eu me esforçava e suava tanto por elas. Um cara no meio do público, algumas fileiras além do palco, segurava um celular, o teclado com aquela iluminação verde acesa, enquanto a arena ficava no escuro entre uma música e outra. A luzinha verde balançava para cima e para baixo enquanto ele falava ao telefone, então, quando começávamos outra música, ele segurava o aparelho virado em direção ao palco, talvez numa ligação para um amigo que não conseguiu ir ao show, que estava ouvindo tudo no trabalho ou no quarto.

(Muitos anos atrás, em Dallas, me deram um chapéu de caubói customizado, um modelo discreto e elegante "five gallon", de um membro de uma família que fabricava chapéus. Aquele chapéu serviu como meu "chapéu para compor letras de música", já que eu gostava de dizer que era impossível se levar muito a sério enquanto estivesse usando um chapéu de caubói. Quando eu enviei um cartão para agradecer o jovem fã e sua família, mencionei como o chapéu se ajustou perfeitamente à minha cabeça, dizendo que "a maioria pensa que minha cabeça é *maior* do que é na verdade!")

Dava para sentir que eu estava tocando bem naquela noite, mas nunca é fácil: eu nunca consigo relaxar e achar que está tudo garantido, ou controlar minha *intensidade* profissional. E, como sempre, eu mirava lá no alto. No final, foi um show sólido, nota 9, mas eu queria 11. Anotação do diário: "Me esforcei muito para ser ótimo, só que isso não aconteceu!".

Duas horas depois de sairmos de Dallas, Brutus e eu já estávamos dormindo quando David parou o ônibus numa parada de caminhões em San Marcos. Quando acordei com o despertador de manhã, espiei pela janela do ônibus e vi caminhões molhados, asfalto molhado e um céu escuro e nublado. Murmurando "roupa de chuva de novo", peguei meu macacão e saí para ajudar Brutus a descarregar as motos do trailer.

Seguimos para o sul debaixo de chuva intermitente, mas a temperatura amena tornou a viagem agradável e tranquila. As estradas vicinais do interior são sinalizadas como "Estrada do Rancho" ou "Estrada da Fazenda", mas a distinção geralmente não era muito clara. Sem dúvida alguma tinham o mesmo cheiro – de esterco, o aroma da minha infância – e isso sugere um tipo de simbiose escatológica que poderia ser um modo mais alegre para os vegetarianos enxergarem os ranchos de gado: fábricas de fertilizante para agricultores e seus legumes e verduras.

De qualquer maneira, essas estradas aromáticas eram planas, faixas estreitas de asfalto com duas pistas, sem acostamento nem cabos de energia elétrica rasgando a vista dos campos de terra arada. De certa forma, os espaços abertos no mapa do sul do Texas nos fazem pensar numa terra desolada, mas obviamente fértil e engenhosamente cultivada. Discos de arado pentearam o solo marrom até formar contornos e redemoinhos graciosos, e os campos se estendiam em elegantes plantações. Com a minha herança rural e a experiência em equipamentos agrícolas, eu não podia deixar de admirar esse exemplo de habilidade no manejo de tratores e "excelência na terra".

A paisagem das fazendas foi substituída por pastagens áridas e onduladas e rebanhos escuros de gado que se encurvavam sob o céu sombrio. Dois falcões voavam no meio de algumas árvores nuas, a plumagem radicalmente padronizada em luz e sombra, como corvos de riacho. A vegetação rala que cobria as pastagens estava verde por causa das chuvas recentes, e ocasionalmente marcada por pequenos poços de petróleo, um equipamento de perfuração de aparência pré-histórica que subia e descia em câmera lenta.

Longos trechos de estrada vazia nos levaram até cidadezinhas em encruzilhadas, pouco mais que um posto de gasolina e uma loja de conveniências, e talvez uma concessionária de implementos agrícolas e uma loja de ração. Os motoristas nas estradas vicinais do Texas pareciam admiravelmente educados e atentos. Na verdade, quando nos viam pelo retrovisor, moviam o carro para a direita o máximo que podiam, alguns até trafegavam no acostamento – quando havia um – para nos deixar passar. Velhinhos dirigindo Cadillacs, senhoras de cabelos brancos em Buicks, caubóis em caminhonetes e caminhoneiros, todos acenavam para nós alegremente. Os modos na estrada eram diferentes nos arredores de Houston e Dallas, é claro, onde a agressão territorial (e o volume de trânsito) eram consideravelmente maiores, mas sem dúvida nós gostamos muito das boas maneiras nas estradas vicinais do sul do Texas.

Paramos em Freer para abastecer e nos sentimos aquecidos o suficiente para tirar a capa de chuva e desligar os coletes aquecidos. Algumas gotas respingaram no meu visor quando partimos novamente, e fiquei pensando se guardar as capas de chuva tinha sido um ato de ousadia tolo, desafiando os deuses a nos dar uma boa encharcada. Mas a chuva parou.

Pensar no café da manhã começou a ser um tormento, e fiquei tentado a sair alguns quilômetros da nossa rota por causa das placas que apontavam para cidades onde podíamos encontrar uma lanchonete. Muitas das cidades nessa parte do sul do Texas tinham nomes como Peggy, Nell, Rosita, Alice, Christine, Charlotte, Marion, Helena e Bebe, e eu imaginava os caubóis solitários atormentados por causa das garotas que deixaram para trás. (A população feminina na fronteira do Texas, como em todo o oeste, provavelmente era metade formada por esposas e filhas, e a outra metade por prostitutas).

Brutus e eu seguimos em frente, nos martirizando por causa das lanchonetes que deixamos para trás. Finalmente chegamos a outra cidadezinha de encruzilhada, chamada Tilden, sede do Condado de McMullen. Mais um fórum de tijolos à vista com telhas de cerâmica que ficava de um lado da rodovia, e do outro lado havia o Cowboy Café.

As paredes internas estavam forradas com filas de chapéus de caubói bem surrados, cada um com uma etiqueta com nome e ano, e um pôster de um filme de faroeste dos anos 1950 estrelado por Rex Allen, o "Caubói de Oklahoma". Uma foto emoldurada do próprio Rex estava autografada com aquele bom humor do interior, testemunhando que o Cowboy Café "encheu nossa pança muito bem".

Brutus e eu tiramos mais umas camadas de roupa enquanto tocava Willie Nelson no rádio, então nos sentamos à mesa ouvindo a melodia de "Don't Come Home A-Drinkin' With Lovin' on Your Mind". Já quase perto do meio-dia, o Cowboy Café tinha apenas outro cliente, um homem com um chapéu de palha, calado e debruçado sobre o prato. Uma mulher baixinha, mexicana, veio até nossa mesa, o corpo franzino era quase da mesma altura que nós – sentados. Ela vestia uma camiseta larga onde se lia "Sempre uma Dama" e seu sorriso largo e bom humor logo nos fez rir com ela. Olhamos um para o outro e sorrimos; este lugar era mesmo autêntico.

Perguntei a Brutus como ele estava se sentindo, e ele me disse que os ferimentos pareciam estar se espalhando pelo corpo. Isso foi cerca de uma semana depois do acidente na Angeles Crest Highway, quando ele derrapou num trecho com gelo e deslizou pela estrada a 80 quilômetros por hora. O pior machucado foi causado pelo alforje da moto que caiu sobre o pé, mas é claro que o corpo inteiro também sofreu com a queda. O pé esmagado parecia melhor, e as costas já não estavam tão doloridas, mas agora era o joelho que o incomodava, e às vezes fraquejava quando ele se erguia e colocava o pé no chão.

Balancei a cabeça e apontei o dedo na direção dele, como uma mãe dando sermão: "Sempre acontece alguma coisa com você, não é?".

Um cara alto e magro entrou vestindo calça jeans e uma jaqueta bem-alinhada, além de camisa com colarinho. Ele se sentou à mesa ao nosso lado, dizendo "Dia, Glória", e depois de um pouco de conversa com ela, se dirigiu a nós. Parecia ter uns 50 anos, o rosto de barba bem-feita e aparência jovial, apenas um pouco enrugado por causa do trabalho no campo.

"Vi pelas placas das motos que um de vocês é de Ontário".

Ergui a mão: "Sou eu".

Ele se levantou e se apresentou com um aperto de mãos. "Sou Johnny Nicholls, e administro uma fazenda um pouco mais à frente da estrada. O cara que se estabeleceu por aqui por primeiro foi John Fitzpatrick, que veio de um lugar chamado St. Catharines. Você conhece?"

Eu ri: "Claro que sim – eu cresci lá!"

"Bem perto de Niagara Falls, certo?"

Concordei com a cabeça sorrindo.

"Veja, eu investiguei *toda* a história".

Johnny Nicholls sentou-se novamente enquanto Gloria trazia café, então continuou. "Tio John, como o chamávamos, saiu da Irlanda para o Canadá por volta de 1860. Ele queria descer até aqui, mas estava no meio da Guerra Civil, então começou a cultivar a terra lá. Quando a guerra terminou, ele desceu o Mississippi com os carregamentos de madeira, fez todo o trajeto até Nova Orleans, então chegou até aqui, onde passou a criar ovelhas. Alguns anos mais tarde, seu irmão caçula Jim o seguiu, mas numa manhã fria o cavalo do rapaz estava meio arisco e empinou. Jim tentou se segurar, a mão desceu até a coronha de sua arma e disparou, acertando a própria perna. Morreu de septicemia."

Assumimos as expressões apropriadas de solidariedade e balançamos a cabeça.

"Então o velho tio John estava brigando com o vizinho há tempos por causa da propriedade da água, e as coisas começaram a ficar feias. Todos eles costumavam passar um tempo no pasto em barracas, sabe, e um dia o vizinho entrou no acampamento do tio John a cavalo, atirando e gritando, e tio John atirou no vizinho, que caiu da sela morto."

Ele fez uma pausa de efeito, depois complementou: "Mas ele alegou legítima defesa". Johnny Nicholls tinha toda a nossa atenção, e sentindo nosso interesse, mostrou-se uma fonte de história local. Isso tudo era território mexicano antes da Guerra de Independência do Texas, em 1836, e os mexicanos tinham impedido a entrada dos colonos americanos. Os católicos irlandeses, contudo, conseguiram entrar graças à Igreja da Cidade do México, e receberam permissão para se instalarem lá. Quando os outros colonos e fazendeiros no Texas começaram a se revoltar e a se organizar contra os mexicanos, num primeiro momento os irlandeses ficaram de fora, achando que sua "relação especial" com a Igreja pudesse resultar num tratamento diferenciado para eles. Contudo, logo descobriram que eles também estavam sendo explorados e negligenciados, e se uniram na luta pela independência. Ao que parece, ocorreram várias batalhas na redondeza.

Perguntamos sobre a represa que tínhamos visto no mapa, tão grande e tão azul no papel, mas que tinha se revelado uma depressão ampla e seca cheia de árvores mortas, esvaziada há muito tempo e abandonada à própria sorte para lentamente ser castigada pelo ar seco. Johnny nos contou que tinham represado o rio em 1985, o reservatório ficou cheio em 1987, e desde então permaneceu seco. A água era obviamente uma questão crítica nesta região, já que Johnny mencionou os méritos relativos dos rios locais. Ele disse que houve alguns anos de seca, mas era menos grave nesta região do que mais ao norte. "Aqui embaixo, não precisa de muita chuva para que alguma coisa fique verde o suficiente para as vacas se alimentarem."

Johnny Nicholls também nos alertou para ficarmos atentos aos javalis na estrada, e perguntei se ele se referia aos animais sobre os quais eu tinha lido, chamados "javelinas".

"*Havelinas*", ele me corrigiu em espanhol, e respondeu que não, esses eram maiores e mais malvados. Então Gloria trouxe o café da manhã, e mais dois outros fazendeiros entraram e se juntaram a Johnny Nicholls. Todos pareciam os típicos rancheiros e caubóis com calças e jaquetas jeans, botas e chapéus. Um deles perguntou ao outro o que estava acontecendo "do outro lado da estrada", indicando o fórum, e o outro apenas respondeu: "O juiz não está, e ninguém parece saber o que está acontecendo". Ao que parece, um escândalo estava se formando em Tilden. Problemas em River City.

Enquanto Brutus e eu terminávamos nossos cafés e pagávamos a conta, ouvi trechos da conversa, e de repente me dei conta de que estavam falando de golfe. Diferentes tipos de tacos e de campos de golfe em que já haviam jogado. Rancheiros texanos conversando sobre golfe? Como escrevi no meu diário: "Não parece combinar!".

Então eles continuaram falando sobre petróleo, que parecia um tópico mais apropriado para conversa, segundo o meu roteiro do Texas. O diálogo deles era respingado com os méritos relativos do petróleo, a cor, a pressão em libras-por-polegadas-quadradas e a porcentagem de água que estavam bombeando. Johnny Nicholls estendeu a mão novamente quando saímos, e logo ao sul de Tilden vimos uma placa arqueada sobre uma estradinha lateral: "Johnny e Maggie Nicholls". O rancho deles tinha sido fundado por "Uncle John" Fitzpatrick, que tinha vindo de St. Catharines, Ontário, minha cidade natal, até o Texas, em 1866. De lá para cá aquela cidadezinha de encruzilhada e sede do condado de Tilden, Texas, ficou marcada nos nossos "mapas mentais" para sempre, e jamais esqueceríamos o Cowboy Café, ou Johnny Nicholls, ou Gloria, ou até mesmo Rex Allen, o "Caubói de Oklahoma".

O restaurante The Sands não era tão memorável assim, mas ele "encheu minha pança muito bem", e na manhã seguinte retornei para o café da manhã bem cedo. Não havia pressa para pegar a estrada, porque já não havia cidades no meu caminho agora, e também era sábado – sem preocupação em evitar o trânsito matutino até o parque nacional Big Bend, que ficava a apenas algumas centenas de quilômetros. Na manhã nublada e fria, enchi o tanque num posto para caminhoneiros, depois segui novamente para o leste na I-10.

Comecei o dia com um clássico de Miles Davis, "Kind of Blue", provavelmente a melhor gravação de improvisação no jazz de todos os tempos. Fora as big bands, eu nunca fui muito fã de jazz, exceto por um flerte com a chamada música "fusion" nos anos 70 (e grande parte disso tinha uma pegada rock, na verdade, como Brand X, Bill Bruford, Jean-Luc Ponty, o excelente álbum do Weather Report *Heavy Weather*, o catálogo da CTI, esse tipo de coisa), mas eu gostava de pensar que era capaz de reconhecer excelência quando a ouvia, sem importar o gênero. Assim como com a música country (pela qual "viajaremos" mais tarde), a maior parte do jazz moderno passou batida por mim (talvez Ralph Ellison estivesse certo ao sentir que o jazz morreu quando as pessoas pararam de dançar ao som dele), mas os poucos e verdadeiros mestres são inegáveis, e irresistíveis. O grande Duke Ellington disse: "Há apenas dois tipos de música: música boa e música ruim", e certamente ele foi um dos imortais que conquistaram a minha admiração, sem importar meu gosto pessoal. Entre outros artistas singulares que me compeliram a tal apreço, sem dúvida eu citaria Miles Davis.

Mesmo que Miles e suas cortes tivessem muita culpa em cartório – ou pelo menos seus *imitadores* tinham.

Da mesma forma com que Ernest Hemingway mudou a literatura para sempre ao esculpir sua prosa até formar frases enxutas, quase taciturnas, mas que ainda assim podiam transmitir emoções profundas (enquanto também licenciava gerações de futuros imitadores), e as exuberantes e cuidadosamente orquestradas pinturas de Jackson Pollock permitiram que tantos picaretas se autoproclamassem Expressionistas Abstratos, o legado de Miles Davis e de outros músicos de jazz aventureiros (talvez começando com outro músico original excelente, Louis Armstrong) acabou por desencadear uma torrente de instrumentistas adeptos ao improviso com estilo próprio que acharam que um solista indiferente explorando escalas sobre um conjunto arbitrário de mudança de acordes – ou um musical da Disney, ou uma balada alegre de *easy-listening* – os colocava no mesmo patamar de Miles Davis.

Já se observou que uma pintura abstrata verdadeira ainda é *a respeito de* alguma coisa, e da mesma forma a crença minimalista de que "menos é mais" inclui a compreensão tácita de que menos tem que *significar* mais. É necessária certa sutileza de gosto para *compreender* o que um mestre realizou, que dirá poder imitá-lo. Não há nada aleatório no que Miles Davis alcançou com *Kind of Blue* – os músicos formaram um conjunto escolhido cuidadosamente entre instrumentistas magistrais que poderiam ajudá-lo a alcançar aquela sonoridade, o conteúdo musical e acima de tudo o espírito que ele imaginava. Cannonball Adderley no sax alto, o lendário John Coltrane no sax tenor, Bill Evans no piano, Paul Chambers no baixo e James Cobb na bateria.

A gravação durou dois dias no ano de 1959, e no encarte do álbum Bill Evans descreve os bastidores das sessões. "Miles concebeu esses *settings* apenas horas antes das gravações e chegou com esboços que indicavam ao grupo o que seria tocado. Portanto, você vai ouvir algo próximo à pura espontaneidade nessas performances."

Espontaneidade, talvez, mas esses músicos não estavam "às cegas", tocando qualquer coisa conforme sua vontade. A visão de seu líder lhes deu o mapa, e Miles Davis certamente estava orientando cada passo da jornada e o ambiente. Ele tinha contratado o veículo (os músicos), mapeado as rodovias e a paisagem (as estruturas musicais) e conjurado o clima (o espírito meio blues, tranquilo) que imaginava. Bill Evans continuou descrevendo as faixas como "molduras que são requintadas em sua simplicidade e mesmo assim contêm tudo que é necessário para estimular a performance com uma referência inquestionável à concepção primária".

Atenção às palavras-chave: "referência inquestionável à concepção primária". Evans também menciona que, em cada caso, o primeiro "take completo" se torna o mestre, e que talvez eles simplesmente parassem quando as coisas fugiam do controle, chamando de "começo falso". Essa é outra diferença quanto a tentar criar alguma coisa tão delicada e arriscada no estúdio em vez de se apresentar em frente a um público. No estúdio de gravação, uma performance sem inspiração pode ser refeita, ou se pode tentar de novo outro dia, mas no palco você vive e morre por aquilo que sai no momento (ou deveria: pelo bem ou pelo mal, a maioria dos músicos julgam seu próprio valor pelo lema "Você é apenas tão bom quanto seu último show").

No show do Grateful Dead a que eu e Liam assistimos em Atlanta, Mickey Hart me contou que não esperava fazer uma boa apresentação naquela noite, porque a banda havia feito um show inspiradíssimo duas noites antes, e os bons shows tendem a acontecer em ciclos de quatro, por alguma razão desconhecida. Então, até para uma banda celebrada pelo improviso (certa vez ouvi um jovem assistente de palco num teatro em Nova Jersey balançando a cabeça e dizendo: "Isso aí, cara, adoro uma jam do Dead"), não se resumia apenas a acertar e errar, mas mais a *errar* do que acertar.

Assim como acontece com muitos aspectos de música honesta, o equilíbrio entre arranjos e improvisos na apresentação deve ser determinado pelo que os outros músicos gostam (Jack London escreveu que as duas palavras mais poderosas da língua inglesa são "Eu gosto" – embora se possa levantar uma discussão quanto a "Eu quero"). A personalidade da música de uma banda tem que ser um reflexo da personalidade compartilhada por eles, apresentada num enquadramento em que se sintam verdadeiramente confortáveis, musical e pessoalmente.

Meus companheiros e eu nunca quisemos improvisar demais diante do público pagante, simplesmente por causa dessa falta de consistência e também porque nós gostamos de saber para onde estamos indo numa determinada canção, numa determinada noite. Como músicos que se apresentam ao vivo, preferimos ter uma fundação sólida que sempre será ao menos boa, e então numa ocasional apresentação "inspirada" (seja a cada quatro shows ou não), termos a liberdade de estender os limites a partir disso. Até mesmo meu solo de bateria foi construído nesses moldes, para que eu tivesse uma série de movimentos e arranjos com os quais trabalhar, com modelos determinados para fazer as transições, mas sempre havendo espaço para variações e uma série contínua de experimentos em desenvolvimento. Noite após noite mantenho a mesma estrutura, duração e conteúdo básicos, mas de maneira geral nunca repito a mesma coisa duas vezes.

Contudo, a improvisação pura tem sido uma parte importante da minha educação musical desde o início. Em St. Catharines, no final dos anos 1960, o Niagara Theatre Centre era uma cafeteria no centro da cidade com as paredes forradas de pôsteres de Che Guevara. Às vezes exibiam filmes underground como o *Don't Look Back* de Bob Dylan e *How I Won the War* de John Lennon, e também havia artes performáticas de insurgentes culturais locais como o Perth County Conspiracy e o Nihilist Spasm Band. Nas noites de quinta, havia *jam sessions* abertas, e meia dúzia de bandas de rock locais recebiam 10 dólares cada uma para participar (um dinheiro bem-vindo naquela época, quando tínhamos sorte se houvesse um ou dois gigs no colégio por mês).

Havia alguns bons músicos entre nós, mas éramos jovens e relativamente sem noção, e eu suspeito que a coisa toda era bem patética (felizmente, o público também era jovem e relativamente sem noção). Eu me lembro de intermináveis digressões de acordes básicos de blues (*Stormy Monday* toda quinta-feira), excursões psicodélicas e o tal vocalista sociopata fazendo sua imitação estilo "I am the Lizard King" de Jim Morrison. Mas creio que estávamos aprendendo.

Em *Living with Music,* Ralph Ellison escreveu sobre as *jam sessions,* que são a "verdadeira academia" do músico de jazz, e também sobre o papel do improviso na formação de um músico e no desenvolvimento de uma "voz sem igual".

> *Aqui é mais significativo falar não de cursos de estudo, de notas e graus, mas de aprendizado, suplícios, iniciação, cerimônias, de renascimento. Porque depois que um músico de jazz aprende os fundamentos de seu instrumento e as técnicas tradicionais – as entonações, o trabalho de pausa e silêncio, a manipulação do timbre, o corpo de estilos tradicionais – ele deve então "encontrar a si mesmo", deve renascer, deve achar, como se diz, sua alma. Tudo isso através da conquista daquela identificação sutil entre o instrumento e suas motivações mais profundas que vão permitir que expresse suas próprias ideias originais e sua própria voz incomparável. Ele deve alcançar, em resumo, sua identidade autodeterminada.*

Esses conceitos tiveram peso igual no rock entre os profissionais sérios; uma voz individual era igualmente valorizada, assim como eram a fluência técnica e a eloquência no instrumento. Se o rock tinha a tendência de ser mais vocal que instrumental, então a voz podia ser considerada como outro instrumento solo, juntamente com a guitarra, e esse icônico instrumento de seis cordas teve seu próprio panteão de vozes expressivas e passionais: Hendrix, Santana, Jeff Beck, Dave Gilmour e tantos outros.

Os caras de ônibus durante a turnê *Vapor Trails,* o motorista Dave e meu companheiro de viagem de moto Michael, certa noite, enquanto pegávamos a estrada após um show, falaram sobre o quanto Alex era subestimado como guitarrista, e eu fui obrigado a concordar. Na hierarquia superlotada de fodões da guitarra, a velocidade exibicionista e as atitudes de "bad boy" ao que parece são geralmente mais admiradas do que os valores puramente *musicais;* assim, o senso de melodia altamente original, fraseado, orquestração e trabalho rítmico em conjunto de Alex realmente parecem ser subestimados. Seus solos, principalmente, fluem como expressões genuínas de emoção, nostalgia e exaltação inefáveis.

Assistir Alex gravar os solos no estúdio para esse álbum foi uma experiência musical poderosa, um processo muito diferente do modo metódico e detalhista com que nossos álbuns anteriores foram feitos. À meia-luz, ele ficava atrás do console de mixagem, entre os amplificadores, e tocava a faixa de fundo pré-gravada, extraindo uma performance completamente espontânea todas as vezes. Ele tocava com abandono total, entrega total, seu corpo balançando e se contorcendo como uma marionete comandada por seus próprios dedos, arrebatado na expressão física de sua alma. Por várias vezes seguidas, ele tocava a mesma faixa, gravando trecho por trecho, e todas as vezes o solo era totalmente diferente, ele raramente repetia uma única nota sequer.

Para ser sincero, Alex não tinha qualquer percepção de si mesmo, mal estava consciente do que estava fazendo, e os ouvidos objetivos eram oferecidos por nosso outro colega e coprodutor Geddy. Depois de quatro ou cinco tomadas, mandavam Alex sair da sala e ouviam tudo o que ele tinha feito, marcando os melhores trechos de cada tomada. Geralmente uma apresentação acabada é editada a partir de várias fontes – o começo do terceiro take, um recorte do quarto take, depois de volta ao primeiro, e assim por diante. De qualquer maneira, o desempenho ainda era espontâneo, mas selecionado de momentos de sublime espontaneidade inspirada. Como Somerset Maugham certa vez escreveu: "Apenas um homem medíocre sempre está no seu auge".

No meu vídeo instrucional, *A Work in Progress*, menciono o que o produtor Peter Collins disse com relação ao meu próprio esforço para combinar preparação cuidadosa e performance espontânea: "Não deixe a espontaneidade ao acaso".

De modo significativo, em nosso álbum mais recente, *Vapor Trails*, Alex tinha rejeitado a tradição de solos de guitarra obrigatórios e optado por desenvolver seções instrumentais das canções com criações em camadas de sons texturizados, notas de guitarra a montante e efeitos vocais ao fundo.

Muitas das nossas composições também tinham se baseado na improvisação, e do mesmo modo seletivo. Durante os shows em turnê, geralmente começamos a passagem de som na parte da tarde com uma "excursão". Quando um de nós começa a tocar algo, os outros acompanham, e assim por diante. (Se Alex estivesse no clima, às vezes pegava o microfone para fazer apresentações incríveis de comédia, contando histórias bizarras, cheias de reviravoltas, sobre os membros da equipe e temas atuais, que mais recentemente na turnê *Vapor Trails* culminavam em seus devaneios durante *La Villa Strangiato* – nunca repetia a mesma coisa duas vezes, e variavam de sublimemente hilário a meramente engraçado). Ao longo dos anos, essas jams e explorações foram gravadas para referências futuras, e no final das turnês, quando voltávamos ao período de composição, serviam de mina em busca de pedras preciosas.

Da mesma forma, quando começamos a compor *Vapor Trails* em 2001, depois de cinco anos sem trabalharmos juntos (na sequência das minhas tragédias pessoais como narrei em *Ghost Rider – A Estrada da Cura*), Geddy e Alex se instalavam no estúdio e simplesmente começavam a tocar juntos, gravando tudo, depois voltavam mais tarde em busca das partes mais interessantes de inspiração. Depois de quase 30 anos, nós três já tínhamos trabalhado juntos de muitas maneiras diferentes, o "método de grupo" aos poucos foi se tornando mais refinado para acomodar cada uma de nossas especialidades e preferências, permitindo que eu trabalhasse nas letras e na bateria de forma lenta e metódica sozinho, que Alex pudesse ser ao mesmo tempo espontâneo e obsessivo com a guitarra, e que Geddy pudesse ser detalhista no refinamento interminável dos arranjos e dos vocais.

Sempre gostei do ditado: "Nenhuma obra de arte é terminada, ela é apenas *abandonada*". Mas, com relação à gravação e à mixagem, Geddy prefere a outra versão: "Nenhuma obra de arte é terminada, *apenas a levam embora*".

E, ah, existe uma metáfora sobre a vida nisso tudo. Não acho que uma vida realmente possa ser considerada terminada, no sentido de estar completa e pronta para desistir; mas certamente algumas vidas são abandonadas, de um jeito ou de outro (por resignação, medo, rendição, luto, limitações insuperáveis, até mesmo suicídio), e outras definitivamente são levadas embora – cedo demais, cedo demais.

E assim acontece também com a música pop, já que um estilo particular parece nunca estar realmente terminado ou esgotado, sendo mais frequentemente levado embora de alguma forma – não pelos próprios artistas, mas por forças externas. O rock 'n' roll mal tinha nascido e logo foi cooptado por marqueteiros e falsificadores, sendo reduzido a uma fórmula ardilosa, como voltaria a acontecer repetidamente, forçando os rebeldes e visionários a acompanhar, sumir ou reagir. Felizmente, alguns deles estavam dispostos a lutar, além das revoluções pontuais das "bandas de garagem" que trouxeram a honestidade de volta. Assim que a música pop se tornava difícil demais para os adolescentes iniciantes copiarem, seja técnica ou tecnologicamente, havia uma rebelião: o punk, o grunge e até mesmo o rap. Quando um garoto cheio de espinhas no rosto com uma guitarra ou microfone de segunda mão não conseguisse tocar o que ouvia no rádio, não tardaria muito até que ele próprio lançasse algo novo.

As gravadoras até podiam achar que controlavam a indústria da música, mas a realidade era muito mais reacionária e mais parecida com banqueiros se aventurando com capital de risco. Eles podiam gastar e gastaram milhões tentando criar um hit (um longo artigo escrito por John Seabrook na edição de 7 de julho de 2003 da revista The New Yorker, chamado *The Money Note*, examinava o estado atual das gravadoras – separado da indústria da *música* – e revelava as engrenagens simples e cínicas deste processo), mas quando o Próximo Grande Sucesso chegava direto de um clube imundo de Nova York ou de uma garagem em Seattle, tudo que os vendedores podiam fazer era passar por cima um dos outros tentando capitalizar a nova revolução.

Com o jazz, por exemplo, as big bands tinham desaparecido no final da década de 1940, e seu declínio foi largamente atribuído ao esgotamento artístico, à crise econômica e à mudança de público. Ralph Ellison trazia uma perspectiva interessante sobre isso e sobre como as mesmas forças governavam o rock no começo dos anos 1960:

Formas culturais, principalmente formas de música popular, se tornam triviais graças aos esforços dos promotores em colocar novidade numa embalagem. Isso gera um efeito negativo na arte. O jazz dos anos 1930 e 1940 não estava esgotado artisticamente; foi suplantado por produtores que estavam mais interessados em ganhar dinheiro do que em fazer arte. As big bands foram despedaçadas por empresários que convenceram seus músicos de que eles ganhariam mais dinheiro pegando a estrada como membros ou líderes de grupos menores. Não podemos ignorar a crise econômica que dificultou manter uma big band, nem a guerra, mas os empresários foram amplamente responsáveis. Neste país a direção da cultura sempre tem a interferência de pessoas que pouco se preocupam com arte, e ainda assim suas manipulações trazem consequências a outras áreas da sociedade, geralmente levando ao caos em nosso estilo de vida e desorientação moral. Foi o que aconteceu com os Beatles, que com sua rebelião com sotaque de Liverpool e sua música influenciada por afro-americanos atingiu esse país e seus jovens como uma tijolada. Acho que algumas das atitudes promovidas pelos músicos, o desencorajamento dos dançarinos, a lenda do vício de drogas de [Charlie] Parker – tais coisas ajudaram a tornar o fenômeno dos Beatles possível. A qualidade artística da música dos Beatles foi mascarada por seu comportamento irreverente. Parecia mais fácil do que realmente era e isso foi auxiliado pelo uso de instrumentos elétricos e por seus trajes. Tais detalhes fizeram com que muitos garotos brancos acreditassem que eles podiam criar um tipo de música faça-você-mesmo. Como indiquei na obra de Minton, muitos que não captaram a agonia de Parker ou a música que ele criou imitaram seu abuso de drogas e sua irresponsabilidade. De repente, era impossível visitar amigos com filhos adolescentes sem ter que ouvi-los tocando guitarra e pequenos teclados elétricos. E, mesmo com toda sua falta de gosto, numa época em que Johnny Hodges mal conseguia ganhar dinheiro para viver, esse barulho se tornou fonte de imensa riqueza e de celebridade fácil.

Em uma das turnês do Rush por volta de 1980, tivemos uma noite de folga em Evansville, Indiana, no hotel Executive Inn, e alguns de nós – membros da banda e da equipe, e também da banda de abertura, Max Webster – descemos para o "show bar" para ver a apresentação de Woody Herman. Como Buddy Rich nos últimos anos de sua vida, Woody Herman tinha conseguido manter sua big band, mesmo em tempos difíceis financeiramente falando, pois contratava jovens instrumentistas recém-formados nos cursos de música das universidades. Mesmo assim, a banda de Woody tocava as partituras com competência e, também como Buddy, ele sempre incluía vários arranjos modernos em seu repertório.

Assim como Buddy Rich, Woody Herman teve sérios problemas com a receita federal, chegou até mesmo a perder sua casa, então continuava na estrada não por vontade própria, mas por necessidade. Ele tinha quase 70 anos, andava curvado e arqueado, mas tocava seu clarinete suficientemente bem e a banda produzia um bom som. Contudo, era triste ver que na hora do seu segundo show, às 11h de uma noite de domingo, havia cerca de doze pessoas no público, a maioria roqueiros de cabelo comprido – nós.

Visivelmente desgostoso, Woody finalmente saiu do palco enquanto a banda tocava, apenas para ressurgir vestindo uma gabardine: ficou parado em pé na pista de dança em frente à banda, franziu a testa e gesticulou enquanto saía enfurecido, deixando a banda preencher o tempo com um pequeno "ensaio" *impromptu*. A única vez que assisti Frank Sinatra ao vivo, em Toronto no final dos anos 1970, Woody Herman e sua "Thundering Herd" formavam a orquestra, mas aqueles tipos de gigs eram raros para uma big band nos tempos modernos, e foi triste ver um dos maiores bandleaders de todos os tempos obviamente reduzido a uma luta pela sobrevivência.

De volta a 2003, depois de 1.500 quilômetros na Interestadual 10, finalmente pude sair da autoestrada, em Kent, Texas, para pegar a Highway 118, uma estrada de pista simples que seguia para o sul. Dando uma olhada no mapa na noite anterior, decidi que essa parecia a rota mais bonita e sinuosa até Big Bend, cruzando o que obviamente era a parte mais vazia de todo o Texas, entrecortada pelo menor número de estradas. Alguns ranchos espalhados ficavam à beira da rodovia solitária, uma terra cheia de morros sob um céu cinzento, e eu mantive um ritmo veloz, mas mesmo assim tranquilo.

Kind of Blue chegou ao final, e um arranjo de cordas exuberante, no tempo similar ao de uma valsa, anunciava uma obra totalmente diferente em todos os aspectos: o clássico de Dusty Springfield, *Dusty in Memphis*. Dusty foi uma cantora pop britânica conhecida pelo que ela descrevia como "grandiosas baladinhas", e seu álbum reunia produtores americanos e músicos lendários de R&B de Memphis que já haviam tocado para artistas como Wilson Pickett e Aretha Franklin (embora ao que parece Dusty jamais tenha estado em Memphis de verdade, já que seus vocais passaram por *overdub* num estúdio de Nova York). Gravado em 1968, *Dusty in Memphis* trouxe o hit "Son of a Preacher Man" (parte da trilha sonora do filme *Pulp Fiction*, que garantiu à cantora um breve revival antes de sua morte por câncer em 1999), mas o álbum pareceu relegado à obscuridade por muitos anos. Continuei ouvindo ou lendo sobre ele aqui e ali nos anos 1970 e 1980, depois acabei procurando o CD no começo dos anos 1990, não porque ouvia a música, mas porque não parava de ouvir falar sobre o álbum em si.

Às vezes, se eu leio uma resenha de livro bem escrita, acabo tendo a certeza de que vou gostar dele antes mesmo de lê-lo. Da mesma forma, *Dusty in Memphis* deve ter sido resenhado por pessoas em cujas opiniões eu confiava, ou de uma forma com a qual eu me identificava, porque sempre tive uma conexão com ele. Na época, ainda era difícil de encontrar o álbum, então convoquei um amigo meu, Skip, que colecionava CDs obscuros, para rastreá-lo para mim. Depois que o ouvi, com certeza, se tornou um dos meus clássicos favoritos eternos, principalmente como "música matutina" (a primeira canção celebra um tanto enfaticamente o erotismo das primeiras horas da manhã, com os versos de abertura: *Just a little lovin'/ Early in the morning/ Beats a cup of coffee/ For starting off your day* – *Só um pouquinho de amor / De manhã cedo / É melhor que uma xícara de café / Para começar o dia*).

O álbum inteiro tem um clima tranquilo, tão confortável quanto a companhia de um velho amigo, e é de fácil audição (apesar do uso primitivo do estéreo, que empurra a bateria para trás em direção ao canal direito com os sopros, os backing vocals na esquerda, e o baixo e o vocal bem no meio), com várias canções excelentes. Já se fica impressionado simplesmente ao ler a lista de compositores: nada menos do que cinco músicas de Gerry Goffin e Carole King, e o resto da dupla Mann/Weil (outro ex-casal que também era parceiro de composição, como Goffin e King), Bacharach/David, Bergman/Legrand e duas ótimas canções de Randy Newman, "Just One Smile" e "I Don't Want to Hear it Anymore".

Ótimas canções, ótimos músicos, ótimos arranjos, principalmente os sopros e as cordas de Arif Mardin (que compôs o arranjo de "Picking up the Pieces", que o baterista Steve Ferrone tocou com a banda de Buddy em *Burning for Buddy*) e os backing vocals das Sweet Inspirations, e pairando sobre tudo isso a voz incomparável de Dusty Springfield, às vezes leve e etérea, às vezes irascível e narrativa, para depois crescer gigante e ousada e abrir para um vibrato amplo.

A estrada a minha frente começou a ziguezaguear enquanto eu subia as montanhas Davis, e não encontrei outro carro por quilômetros. Sentindo a estabilidade e a aderência do Z-8 com tanta facilidade, a série de curvas alternadas me tentou a intensificar o ritmo, entrar nas curvas, suavizá-las e depois acelerar até a próxima, frear, fazer a curva suavemente enquanto os pneus "cantavam" só um pouquinho. Entrando no ritmo e mantendo o carro sempre estável, como esquiar numa série de curvas marcadas, tirei a mão direita do câmbio e pressionei o botão do painel onde se lia "Sport", senti o acelerador ficar mais sensível, mais responsivo, seguindo um "mapa" eletrônico diferente no carro inteligente e adaptável (a diferença era descrita no manual de capa dura que veio com o carro como "suave e tranquilo ou esportivo e ávido"). Obrigado, Munique, por ainda manter um câmbio manual, embora a maioria dos supercarros modernos tivessem os "câmbios borboleta" no volante como os carros de Fórmula Um, em que uma das mãos podia subir ou descer as marchas automaticamente.

Espero que não seja mera nostalgia conservadora ter ficado apegado à ideia de que a embreagem, o freio, a marcha, o volante e o acelerador com as mãos e os pés e a concentração mental era um ato gratificante de coordenação e controle. Algo como tocar bateria, suponho, e da mesma forma, quem se importava se uma bateria eletrônica poderia tocar com mais precisão, com mais "eficiência" do que qualquer baterista humano? Ela não era mais *divertida*. Talvez uma unidade eletrônica de controle pudesse programar e instantaneamente atualizar a ignição do motor e o fluxo de combustível, mas não seu motorista – ele, eu no caso, deveria estar acelerando numa estrada sinuosa e aumentando e diminuindo a marcha, o pé direito dançando entre o acelerador e o freio enquanto trabalhava a embreagem com meu calcanhar e meu dedão.

Essa era uma técnica que não se costuma usar todos os dias, principalmente em Los Angeles. Assim como na motocicleta, eu tinha aprendido a técnica dos pilotos de corrida de apertar a manopla do freio forte com os dedos da mão direita, e ao mesmo tempo girar o acelerador rapidamente enquanto reduzia as marchas. Na pista de corrida de uma escola de pilotagem, havia aprendido o tradicional método calcanhar e dedos para fazer as marchas com mais suavidade e mais rapidez. Como outra técnica quase obsoleta que tinha me desafiado por anos: o esqui telemark (uma técnica tradicional de esqui downhill usando elementos do esqui cross-country, em que um dos esquis inicia a curva enquanto o outro acompanha, o calcanhar erguido, ambos os joelhos dobrados, num agachamento elegante para depois se erguer e agachar novamente antes de entrar na próxima curva em sequência). Não era fácil de fazer, mas era lindo e gratificante quando se conseguia executar corretamente. Recue o acelerador e acione o freio para trocar o peso do carro para a frente, simultaneamente encoste no pedal da embreagem com o pé esquerdo enquanto o pé direito faz a rotação para manter a frenagem de um lado ao mesmo tempo em que aumenta o giro do motor do outro lado com o mesmo pé, diminuindo para a segunda marcha, depois solte a embreagem e bombeie combustível. O lema da revista Automobile em seus primeiros dias era *cogito ergo zoom* – penso, logo acelero – e era exatamente assim que eu me sentia.

Durante a turnê *Test for Echo* em 1996, Brutus e eu cruzávamos o país e certa manhã de domingo paramos num restaurante Cracker Barrel no Tennessee. Um casal negro entrou logo atrás de nós, a mulher obesa com um vestido florido e chapéu, o homem pequeno e magro de terno e gravata. Ele estava sorrindo meio tímido enquanto ela esbravejava com o dedo em riste, presumivelmente por causa do jeito como ele dirigia: "You workin' them angels overtime – you workin' them angels overtime" ("Você faz os anjos trabalharem hora extra – você faz os anjos trabalharem hora extra").

Desde aquele dia, Brutus e eu sempre usamos essa frase um para o outro para descrever o modo como vivíamos, com ou sem as motos, e ela continua sendo uma metáfora para minha vida. Eu não me achava imprudente ou irresponsável, mas certo grau de risco na vida parecia válido pelo retorno prometido – emoção e experiências valiosas – e embora não acredite em "anjos" realmente, se eu os tivesse, acho que os manteria bastante ocupados.

Num canto pouco frequentado da minha mente, eu sabia que talvez não conseguisse escapar ileso continuando a agir daquele jeito para sempre, mas entendia que era a maneira certa de se viver – como se cada dia fosse o último, embora desejando desesperadamente que não fosse. Minhas cinco décadas até o momento foram preenchidas com uma significativa quantidade de comportamento arriscado: andar de bicicleta, dirigir em alta velocidade, fumar, beber, usar drogas recreativas, andar de moto e até mesmo um extenso número de viagens de avião, de ônibus, ou pior, de ferryboat (o mais perigoso meio de transporte público). Algum dia, fui obrigado a me dar conta, uma dessas coisas ia me pegar.

O único consolo que havia era que eu podia morrer apenas de uma coisa, e não havia maneira de saber qual, ou quando seria atingido. Terremoto, aneurisma, acidente de avião, qualquer uma das múltiplas variedades de câncer – quem sabe?

Carrie às vezes me rotula como "impetuoso", até mesmo "audacioso", quando se refere ao modo como eu dirijo, como eu piloto a moto e como eu vivo, e acho que é verdade. Como posso equalizar o fato de ser "inteligente" com ser moderadamente (na minha opinião) autodestrutivo?

Emoções? Sim. Sensualidade? Sim. Pura impertinência? Sim.

Certa manhã, não muito tempo atrás, eu estava andando de moto no Santa Mônica Boulevard, West Hollywood, a caminho da concessionária para uma revisão, quando parei num sinal vermelho e senti o cheiro de alguma coisa queimando. Dei uma olhada em volta, até que finalmente olhei para baixo e minha cabeça entrou em curto-circuito ao ver uma bola de fogo em torno da cabeça do meu cilindro direito. Soltei um palavrão de assombro, baixei o pé lateral da moto e desci, dando a volta cautelosamente pela frente para ver que uma folha de jornal tinha se prendido em torno do cano de descarga e pegado fogo. Chutei o papel queimado para longe e tudo ficou bem, mas as chamas tinham se espalhado bem ao lado da bomba de combustível, debaixo do tanque, o que certamente podia ter causado um desastre mortal, um daqueles "acidentes bizarros" de que ouvimos falar.

Quando vou de bicicleta até o YMCA em Wilshire Boulevard, Santa Mônica, pedalando entre carros estacionados e duas pistas de trânsito desatento, tentando evitar ônibus e gente que não liga o pisca, geralmente penso que andar de bicicleta na verdade é a coisa mais perigosa que faço – principalmente quando eu lembro da artista inglesa, Mary Hansen, do Stereolab, que morreu num acidente de bike em Londres. Não se trata da típica morte de uma estrela do rock, mas aconteceu. Tudo acontece.

Na parede da minha casa de Quebec há uma litografia linda em acrílico de uma roda de bicicleta multicolorida interpretada artisticamente. Foi criada pelo artista canadense Greg Curnoe, que foi morto por um caminhão enquanto pedalava numa estradinha rural em Ontário, e a obra de arte foi dedicada a seu amigo "Doc", que também morreu enquanto andava de bike.

Então não há sentido em se cuidar demais, ao custo de perder experiências e oportunidades que valem a pena, ou simplesmente perder a diversão. Como acreditava Jack London: "A função apropriada do homem é viver, não existir. Não devo desperdiçar meus dias tentando prolongá-los. Devo usar meu tempo".

Ou, de novo, Fred Nietzsche: "'Foi isso – a vida?', direi à morte. 'Muito bem! Mais uma vez!'".

A recompensa que sinto por "dar trabalho extra aos anjos" não tem a ver com dominar o medo, ou sair ileso mesmo sendo imprudente, mas simplesmente se trata da busca por emoção – o tipo de emoção que se vive para contar, ou escrever a respeito. Eu não gosto do medo. Na minha moto, por exemplo, sempre que sinto a sensação de medo, mesmo que seja por causa da direção descuidada e negligente dos outros, eu me culpo e faço um juramento silencioso de nunca mais deixar que tal situação aconteça novamente.

Meu amigo Mendelson Joe me ensinou essa lição quando comecei a andar de moto em 1994 (finalmente superando aquele trauma da adolescência com a minimotocicleta!). Depois de rodar por alguns meses, escrevi para Joe e contei que eu sentia que tinha alcançado uma competência razoável com a máquina, "de agora em diante, se alguma coisa acontecer, pelo menos não será minha culpa".

Joe me respondeu e disse: "*Sempre* será sua culpa", e me dei conta de que tinha razão. Cabia a mim ser vigilante e não me colocar numa posição de vulnerabilidade – em que um cara pudesse cortar minha frente, ou como aquela mulher que dobrou para a esquerda na minha frente sem sinalizar – e cabia a mim não fazer uma curva rápido demais para ter tempo de desviar de um trecho com cascalho solto ou de um caminhão parado na pista.

Existe um acrônimo em inglês para a segurança em motocicletas chamado SIPDE: *scan* (escanear), *identify* (identificar), *predict* (antever), *decide* (decidir) e *execute* (executar). Escanear o que está ao seu redor o tempo todo, identificar perigos em potencial e as aparentes intenções dos outros no trânsito, antever o que eles podem fazer, decidir como se proteger, depois executar a manobra necessária. O elemento-chave neste processo pode ser classificado como imaginação, ser capaz de observar uma situação no presente, visualizar vários cenários futuros possíveis e avaliá-los, e depois imaginar uma sequência de ações para encaixar cada possibilidade. De modo semelhante, quando vejo alguém pilotando uma moto de bermuda, chinelo e regata, me resta apenas lamentar sua vulnerabilidade e encarar aquilo como simples falta de imaginação: pessoas assim aparentemente são incapazes de imaginar o que *pode* acontecer.

Então, a missão se resumia a buscar emoção, sem minimizar a vulnerabilidade, e evitar o medo.

E, enquanto eu vivia a emoção, minimizava a vulnerabilidade e evitava o medo naquela estrada estreita e sinuosa no Texas nos 32 quilômetros de uma dança divertida entre o carro e a pista, a rodovia se dividiu em duas logo à minha frente. Fiz uma pausa para considerar as alternativas. Uma garoa tinha começado a cair, e no mapa a bifurcação direita se mostrava como uma volta mais comprida atravessando as montanhas Davis. Ambas as rotas terminavam em Fort Davis, e ambas estavam marcadas com as linhas pontilhadas de uma estrada com cenários deslumbrantes. A estrada da direita aparecia como "Scenic Loop 166", e mesmo que fosse mais comprida, naquele dia eu não estava com pressa, então decidi seguir por aquele caminho apesar da chuva. Afinal de contas, era o melhor caminho.

A estrada estreita de pista simples subia em curvas para dentro das montanhas, em meio ao capim amarelo alto, os zimbros de verde intenso, as colinas arredondadas distantes e as superfícies rochosas. Enquanto eu dirigia, dei uma olhada na temperatura externa na tela do painel e observei ela cair de 4°C para -1°C, e então foi descendo até chegar a congelantes -2°C.

Naquele momento, a garoa já tinha virado chuva congelada, enchendo o ar com projéteis de gelo, e o acostamento estava delimitado por um cobertor maciço com a neve que devia ter caído na noite anterior. Desacelerei, dadas as condições escorregadias e sinuosas, e em alguns trechos da estrada senti o controle de tração do carro ser acionado, evitando que os pneus largos patinassem enquanto raspavam a superfície de gelo cinzento compacto. Mais uma vez, eu pensei no que eu faria se estivesse de moto sob tais condições. Daria meia-volta, eu acho, e tentaria pegar outro caminho. Embora às vezes fosse difícil deixar de sentir uma pontada de culpa por fazer as coisas "do jeito fácil", naquele dia fiquei feliz por estar viajando de carro.

Other Voices, de Paul Young, me fez companhia nas montanhas Davis, na neve e no gelo, outro da lista de músicas que perduram. Eu já estava ouvindo esse álbum de tempos em tempos por mais de 10 anos, desde que ouvi a versão do hit "Oh Girl" de Chi-Lites, e o tema do filme *Bagdá Café* "Calling you".

Other Voices definitivamente é um produto do seu tempo: foi gravado no final tranquilo dos anos 1980 provavelmente com um orçamento apertado, em estúdios de Londres, Nova York e Los Angeles, com vários produtores e participações de estrelas como Dave Gilmour, Stevie Wonder, Steve Winwood, Pino Palladino (um dos meus baixistas favoritos, que assumiu o posto notável de John Entwistle após sua morte trágica, um ataque cardíaco aparentemente relacionado com o uso de cocaína pouco antes da turnê do The Who em 2002), e dois dos meus bateristas favoritos, Vinnie Colaiuta e o maravilhoso Manu Katché.

O estilo único de Manu parecia ser ao menos em parte por causa de sua família – mãe francesa e pai costa-marfinense – e ele incorporou os golpes rítmicos sincopados da música pop da África Ocidental ao *backbeat* vigoroso do funk americano. O jeito de tocar bateria de Manu apareceu em várias gravações memoráveis, com Peter Gabriel, Robbie Robertson, Sting e várias faixas neste álbum de Paul Young. Tive o prazer de trabalhar com Manu nas sessões de tributo a Buddy Rich, em maio de 1994. Como a maioria dos bateristas convidados, Manu tocou um dos arranjos assinados por Buddy, uma música chamada "No Jive", acompanhado do percussionista francês Mino Cinélu, que tinha trabalhado com Miles Davis e Weather Report.

Juntos, eles criaram um encanto rítmico que começava com as insinuações sutis do pulso, fechando numa introdução sincopada, depois se fundindo com o rock-funk empolgante do centro da canção. Perto do fim, Manu tocou um solo de balançar a cabeça que foi completamente maravilhoso – tão tecnicamente sofisticado, e ainda assim tão emocionante e visceral que, para este ouvinte (e baterista), representava o tipo de maestria aparentemente sem esforço do próprio Buddy a quem estávamos prestando homenagem.

Como muitos bateristas, Manu era uma alma tranquila e gentil longe do instrumento, e uma ótima pessoa com quem trabalhar, muito cordial e agradável. Na época, ele morava em Montreal com uma garota franco-canadense, então também tínhamos o "mesmo chão". O percussionista francês, Mino, era igualmente amável, e ambos me deram seus telefones de casa antes de partirmos.

Entre músicos é amplamente aceito que os bateristas são "diferentes", particularmente no seu senso de comunidade. Talvez isso se deva em parte à humildade compartilhada de ser relegado ao "fundo" na maior parte do tempo, e à falta de respeito com que às vezes outros músicos nos tratam. (Incluindo a miríade de "piadas de baterista" como "Quantos músicos há na sua banda?" "Quatro músicos e um baterista", ou, "Como se chama alguém que convive com músicos?" "Um baterista").

A fraternidade entre bateristas quase sempre é cordial e real, e quando Gene Krupa ficou doente, com leucemia, já na velhice, Buddy Rich organizou uma celebração em Nova York e reuniu os amigos de Gene e antigos colegas de banda, dizendo: "Me parece que se deva dar flores aos vivos". Sempre que Buddy e Gene travavam as tradicionais "batalhas de bateria", os amigos podiam ver que Buddy, apesar de seu sabido egocentrismo, chegava a segurar um pouco de modo que não fizesse o amigo parecer mal.

O projeto de tributo a Buddy Rich foi outro exemplo de irmandade do Planeta Bateria, quando muitos dos melhores bateristas da atualidade trabalharam por um valor simbólico para prestar tributo a outro baterista. Quase todos que convidamos para fazer parte do tributo se dispuseram a tocar, exceto alguns (Vinnie Colaiuta, Terry Bozzio, Louis Bellson) que estavam no exterior durante nossa breve janela de duas semanas de gravação. Mesmo com dois bateristas entrando e saindo do estúdio em Manhattan diariamente, um laço foi formado, e na época em que trabalhamos juntos sempre nos reuníamos para jantar mais tarde e quase todos os bateristas do projeto se tornaram amigos.

A performance de Manu em "No Jive" assumiu o papel central numa montagem motivadora, com espaço amplo para tocar como quisesse, mas sua performance no álbum de Paul Young era mais semelhante ao seu trabalho como músico de acompanhamento – contida e sensível, ainda assim não menos emocionante. Eu principalmente amava o *backbeat* cativante, agressivo-mas-tranquilo (uma definição alternativa seria "ameaçador"?) e as frases lineares líricas e dinâmicas em "Right About Now", além das nuances sutis em "Stop on By" e "Softly Whispering I Love You".

Os outros bateristas do álbum, Vinnie Colaiuta e Neil Conti, também eram exímios músicos, e com a participação de estrelas como a guitarra de Dave Gilmour e o solo virtuoso de harmônica de Stevie Wonder em "Calling You", todos criando uma moldura em torno do vocal rouco e comovente de Paul Young se somaram a um banquete satisfatório de música.

Diminuí a velocidade enquanto cruzava a cidadezinha de Fort Davis, e depois a estrada à minha frente se tornou plana e reta, uma linha que levava ao ponto de fuga, nenhum outro carro à vista. Estava à espera de um trecho de estrada como esse para realmente deixar os cavalos à solta e ver que velocidade este carro podia atingir. O manual do proprietário assegurava que a velocidade máxima "eletronicamente limitada" era de 249 quilômetros por hora, como a maioria dos carros alemães parece ser (em anuência à Comunidade Europeia, em retribuição à insistência dos alemães em manter as *autobahns* com limites de velocidade ilimitados). Eu também li que este ponto de interrupção tinha sido estabelecido porque os engenheiros da BMW sentiam que a parte frontal do carro se tornava aerodinamicamente leve demais além dessa velocidade. No que me dizia respeito, era a hora de conferir.

Estendi a mão sobre o painel e desliguei o rádio, depois agarrei firme o volante na posição dez-para-as-duas e pressionei o pé direito para o fundo. O motor rugiu, o vento rugiu e o asfalto borrado e a paisagem indistinta passavam acelerados por mim. Em questão de segundos, o velocímetro bateu em 248 km/h, e ficou ali, o carro mal acusava a velocidade e a frente parecia completamente estável e "fincada" no chão. Sem rédeas, o carro teria facilmente acelerado ainda mais, mas como outro carro surgiu à distância e se aproximava rapidamente, resolvi que já tinha ido longe demais e dado trabalho extra aos anjos, de novo. Recuei para 150 km/h, que agora parecia um ritmo tranquilo, e liguei a música novamente.

Parachutes, da banda britânica Coldplay, foi o álbum de estreia deles com grande sucesso em 2000. Uma série de canções melancólicas, contidas e ponderadas, aprimoradas estruturalmente por guitarras e teclados, e conduzidas por uma seção rítmica sólida e dinâmica, criava no geral uma experiência de *luxe, calme et volupté.* As canções eram entrelaçadas umas nas outras como uma sequência de pinturas impressionistas se revelando uma após a outra. Certa vez li uma entrevista de um dos membros da banda em que ele dizia que tinham a intenção de fazer uma obra de música para que o ouvinte pudesse se sentar ao lado da namorada e ouvir o álbum inteirinho.

A manhã continuava fria, perto dos 4 graus, mesmo nas altitudes mais baixas, e cruzando Alpine notei uma aglomeração de motociclistas de final de semana na frente de alguns restaurantes. Duas Harleys passeavam pela rua principal, os motoqueiros vestindo moletons, mantas e luvas pesadas com suas jaquetas e calças de couro. Enquanto eu continuava rumo ao sul, vi dúzias de ciclistas perfilados por quilômetros, todos usando roupas especiais para tempo chuvoso, capuzes de plástico ajustados sob os capacetes, luvas e botinas de neoprene sob as sapatilhas. Pareciam sentir frio, então eu aumentei a temperatura do ar-condicionado.

Pelos 130 quilômetros seguintes, entrei num tipo de transe embalado pela longa estrada vazia e um ritmo veloz, mas vigilante, sob céus cinza-escuros e meu CD favorito no momento, *Grace,* de Jeff Buckley. Estava guardando esse para aquele clima e aquele lugar, e sorria enquanto balançava a cabeça ao som de Jeff e sua ótima banda em "Mojo Pin". A voz de anjo torturado, a rica paleta de sons e estilos de guitarra, no conjunto uma variedade de alternâncias rítmicas, melódicas e dinâmicas, e a produção de primeiríssima qualidade de Andy Wallace (talvez mais conhecido como engenheiro de mixagem mágico, integrado na parte final de um projeto para trazer tudo à vida novamente, de Nirvana a Linkin Park e até mesmo nosso álbum *Test for Echo*) e o engenheiro de gravação Clif Norrell (que também trabalhou em *Test for Echo* e ficou conhecido entre nós como "Wee Kiltie", depois que vimos uma foto dele quando criança usando um kilt; isso também levou a semanas de piadinhas sobre escoceses).

Grace foi o primeiro e único álbum finalizado por Jeff Buckley, filho do roqueiro folk dos anos 1960 Tim Buckley, que morreu jovem por causa de uma overdose acidental de heroína e morfina na minha cidade adotiva de Santa Mônica. Jeff também morreu tragicamente jovem, em Memphis, por afogamento envolto em mistério no rio Wolf pouco antes de começar a gravar seu segundo álbum em maio de 1997. De acordo com o livro *Dream Brother,* de David Browne, uma biografia de Tim e Jeff Buckley, as duas mortes tinham sido acidentais, mesmo assim quase inevitáveis de muitas maneiras – os traços compartilhados entre pai e filho de personalidade obtusa, teimosa e ingênua. Ambos haviam lutado pelos princípios de "integridade artística" (uma expressão que parece tristemente singular hoje em dia) contra o rolo compressor da comercialização, mas quase sempre eles escolheram as batalhas erradas e demarcaram os limites errados. Por exemplo, Jeff tinha lutado muito para ter Tom Verlaine na produção de seu segundo álbum, embora a gravadora fosse contra, e quando as sessões demo com Verlaine se revelaram decepcionantes, até mesmo para Buckley, ele insistiu em continuar trabalhando com ele, devido a uma resistência quixotesca a se dobrar à gravadora. Enquanto isso, é claro, seu próprio trabalho iria sofrer as consequências.

A vida breve de Jeff Buckley também permanece como um testamento dos princípios gêmeos do sucesso, pelo menos artisticamente, porque ele era ao mesmo tempo talentoso e dedicado (os pilares da grandeza). Ele tinha concentrado seus estudos na guitarra durante a adolescência, estudando no Musicians Institute em Los Angeles, praticando incessantemente e ganhando o respeito em bandas e também como artista solo muito antes de gravar *Grace*. (Fiquei surpreso ao ler que, quando ele tinha 12 anos, um dos seus tesouros era um picture-disc de *Hemispheres* pendurado na parede, e que ele tocava "Tom Sawyer" e "The Spirit of Radio" com suas bandas de colégio – que bom saber que fomos uma pequena parte do desenvolvimento musical de um artista desse calibre).

Quanto ao tema de dedicação a uma arte em adição ao talento, fiquei impressionado com as palavras de Ralph Ellison sobre sua transição de tentar ser músico para tentar ser escritor.

> **Entrevistador**: *Você acha que sua formação musical trouxe disciplina ou compreensão da necessidade de disciplina para se aproximar de uma nova área artística?*
>
> **Ellison**: *Sim, não se espera que alguém seja capaz de tocar um instrumento porque sentiu alguma coisa. Aprendemos muito rápido que havia maneiras com as quais o corpo tinha que ser ensinado a reagir, a se projetar, a se relacionar com o instrumento e com a partitura. Então você começa a se disciplinar dessa forma. Em Tuskegee eu tinha que levantar às cinco da manhã e ficar diante de uma janela aberta e tocar sustenidos no trompete por uma hora antes do café. Então, quando comecei a escrever, eu dizia: "Bem, se isso funcionou com música, deve funcionar da mesma forma com a escrita". Desde então escrevi muitos contos, e de fato eu tentei escrever um romance seis meses depois que decidi que ia tentar escrever. Mas deixei esses trabalhos de lado porque os considerava como eram: meros exercícios que iriam permitir que eu aprendesse alguma coisa sobre a natureza da arte. Veja bem, quem escreve tem a sensação de que um escritor é alguém que sente as coisas com paixão, que tudo que se tem a fazer é pegar a máquina de escrever ou caneta e lápis e colocar seus sentimentos no papel. E é claro que nada é feito dessa forma.*

Ali estão lições importantes para músicos *ou* escritores aspirantes, e o que Ellison descreve reflete de muitas maneiras minha própria evolução da música para a escrita – tentativas de escrever contos, ensaios, até mesmo um romance, todas elas são meramente exercícios para aprender como me expressar em palavras, para depois serem deixadas de lado.

Grace já estava no mercado havia alguns anos, mas de alguma forma eu não ouvi quando saiu, e depois, no rastro das minhas tragédias, eu não ouvi nada novo por um tempo. Assim como *Dusty in Memphis,* contudo, parecia que eu não parava de ouvir falar sobre Jeff Buckley. Durante as sessões de *Test for Echo,* lembro de Andy Wallace e Clif Norrell conversarem sobre como era trabalhar com ele e, mais tarde, Geddy me perguntou se eu já tinha ouvido, e Alex fazia sinais positivos. O nome de Jeff Buckley simplesmente parecia surgir de tempos em tempos nos "melhores círculos". Ele se afogou em 1997, pouco antes de começarem minhas perdas, mas também lembro de ouvir falar sobre a tragédia do filho de Tim Buckley. Particularmente associava o pai dele à linda canção "Morning Glory", uma cover do primeiro álbum do Blood, Sweat and Tear (a versão de Al Kooper, num álbum bem-acabado e pioneiro de 1969 que ainda parece notavelmente bom).

Pouco antes da minha viagem a Big Bend, Carrie e eu fomos a um jantar na casa de alguns amigos no vale San Fernando, com dois outros casais heterossexuais e um casal gay (sempre uma boa combinação, para este hetero com muitos amigos homossexuais). Durante a conversa pós-jantar, um dos caras gays exibiu um trecho do filme que estava dirigindo. As cenas melancólicas de sexo e romance em Singapura seguiam com uma linda trilha sonora, uma canção tão boa que eu tive um daqueles momentos "Como não ouvi isso antes?". Se chamava "Hallelujah", de Jeff Buckley, e todos na sala pareciam igualmente petrificados pela música pungente, possivelmente ofendendo o diretor por se conectarem mais com a trilha do que com a cinematografia (embora, como sempre, uma música tão boa assim apenas valorize ainda mais o visual). Também tive que rir quando ele confundiu os Buckleys, e disse que Jeff era filho de William F. Buckley.

Nos créditos do filme, notei que a canção tinha sido escrita por um "L. Cohen", e adivinhei (corretamente) que só podia ser o canadense Leonard Cohen, uma longeva instituição das canções com uma pegada folk, intelectual, peculiar, de vocais lúgubres como "Suzanne" e "I'm Your Man", e uma obra que, se não chegou a ser mainstream, era amplamente admirada a ponto de ter um álbum tributo organizado por vários artistas interpretando suas canções chamado *I'm Your Fan*. De *Dream Brother*, soube que Buckley tinha escolhido "Hallelujah" e aprendido a versão presente naquele álbum tributo e gravada por John Cales.

No dia seguinte fui para a loja de discos e comprei *Grace*, e levei o CD comigo para uma viagem de dois dias até Big Sur com o Z-8. Toquei uma vez e aumentei o volume. Ouvi novamente, e me apaixonava ainda mais pelo álbum cada vez que o ouvia. Tantas faixas excelentes – todas elas – e a composição, a melodia e principalmente os vocais eram tão originais, tão poderosos e tão bem executados que a tragédia de sua perda, depois de ter gravado apenas um álbum (embora uma torrente de demos e gravações ao vivo tenham sido lançadas após sua morte), parece ainda mais comovente. Ficou claro para mim que Jeff Buckley tinha sido um dos poucos Grandes Artistas, um talento do tipo um-em-um-bilhão, uma voz verdadeira da sua geração, e aos 30 anos de idade ele recém tinha começado. Seja lá o que tenha ficado para trás depois da morte de um talento raro, sempre se perde muito.

Quando perguntaram numa entrevista em 2003 o que andava ouvindo nos últimos tempos, Jimmy Page respondeu: "Nada que teve o mesmo impacto em mim causado por Jeff Buckley". Concidentemente, no mesmo número da revista Mojo, perguntaram a Elton John qual seria seu álbum favorito de todos os tempos, e ele citou dois: *Town Hall* de Nina Simone e *Grace* de Jeff Buckley: "É como um álbum feito por alguém de outro planeta". (Também é interessante que Nina Simone tenha sido uma das muitas influências de Buckley, que variavam de Nusrat Fateh Ali Khan ao MC5).

Os reais avatares da música pop ao longo dos anos pareciam óbvios para mim, mas como todas as listas de tais melhores de todos os tempos, trata-se de algo que continua discutível. Eu nunca incluí na minha quem era apenas popular, ou até mesmo simplesmente *talentoso*, mas busquei os verdadeiros artistas que eram para-raios, sinalizadores, receptores, amplificadores e transmissores – aqueles que mantinham seu público, seu coração e sua alma e o *zeitgeist* em seu próprio ser, e cantavam em resposta a eles. Flaubert disse que um romance devia ser "um espelho se movendo pela estrada", e isso se encaixa perfeitamente a uma canção, a um músico, a uma banda e a uma carreira.

Outro escritor francês, Émile Zola, disse: "Uma obra de arte é um canto de natureza visto através de um temperamento", e se nós dissecarmos essa frase com precisão aristotélica e atribuirmos o peso apropriado à noção de "temperamento" – *alma* –, então se trata de algo verdadeiro e profundo.

Um pensamento que peguei de algum lugar e usei para falar de Buddy Rich – "Gênio é o fogo que se acende sozinho" – parece apto no contexto das almas *verdadeiras*, aquelas que não conseguiram evitar transbordar, dar tudo o que tinham, brilhar como um cometa – e ainda assim, algumas dessas chamas se desintegraram em contato com a atmosfera, se tornaram um *auto de fé*.

Qualquer panteão tem suas divindades de maior ou menor magnitude, mas meu avatar de história da arte, Professor Gombrich, sentiu que um artista deveria ser julgado por seu melhor trabalho, e dessa forma eu citaria o melhor trabalho de artistas como Dylan, Joni Mitchell, Pete Townshend, Jimi Hendrix, Janis Joplin, Bob Marley, Roger Waters, Kurt Cobain e meu mais recente indicado, Jeff Buckley.

Há algumas "instituições" óbvias que faltam na minha lista, como Elvis Presley e The Beatles, e embora não seja meu propósito discutir com os gostos dos outros, isso apenas reflete um sentimento com relação a Elvis e aos Beatles no começo de carreira como talentos reacionários, dando uma embalagem nova à chama de outras pessoas (a black music original, em ambos os casos, rock e R&B), e tornando-a mais palatável para o público branco.

O primeiro produtor de Elvis, Sam Phillips, famoso por causa da Sun Records, disse que estava "procurando um garoto branco que pudesse cantar black music", e muitas das primeiras músicas dos Beatles eram covers de hits de negros americanos, de "Twist and Shout" a "Please Mr. Postman". Entrevistado durante a primeira turnê americana dos Beatles, em 1964, John Lennon afirmou que suas influências eram todas americanas, principalmente, como ele colocou, a "música americana de cor".

Elvis Presley tinha uma voz dourada, e certamente John Lennon e Paul McCartney compuseram um número inacreditável de canções pop grudentas, muitas delas realmente ótimas, mas eles também tinham habilmente adotado as tendências que aconteciam ao redor deles: a música americana, de Memphis a Haight-Ashbury.

Em seu livro *Songbook*, Nick Hornby escreveu uma série de ensaios cuidadosos sobre as canções que ele amava, produzindo um dos poucos livros sobre o amor personalíssimo pela música pop. Ao ler *Songbook*, me dei conta de que os sentimentos de Hornby com relação à música pop se equiparavam de tal forma com a minha própria opinião que concordei com ele em quase tudo o que tinha a dizer – a não ser com o estilo de música. Eu não gostava de quase nada que ele gostava, exceto seu próprio trabalho, e parece provável que ele não iria gostar de nada que eu gosto, incluindo meu próprio trabalho.

Ao dissertar sobre uma canção chamada "Smoke", do Ben Folds Five, ele mirou cuidadosamente nos Beatles como emblemas dos anos 1960.

É possível que esse tipo de arte passe despercebido porque "Smoke" é apenas uma canção, de um modo que "Yesterday" ou "Something" não eram apenas canções. Os jovens que as compuseram também estavam, inconscientemente ou não, a caminho de mudar o mundo (ou – para tentar cobrir todos os argumentos em um parêntese desajeitado – no processo de receber o crédito por ter mudado o mundo, inconscientemente ou não). Isso inevitavelmente significa que uma quantidade horrenda de atenção estava concentrada no seu talento – que, aliás, era ostensivamente a única ferramenta de mudança de mundo que tinham a seu dispor. Se vocês são cantores, e vocês estão mudando o mundo, então as pessoas tendem a olhar bem de perto o que você está cantando – afinal, de que outra forma se faria isso? Como consequência, algumas canções indiscutivelmente memoráveis, muito boas, muito bonitas, muito bem escritas, brilhantemente produzidas, são mencionadas quase como um poder sobrenatural. É o que acontece quando pessoas são endeusadas. Um erudito britânico do século 18, Edmond Malone, calculou que Shakespeare "pegou emprestado" dois terços – 4.144 de 6.033 versos – de outras fontes para Henrique IV *partes I, II e II. E embora* Henrique IV *seja uma peça menos importante, a questão é que isso estava em circulação, no mundo, e Shakespeare absorveu. O que ele exalou foi genial na maior parte, é claro, mas não era uma genialidade que surgiu do nada: havia um contexto.*

Os Beatles tinham um contexto, também, mas eles parecem ter absorvido isso juntamente com todo o resto: eles haviam se elevado e se tornado os anos 1960, e tudo o que aconteceu naquela década extraordinária de certa forma agora lhes pertence. As canções se tornaram, portanto, imbuídas de toda sorte de magia que não pertence propriamente a eles, e nós não podemos mais ver as canções como simples canções.

A palavra "inspiração" vem da mesma raiz do francês *inspirar*, inspirar o ar, e os Beatles certamente respiraram o que havia ao redor deles, e foram *inspirados* por isso, de Buddy Holly (foi da banda de Buddy Holly, The Crickets, que os Beatles escolheram seu nome) a Chuck Berry, de Smokey Robinson a Phil Spector, de Bob Dylan a Brian Wilson.

Considerando o breve período em que os Beatles realmente atuaram (do seu primeiro hit em 1963 até que pararam de fazer turnês em 1966 e se separaram em definitivo em 1969), eles definitivamente tinham um contexto, embora este realmente tivesse sido "potencializado" pela nostalgia dos baby-boomers e as rádios de sucessos antigos. Seus trabalhos mais ambiciosos, como *Sgt. Pepper's*

Lonely Hearts Club Band, foram claramente influenciados pelo trabalho de outros pioneiros, como Brian Wilson e Pete Townshend (como Lennon e McCartney admitiram, citando *Pet Sounds* e *The Who Sell Out*). Suas composições prolíficas e vozes cativantes combinadas com a produção ousada de George Martin (uma parte geralmente subestimada da química dos Beatles) os mantiveram no primeiro plano da música popular naqueles anos, mas os Beatles ecoaram nas décadas subsequentes como uma explosão sônica, atordoando as pessoas não apenas quanto a tudo mais que estava acontecendo, mas até mesmo, como Hornby observou, às suas próprias canções.

Como George Martin escreveu: "Sem *Pet Sounds, Sgt. Pepper's* não teria existido. *Pepper's* foi uma tentativa de se igualar a *Pet Sounds*". E McCartney também afirmou: "Ninguém tem educação musical antes de ouvir *Pet Sounds*. É uma gravação clássica, completa, invencível de muitas maneiras".

Martin também escreveu que quando estava trabalhando na faixa "Strawberry Fields Forever", de John Lennon, Paul McCartney ficou preocupado que ela fosse "esquisita demais" e escreveu "Penny Lane" para ser lançada junto com ela e para ser bem mais cativante.

Depois que a banda acabou, Lennon escreveu uma canção maldosa sobre McCartney chamada "How Do You Sleep?" (Como você dorme?) e um ataque *ad hominem* furioso (*Those freaks was right when they said you was dead/ The one mistake you made was in your head* – Aqueles lunáticos estavam certos quando disseram que você estava morto/ O único erro que você cometeu estava na sua cabeça) que mostrava a profundidade do desprezo por seu antigo parceiro. Embora McCartney tenha continuado a produzir bons trabalhos por conta própria (*Ram*, principalmente), é interessante que nenhum dos esforços na carreira solo de ambos jamais chegou à metade do quanto os Beatles eram bons. Apesar das diferenças, e do desejo de Lennon de seguir uma visão mais artística, eles pareciam alimentar um ao outro.

Os comentários de cada um sobre o empresário da banda, Brian Epstein, também narram uma história. John Lennon certa vez disse: "Brian nos colocou em ternos, e ficamos grandes, muito grandes. Mas nos vendemos. A música do The Beatles, então, morreu". Paul McCartney parecia negar qualquer coisa negativa que já se falou sobre os Beatles: "Diziam que éramos manipulados. Nunca fomos manipulados". Um jornalista disse a McCartney que algumas pessoas tinham criticado *The White Album* dizendo que devia ter sido um álbum simples em vez de duplo (algo que um crítico adolescente disse na época, numa resenha mordaz de um jornal de colégio), e ele respondeu: "Cale-se – é o *White Album* dos Beatles", como se fosse tudo que havia para se dizer sobre o assunto.

Como adolescente nos anos 1960, lembro de me sentir confuso sobre o que os Beatles deveriam ser. Eu gostava de *rock*, mas eles pareciam mais *pop*, às vezes eram quase aquele tipo de *bubblegum music*, canções para adolescentes horrorosas que eu, como jovem músico, e meus amigos tanto desprezávamos. Eu estava criando uma noção do princípio de "integridade artística" na música, e não sentia que os Beatles compartilhavam essa rebeldia desafiadora e sinceridade radical.

De modo semelhante, lembro que fiquei desapontado quando os Rolling Stones aquiesceram à censura e à pressão dos empresários e mudaram a letra de "Let's Spend the Night Together" (Vamos Passar a Noite Juntos) para "Let's Spend Some Time Together" (Vamos Ficar um Tempo Juntos), de modo que pudesse cantar seu mais recente hit no programa de televisão The Ed Sullivan Show. Pareceu na época, e ainda parece agora, que, se não podiam driblar a censura, certamente poderiam ter cantado uma canção diferente, menos ofensiva. Ou optar por não se apresentarem.

Inversamente, quando o The Doors tocou "Light My Fire" no The Ed Sullivan Show, depois de solicitarem que trocassem o verso *girl we couldn't get much higher* (*garota não poderíamos ficar mais loucões*), eles concordaram, mas quando Jim Morrison chegou naquela parte da música, ele a cantou ainda mais alto. Foram banidos do programa depois disso, mas haviam marcado um posicionamento – a banda The Doors era rebelde, enquanto os Stones, apesar da imagem, não eram.

Alguns anos antes, quando Elvis se apresentou no The Ed Sullivan Show, seus movimentos de quadril eram considerados tão sexualmente ultrajantes que as câmeras apenas o enquadravam da cintura para cima. Isso explica bem a história das mudanças nos costumes nos últimos 50 anos, e pelo menos Elvis Presley não concordou em mudar seus movimentos em frente às câmeras. Contudo, à medida que sua carreira avançava, o poder de seu empresário, Colonel Tom Parker, varreu qualquer rebeldia genuína que Elvis possa ter apresentado um dia. Que ouvinte atento consegue escutar Elvis cantando "My Way" nos últimos anos de sua carreira sem uma pontada de constrangimento? Dos filmes piegas e espetáculos ao estilo de Las Vegas à sua queda no vício de drogas e a decadência física, é difícil acreditar que Elvis algum dia tenha feito as coisas do seu jeito. E quanto ao *I've traveled each and every byway* (*Já viajei por todos os cantos*), Elvis jamais saiu dos Estados Unidos a não ser para servir ao exército na Alemanha durante 16 meses – nunca "permitiram" que se apresentasse em outros países porque Colonel Tom era um imigrante ilegal holandês. Um grande cantor, talvez, mas jamais um artista.

Novamente, tenho certeza de que todos têm sua própria lista de imortais, mas esses são os meus, e Jeff Buckley foi a adição mais recente. E quanto mais eu ouço "Hallelujah", mais eu admiro a habilidade de Leonard Cohen como compositor. A letra, principalmente, foi tão bem construída. A primeira estrofe apresenta o personagem perfeitamente, evocando uma *persona* romântica, idealista-mas-resignada, melancólica, que permeia a canção em sua totalidade. *Well, I heard there was a secret chord/ That David played, and it pleased the Lord/ But you don't really care for music, do ya?* (*Bem, ouvi falar de um acorde/ Que Davi tocava, e agradava ao Senhor/ Mas você não se importa de verdade com música, não é?*).

Então há uma intensificação no registro, com agradável ironia e metáforas: *It goes like this, the fourth, the fifth/ The minor fall, and the major lift/ The baffled king composing Hallelujah* (*Então começa assim, a quarta, a quinta/ O menor cai, o maior se eleva/ O rei desnorteado compondo Aleluia*). Os três versos seguintes desenvolvem uma série de imagens e metáforas contínuas para examinar a experiência religiosa (*Your faith was strong, but you needed proof/ You saw her bathing on the roof/ Her beauty and the moonlight overthrew ya – Sua fé era forte, mas precisava de provas/ Você a viu se banhando no telhado/ Ela e o lindo luar te destronaram*), um relacionamento desaparecendo (*There was a time, when you let me know/ What was really going on below/ But you no longer show that to me, do ya? – Houve um tempo, quando você me contou/ O que realmente estava acontecendo ali embaixo/ Mas você não me mostra isso mais, ou mostra?*) que vai crescendo até se tornar uma celebração comovente da intimidade (*But remember when I moved in you? And the holy dove was moving too/ And every breath we drew was Hallelujah – Mas lembra quando me mudei para dentro de ti? E a pomba sagrada se mudou também? E cada suspiro era Aleluia*). Simplesmente poesia magnífica, principalmente quando interpretada pelo instrumento expressivo que era a voz de Jeff Buckley, que já, tão jovem, era capaz de adotar e expressar essa combinação de romantismo, idealismo, resignação e ironia melancólica.

Certa noite na Big Sur saí para dar uma volta no final da tarde pela Pacific Coast Highway, a capota baixa e o vento gelado, vestindo um moleton com capuz, jaqueta de couro e luvas, com o aquecedor ligado (o estilo costumeiro dos canadenses para dirigir um conversível, mesmo em julho), e o rádio ligado a todo volume tocando "Hallelujah" no repeat, enquanto eu seguia os faróis na rodovia escura e sinuosa.

As outras faixas na coletânea variavam da intensa "Eternal Life" à triste "Lilac Wine" de Nina Simone, até a interpretação *a capella* elevada e reverente de "Corpus Christi Carol" de Benjamin Britten.

Assim, na viagem ao Texas, eu tinha guardado *Grace* para uma parte especial do percurso, finalmente longe da interestadual e dirigindo numa estrada de pista dupla vazia que cortava a paisagem ampla sob um enorme céu cinzento. Ocasionalmente, passava por um trecho de chuva fraca, mas não o bastante para atrapalhar a visibilidade ou a tração, então as condições me permitiam dirigir e ouvir música confortavelmente.

Parei no povoado minúsculo de Study Butte na beira da estrada para abastecer ("Stoody", novamente, onde Brutus e eu tínhamos parado em 1996), e enquanto eu pegava a estrada sinuosa em direção ao parque, uma rajada repentina de flocos de neve me atingiu, e na hora em que cheguei aos portões do parque já havia se transformado numa verdadeira nevasca. Vi uma massa sólida de algo cinzento e irascível no acostamento, e diminuí a velocidade para ver meu primeiro *javelina* selvagem, ou pecari-de-colarinho, parecendo um porco selvagem, de bigode e coberto de flocos de neve enquanto ele fuçava na beira da estrada, depois troteou sumindo no matagal sob a bruma.

Enquanto eu parava o carro no portão de entrada do parque nacional Big Bend para pagar meu ingresso, a guarda se inclinou para fora do guichê e eu perguntei a ela, apontando para a neve que caía ao nosso redor: "Isso é normal?". Ela disse que não, e ao que parece a neve não tinha sido prevista pelo serviço de meteorologia, mas já havia acumulado meio metro na parte mais alta do parque, Chisos Basin (a cerca de 1.500 metros de altura) e a estrada até lá estava fechada. No dia 29 de março, eu poderia esperar que acontecesse isso no Canadá, mil quilômetros ao norte, mas não no oeste do Texas. Enquanto eu dirigia pela estrada do parque, a visibilidade se limitava a cerca de 30 metros, e a neve começou a cobrir o acostamento. Mesmo a visibilidade limitada formava um contraste impactante, o manto branco sob a vegetação do deserto com as flores da primavera, gelo brilhante sobre os galhos do creosoto, verdes com minúsculas flores amarelas, e os troncos esguios do ocotillo que pendiam em botões vermelhos.

Nessas altitudes menos elevadas, a neve derretia em contato com o asfalto, então a rodovia do parque continuava escura e úmida enquanto eu dirigia sem pressa, mais sentindo a paisagem que se erguia ao meu redor do que a admirando. Big Bend estava entre os maiores parques nacionais das Américas, cobrindo 324.219 hectares, e com a vantagem de ser um dos menos visitados: ao que parece, Big Bend recebe cerca de 300 mil visitantes por ano, comparando com, por exemplo, o Grand Canyon, que tinha que acomodar cinco milhões de pessoas.

No centro de informações turísticas em Panther Junction, estacionei em meio a outros carros e motorhomes, já cobertos pela neve. Minha primeira missão era pegar o "carimbo de passaporte" do parque nacional para o meu diário, e depois dar uma olhada nas exibições sobre a história natural do local (amei principalmente o mapa tridimensional do relevo) e conferir as prateleiras de livros. Os centros de visitantes dos parques nacionais geralmente têm uma boa seleção de leitura para um cientista natural iniciante, e neles descobri guias maravilhosos para os amantes da natureza com escopos mais amplos, como Edward Abbey e Wallace Stegner, e naturalistas apaixonados como Joseph Krutch (*The Desert Year*), Ann Zwinger (*The Mysterious Lands*), Edmund Jaeger (*The California Deserts*), e o avô de todos eles, Aldo Leopold (*A Sand Sounty Almanac*).

Os outros turistas que se aglomeravam no centro de visitantes pareciam estar com frio e um pouco atordoados pela baixa temperatura e pela neve, e eu entreouvia suas conversas com os guardas atrás do balcão coberto de mapas. Alguns deles estavam tentando chegar ao alojamento em Chisos Basin, no topo da estrada íngreme e sinuosa que tinha sido fechada por causa da nevasca. Eu também tinha planejado pegar a estrada Greench Gulch, já que ela levava ao único restaurante do parque, acima do alojamento. Os guardas do parque disseram que a estrada até Chisos Basin provavelmente ficaria fechada por algumas horas, até que as máquinas tirassem a neve, mas pareciam confiantes que abriria em seguida.

Eu tinha originalmente tentado reservar um quarto no lodge, mas os quartos e as cabanas já estavam lotados. Uma busca na internet por outras opções de hospedagem na área tinha me levado ao Lajitas, 32 quilômetros a oeste do parque, que eu lembrava de quando Brutus e eu tínhamos parado lá para tomar café da manhã. Decidi dirigir naquela direção e, se o tempo não melhorasse, eu ficaria no Badlands Hotel e veria onde eu me hospedaria nas duas noites seguintes.

Sem almoço disponível, parei no posto de gasolina de Panther Junction e peguei alguns potes de creme de amendoim e uma garrafa de água, depois dirigi de volta para o oeste. O tempo pareceu melhorar um pouco, a neve diminuía e o céu estava menos escuro. Os picos vulcânicos ao sul formavam um cálice monumental, todo coberto de neve em torno de Chisos Basin.

Passei por uma placa que indicava um desvio para o sul e parei o carro no acostamento para dar uma olhada no mapa do parque. Ao ver a linha pontilhada da estrada Ross Maxwell Scenic Drive até Rio Grande, passando Burro Mesa, Mule Ears Viewpoint e pelo mirante de Santa Elena Canyon, resolvi ir por aquele caminho.

A companhia musical para essa excursão tranquila numa linda paisagem foi Isaac Hayes novamente, desta vez a trilha sonora de *Shaft*, um dos eternos favoritos desde que assisti ao filme lá em 1971 quando estava morando em Londres. Lembro que assisti ao filme com dois amigos europeus, e era incrível como eles viam de um jeito diferente o que eu via como um olhar extravagante, bem-humorado e talvez até mesmo satírico da vida nos Estados Unidos. Os garotos europeus entenderam o filme como uma séria expressão da brutalidade nas ruas dos EUA e da violência armada, e ainda assim pareciam admirar a imagem definitiva do estilo cool dos negros norte-americanos.

Shaft tinha um som rico e exuberante, tanto nos arranjos quanto na qualidade da gravação, com um brilhante acabamento na bateria e nos pratos (principalmente a parte emblemática no chimbau presente no tema de abertura), um baixo enérgico e equilibrado, a presença encorpada das cordas e dos metais. Por muitos anos eu tinha usado *Shaft* como um dos meus álbuns de teste, para experimentar um novo stereo ou sistema de som num carro novo, e continuou um deleite para a audição assim como era um fluxo de música relaxante para dirigir numa bela paisagem.

Embora as nuvens cinzentas se estendessem pelo horizonte, parecia bastante úmido nas montanhas, que geralmente recebiam duas vezes mais chuva anual do que o deserto a seu redor. As planícies ao oeste pareciam intactas, e o asfalto estava seco e uniforme. Durante os trechos de mau tempo, deixei de lado o detector de radar, mas agora eu o havia conectado novamente, sabendo que não conseguiria manter o limite de velocidade do parque de 70 km/h. Um carro veloz numa estrada perfeita, quase sem trânsito, isso seria inumano.

Parei algumas vezes nos mirantes do acostamento para admirar a dimensão da paisagem sem me distrair, olhando bem ao longe as planícies de creosoto, pontilhadas com iúca, algarobeira e acácias, além dos cones vulcânicos erodidos, montanhas de escombros, penhascos azuis distantes e formações isoladas de rochas cinza, e mais perto, as iúcas com flores amarelas e os ocotillos com os botões vermelhos. Minha memória tinha retido pouco além de uma vaga noção da vasta dimensão da paisagem, tanto horizontal quanto verticalmente, e eu me senti da mesma forma como na segunda visita ao Grand Canyon, como se as distâncias e as dimensões fossem tão grandiosas que a mente não podia apreendê-las, nem as reter na memória.

Um passeio prazeroso de 45 quilômetros me levou até o mirante de Santa Elena Canyon, onde estacionei o carro para atravessar o leito seco de um riacho cheio de areia e cascalho. Seguindo uma trilha através de tamariscos, pereiras, algarobeiras e ocotillos, cheguei até onde os paredões rochosos altos formavam um cânion estreito, e um fino curso de água esverdeada corria entre as margens arenosas, talvez com 10 ou 15 metros de largura. Esse modesto curso de água parecia qualquer coisa menos "grande", e eu não podia acreditar que estava diante do famoso rio, da fronteira entre dois grandes países, e que o paredão oposto do cânion, na verdade, já era o México. Lembro de ver uma referência ao riacho Terlingua, e vi no mapa que era um tributário do rio Grande, correndo perto de onde eu estava, e achei que talvez este cânion estreito e curso de água eram o riacho, não o rio.

Mas não, era o próprio. Aparentemente, nos tempos modernos, grande parte do curso do rio através do parque vinha na verdade do rio Conchos, do lado mexicano, enquanto a água americana era amplamente redirecionada para irrigação ou perdida na evaporação. O rio devia ter sido muito maior antes das mudanças causadas pelo homem no século 20. Quanto a como tal cânion imponente foi criado, o folheto do parque nacional observava que, se você remar uma canoa de alumínio no rio, vai ouvir as partículas abrasivas chiarem de encontro ao casco. "O rio é como uma lixa incansável, impulsionada pela gravidade, que tem corrido por milhões de anos". Talvez esta garganta tenha evoluído da mesma forma que o Grand Canyon, a terra lentamente se erguendo em torno do rio, resistindo ao fluxo e intensificando sua força abrasiva até o Golfo do México.

No final da tarde, parei no pequeno povoado de Lajitas e estacionei atrás do centro da cidadezinha, que tinha sido recriada como uma réplica imaginada de uma rua principal do velho oeste. "Old Town" era fechada para o trânsito, com uma fila de construções de madeira sem acabamento ao longo de uma rua sem pavimentação, canais, postes de amarrar cavalos, calçada feita de tabuão sob sacadas simples na frente do Badlands Hotel, uma fila de pequenas galerias de arte e lojinhas de souvenir, e um complexo adjacente de restaurantes e salões de eventos. Após sete anos desde que eu e Brutus havíamos estado ali, o projeto tinha crescido, com o acréscimo de um campo de golfe, uma reserva para a prática de caça, um spa recém-inaugurado e mais acomodações em casas ao estilo do velho oeste chamadas Officers Quarters (ainda em construção) e o posto da cavalaria. Agora se autodenominando resort, seu slogan era "O Esconderijo Definitivo", e o site celebrava a localização de Lajitas na trilha da grande guerra Comanche e sua acessibilidade por jato privado. Ambos devem ter sido autoengano.

O Badlands Hotel continuava com o tema velho oeste do lado de dentro, com um lobby de dois andares, em galeria, e uma iluminação no estilo da Tiffany acima dos sofás centrais de quatro lados. Meu quarto tinha lambri de madeira escura e teto iluminado, um papel de parede padronizado e mobília simples de madeira. O encanamento parecia "autêntico" também, já que nunca consegui tomar banho com água quente.

Empurrei a cadeira pesada e antiquada até a sacada, com vista para os anexos de madeira e o pano de fundo das colinas secas, as montanhas cheias de sulcos e um céu claro e azul. Eu me servi um dedo de The Macallan com pouco gelo, tomei um gole e refleti sobre o dia, depois fiquei compelido a levantar e pegar meu caderno. Eu não tinha pensado em fazer desta uma viagem do tipo "diário", e até aquele momento eu tinha apenas usado o diário para minha coleção de carimbos de passaporte dos parques nacionais na capa interna. Mas no começo eu já estava pensando sobre um novo projeto de livro. Agora as engrenagens mentais pareciam ter me levado em direção à resposta àquela pergunta: "E agora?".

"Pensando hoje enquanto eu dirigia pelo cenário majestoso no meu 'carro dos sonhos', a música a todo volume, como atualmente sou um cara de sorte!"

Essa certamente era uma ideia clara para mim de um modo incomum, filtrada pelas lentes da minha história recente. Pensando nesse sentimento, só posso desejar que outras pessoas tenham compartilhado isso, mesmo que raramente, mesmo que brevemente. Para todos nós, a vida é em sua maior parte uma área cinzenta, com ocasionais trechos de azul, e talvez alguns de escuridão, e os flashes de amarelo incandescente são os diamantes eternos que guardamos na memória para nos mostrar que a vida é preciosa.

Ao dizer que a vida é na sua maior parte "uma área cinzenta", não faço uso de uma noção cínica reduzindo a vida a uma coisa chata e desinteressante, mas antes disso uma descrição do ritmo confortável, mais ou menos neutro e sem dramas, da procissão monótona dos dias comuns, sem altos nem baixos – trabalho e diversão. Há uma felicidade tranquila, um contentamento, naquele cinza que mais frequentemente brilha na memória do que o presente momentâneo, mas às vezes eu paro e aprecio seu calor e sua luz constantes – o lar.

O azul representa os dias tristes, os dias ruins, as noites em que o sono não vem. E o negro é quando se sente o peso do pior da vida, real ou imaginário – o colapso iminente, a sensação de estar amaldiçoado, desgraçado e completamente arrasado. Quando se está verdadeiramente "no escuro", a sucessão de dias cinza parece um lugar feliz e claro para se estar. Amarelo, contudo, são os breves flashes de alegria existencial, cometas de júbilo, raios de pura adrenalina que parecem correr por nervos, veias e artérias como um impulso elétrico. O amarelo era a supernova do êxtase, a sensação que talvez incorpore uma palavra raramente usada como "regozijo".

Esses momentos na minha própria vida foram tão poucos, tão memoráveis, que eu posso lembrar cada um deles como vinhetas discretas, breves insterstícios de epifania, como trailers de filme com momentos que ecoam a minha adolescência. Perambulando pelos corredores malignos do colégio Lakeport Secondary School em 1969 com o The Who tocando na minha cabeça, e sentindo a vontade repentina de imitar o salto de Pete Townshend bem ali. Foi o que eu fiz. Caminhando pelo

Golden Square em Londres em 1971, uma rajada repentina de flocos de neve tomou conta do ar em minha volta. Num ímpeto, tive vontade de correr, e os pés pareciam voar acima da calçada. Estava em Londres, indo atrás do meu sonho, e a vida era linda. Sentado no final de 1986 escrevendo uma listinha, apenas para mim mesmo, chamada "Por que este foi o melhor ano de todos!". A turnê *Power Windows*, de janeiro a maio, tocando bem e aproveitando as várias aventuras de bicicleta entre os shows; depois uma excursão de bicicleta com amigos de Munique a Veneza cruzando os Alpes, realizando minha jornada para ver todos os seis Bugatti Royales (dois em Reno, um em Costa Mesa, um em Detroit e dois da antiga coleção Schlumpf em Mulhouse, França); um verão em família no lago em Quebec com amigos e parentes, uma semana solitária compondo em setembro, depois começando a trabalhar no nosso álbum *Hold Your Fire*, comprando meu primeirto Macintosh e o usando para escrever letras de música, um conto e vários artigos para revistas; e aprendendo a usar a recém-criada parafernália de *samples* para a bateria eletrônica e compondo um solo de marimba chamado "Pieces of Eight". (Foi um bom ano).

Em 14 de setembro de 1987 eu cheguei ao pico do monte Kilimanjaro, passando meu aniversário de 35 anos na subida. Dos glaciares e rochas nuas do pico Uhuru, a 5.894 metros de altura, o ponto mais alto da África, olhei para as nuvens bem abaixo, quebradas apenas pelos picos distantes do monte Meru e do monte Kenya. Eu gravei uma mensagem no meu gravador de bolso: "Estou transmitindo ao vivo de Uhuru, o ponto mais alto da África, o topo de um continente, e parece o topo de um mundo. É muito emocionante, e estou orgulhoso de estar aqui".

Numa viagem de moto em Newfoundland em 1994, Brutus e eu estávamos caminhando até as motos depois de termos parado no centro de visitantes no parque nacional Gros Morne. Por alguma razão desconhecida (mais provavelmente uma combinação de razões), senti uma onda de perfeito contentamento tomar conta de mim de um modo que eu me lembraria desse momento para sempre.

E agora eu tinha passado a tarde dirigindo pelo parque nacional Big Bend no meu carro dos sonhos, um cenário majestoso se descortinando diante do meu para-brisa, e a música que amo desde sempre derramando-se nos alto-falantes. Outro dia amarelo, para lembrar num dia cinza.

Mas sempre houve um equilíbrio. Eu tive mais sorte do que a maioria, sem dúvida, mas eu também tive mais azar do que a maioria, e assim como tenho uma tendência de buscar os extremos, o mesmo aconteceu com a minha vida. Como coloquei na letra de *Ghost Rider, From the lowest low to the highest high* (*Do ponto mais baixo ao ponto mais alto*). Eu tenho o trabalho com o qual sonhava, e não o trocaria por nada, mas às vezes ele exige demais de mim – as turnês intermináveis, os longos períodos no estúdio, longe de casa e das pessoas que amo, alienação, doença, problemas de relacionamento, as perturbadoras invasões de estranhos – e houve épocas em que eu odiei tudo isso. Ainda gosto do simples ato de tocar bateria como sempre gostei, gosto de simplesmente sentar e tocar o que vier à cabeça, ou até mesmo ensaiar acompanhando um dos nossos discos, como costumava fazer com o rádio. Mas é claro que não é a mesma coisa que tocar bateria num show do Rush com três horas de duração noite após noite, num tempo e lugar predeterminados, com o peso da reputação e da expectativa, minhas e dos outros, em cada apresentação.

Ainda assim, existem momentos incomparáveis: ficar ocupado com uma letra de música por dias a fio, cada dia pensando que não vou conseguir chegar a lugar algum e com vontade de jogar tudo no lixo, quando de repente surge um ponto de virada, um breve lampejo de fé – "Vai dar certo" (embora esse lampejo de exultação seja rapidamente esquecido enquanto eu me obrigo a fazer tudo dar certo).

Ou persistir dia após dia nos ensaios pré-turnê com Geddy e Alex, lidando com tecnologia e técnica, até que de repente tudo começa a dar certo e nos fechamos na sinergia transcendental de tocar como uma banda.

No geral, eu tenho que dizer que é um trabalho bastante duro, mas existe a contrapartida de recompensas proporcionais: satisfação criativa, muito tempo livre (nos últimos anos, pelo menos) e... bom salário.

Quando perguntaram a Bob Dylan como ele justificava sua riqueza, ele disse: "Para cada dólar que eu ganho, há uma poça de suor no chão".

Ser um músico profissional foi o sonho da minha juventude, e ainda me sinto dessa forma, é um trabalho que na verdade eu poderia descrever como o emprego dos sonhos. Mas isso não me fez chegar lá, nem permanecer lá, facilmente.

Depois de 50 anos de vida, tenho certeza de que a vida não é fácil para ninguém.

Outra canção do Rush chamada "Mission", de 1987, foi inspirada por uma conversa que tive com Geddy sobre pessoas que conhecíamos e que tinham a mesma idade que nós (30 e poucos anos na época) e continuavam insatisfeitas com suas vidas, incompletas, e nos perguntavam coisas como: "Que idade vocês tinham quando souberam o que queriam *fazer*?".

Parece que nós sempre soubemos, mas decidi tentar escrever uma canção sob esse ponto de vista – não como alguém que já tivesse uma missão, mas como alguém que estava buscando uma (ou, se não procurando ativamente, pelo menos esperando).

Ao elogiar grandes obras de arte, música, livros, pinturas, arquitetura e filmes, o "narrador" dos versos diz: *I wish I had that instinct, I wish I had that drive* (*Queria ter esse instinto/ Queria ter essa motivação*). O refrão celebra os heróis – *Spirits fly on dangerous missions, imaginations on fire* (*Os espíritos voam em missões perigosas, a imaginação está viva*) – então, na seção de *middle-eight* (na verdade uma *middle-thirty-two*), eu puxo o enfoque de volta à luta e ao sofrimento pelos quais passaram alguns desses artistas para viver suas vidas e criar suas obras: *If their lives were exotic and strange, they would likely have gladly exchanged them/ For something a little more plain/ Maybe something a little more sane* (*Se suas vidas fossem exóticas e estranhas, provavelmente teriam trocado de boa vontade/ Por alguma coisa mais simples/ Talvez alguma coisa mais sã*).

Eu tinha pensado em gente como Vincent Van Gogh, Virginia Woolf ou F. Scott Fitzgerald, pessoas que se perderam na luta por sua arte, mas, na conclusão da estrofe, tentei voltar o caminho inteiro e falar por todos, num verso em que Geddy coloca todo seu coração ao cantar: *We each pay a fabulous price, for our visions of paradise* (*Cada um de nós paga um preço fabuloso, por nossas visões de paraíso*).

Casei com a garota dos meus sonhos, mas o caminho que me trouxe até ela foi duro e pavimentado com cacos de vidro. Fiquei todo cortado, sangrando e cheio de cicatrizes por causa da vida, e o preço que paguei para estar onde estou hoje quase foi mais alto do que eu poderia sobreviver.

Eu sabia como era me sentir afortunado, mas eu também sabia como era me sentir amaldiçoado. Num dia de inverno em 1999, eu estava com meus sapatos raquete de neve num ponto acima de um lago congelado, olhando além da paisagem branco-acinzentada através da neve que caía em um pequeno turbilhão. Senti uma vontade repentina de uivar como um lobo e suprimi o impulso num primeiro momento, depois pensei: "Por que não?", e soltei o uivo. Um lamento primitivo de solidão e abandono existencial.

Se eu estava agora dirigindo meu carro dos sonhos, para ganhá-lo tive que passar seis meses longe de casa, ensaiando por meses e depois excursionando pela América, fazendo 66 shows difíceis, de longa duração, e de novo, passando meu aniversário de 50 anos espancando a bateria e suando sobre o palco do Calgary Saddledome. Nada disso era sonho.

Mas também não era na verdade uma *escolha*. Eu tinha que continuar fazendo essas coisas, até mesmo as turnês, porque é isso que eu faço – é isso que os músicos fazem.

Quando me deparei pela primeira vez com a palavra do alemão *schadenfreude*, que agora sei que se refere à desprezível tendência humana de sentir prazer com os infortúnios dos outros, não pude encontrar a etimologia dela no meu pequeno dicionário de alemão. Tentei decifrar seu significado olhando as palavras compostas, e de *schaden* e *freude* eu criei minha própria tradução amadora de "alegria maculada", que interpretei como alguma coisa predominantemente boa que também incluía uma sombra escura como componente necessário, como se aventurar pela China ou África – com disenteria.

Ter sucesso, mas abrir mão de sua paz de espírito, ou até mesmo do seu anonimato antes não apreciado.

Uma nova vida maravilhosa, ao custo de uma vida anterior arruinada. *(We will pay the price... – Pagaremos o preço...)*

Essa definição de *schadenfreude* não é precisa levando em conta o sentido mais amplo e aceito da palavra, mas o conceito era legítimo, e eu poderia usá-lo como metáfora da minha vida: "alegria maculada". Possivelmente todo mundo pode fazer isso.

Mas, ainda assim, não vou negar, no geral sou um cara de sorte, e muito de vez em quando me *sinto* dessa forma.

Há coisas que ainda desejo, mas não invejo ninguém.

Depois de fazer essa anotação alegre no meu diário: "Atualmente sou um cara de sorte!" e de refletir alguns minutos sobre todas as razões possíveis para isso, eu tive outra ideia, e anotei a primeira inspiração para este elusivo novo projeto de livro sobre o qual eu estava me ocupando:

"Uma história que possa ser escrita apenas em torno da música que ouvi durante esta viagem".

COMPRE UM ·LIVRO· *doe um livro*

Nosso propósito é transformar a vida das pessoas por meio de histórias. Em 2015, nós criamos o programa compre 1 doe 1. Cada vez que você compra um livro na loja virtual da Belas Letras, você está ajudando a mudar o Brasil, doando um outro livro por meio da sua compra. Queremos que até 2020 esses livros cheguem a todos os 5.570 municípios brasileiros.

Conheça o projeto e se junte a essa causa:
www.belasletras.com.br

Este livro foi composto em Minion Pro e impresso em papel pólen soft 80 g pela gráfica Copiart em maio de 2021.